Allah ist es,
der euch eure Häuser zu Stätten der Ruhe gegeben
und die Häute der Tiere zu Zelten,
welche ihr am Tage der Weiterreise leicht abnehmen
und auch wieder aufrichten könnt
an dem Tag, an dem ihr euch niederlasset
und ihre Wolle und ihren Pelz und ihre Haare zu vielerlei Gerät.

Koran, 16. Sure, Vers 82

Bearbeitung des Kataloges: Renate Wente-Lukas
Fotos für den Katalog: Christel Knetsch
Karten: Ralf Morling

Weitere Kataloge
Deutsches Ledermuseum
Deutsches Schuhmuseum:

Bereits erschienen:

1: Leder, Bucheinband, Lederschnitt, Handvergoldung, Lederwaren, Taschen – 1974
4: Indianer Nordamerikas, Zirkumpolare Völker – 1976
6: Deutsches Schuhmuseum – 1980
5: Das Chinesische Schattentheater – 1986

Publikationen zum Museum:

„museum"-Deutsches Ledermuseum/Deutsches Schuhmuseum, Offenbach. Westermann Verlag 1981

German Leather Museum, German Shoe Museum – Kurzführer – 1984

Le Musée Allemand du Cuir, Le Musée Allemand de la Chaussure – Kurzführer – 1986

Gesamtherstellung: Druckerei und Verlag Gutenberg, 3508 Melsungen

Fotos Einband:

Vorderseite: Mada auf dem Markt, Nordkamerun.
In ihrer traditionellen Ledertracht

Rückseite: Lederzelt der Dag Rali in Tagmart, Algerien.

ISBN 3-87280-042-6

DEUTSCHES LEDERMUSEUM

AFRIKA

KATALOG 3

3.00

Vorwort

Leder ist besonders im außereuropäischen Bereich ein vielseitig genutztes, gestaltungsfähiges Material, das die Natur liefert. Gerade die aus Leder gefertigten Gegenstände Afrikas werfen ein Licht auf die Möglichkeiten des Menschen, Leder zu verarbeiten und für seine Bedürfnisse zu verwenden.

Die umfangreichen Bestände des Museums aus Afrika wurden durch Renate Wente-Lukas in vorbildlicher Weise für den Katalog wissenschaftlich bearbeitet und durch einleitende Texte in den kulturhistorischen Hintergrund eingebunden.

Afrika ist heute ein Kontinent, der uns allen näher gerückt ist. Wirtschaftliche Interessen von seiten Europas, politische Beziehungen, Entwicklungshilfe und populärwissenschaftliche Berichte in den Medien sowie Dritte-Welt-Tourismus und nicht zuletzt sich immer wiederholende Hiobsbotschaften über Dürren und daraus folgende Hungerkatastrophen lassen inzwischen Menschen aller Altersstufen und ganz unterschiedlicher Ausbildung an Afrikas Geschicken teilnehmen. Das Afrika-Bild dieser Öffentlichkeit zu erweitern, soll mit diesem Katalog versucht werden.

Die Finanzierung des Kataloges erfolgte durch Sondermittel des Hessischen Ministeriums für Kunst und Wissenschaft. Die Bewilligung erfolgte noch unter der Amtsführung von Staatsministerin Frau Dr. Vera Rüdiger im Frühjahr 1987. Einen sehr beachtlichen persönlichen Zuschuß gewährte ein langjähriger Mäzen des Museums, Herr Dieter Freudenberg, Weinheim.

Die Deutsche Bank, die Städtische Sparkasse Offenbach und ihre Kulturstiftung, die Bezirkssparkasse Langen, Herr Ernst Dieter Specht und Herr Peter Herdt, Coca-Cola Offenbach, ermöglichten die reiche Bebilderung durch Spenden.

Mit einer Spende der Offenbacher Loge Carl und Charlotte zur Treue, aus Anlaß ihres 175jährigen Jubiläums, konnten die von Herrn Ralf Morling für den Katalog so klar und graphisch elegant gezeichneten Karten finanziert werden.

Herrn Riemann und dem Gutenberg-Verlag in Melsungen gebührt unser Dank für die sorgfältige und einfühlsame Betreuung des Kataloges während seiner Herstellung.

Auch den Mitarbeitern im eigenen Hause sei von Herzen gedankt: Frau Irene Pinsch für das Reinschreiben mancher Manuskriptseiten, vor allem aber Frau Christel Knetsch für die langwierigen und schließlich hervorragend gelungenen Fotoarbeiten.

Günter Gall

Vorwort

Der vorliegende Katalog ist den Sammlungen der Abteilung „Afrika" gewidmet. Afrika ist ein Gebiet unserer Erde, in dem das Material Leder immer eine herausragende Rolle gespielt hat und das erst in jüngster Zeit durch den europäisch-amerikanischen Einfluß von Textilien, Gummi, Plastik oder Emaille verdrängt wird. Lederherstellung und Lederverarbeitung ist in Afrika vor allem überall dort von großer Bedeutung, wo die Viehzucht eine entscheidende Rolle in der Wirtschaft spielt. So in den Wüsten und im Sahel-Gebiet Westafrikas sowie in den Steppen Ostafrikas, aber auch in den Savannen, wo ebenfalls viehzüchtende Völker oder aber Bauern mit einer gemischten Wirtschaft leben. In jenen Regionen, in denen der Islam und damit Kultureinflüsse aus dem Vorderen Orient nach Afrika eingedrungen sind, können deutlich höher entwickelte Gerbtechniken und vielfältigere Verzierungsmethoden am Leder festgestellt werden. Die Sammlungen aus Nordafrika, der Westsahara und der westafrikanischen Savanne, Gebiete, die fast 1000 Jahre unter islamischem Einfluß standen, zeigen dies deutlich. Ebenso unter Hochkultureinfluß stand das christliche Äthiopien.

Der Katalog wurde den vorhandenen Sammlungen entsprechend in Kapitel aufgeteilt, die große Regionen Afrikas darstellen, von Fall zu Fall sich auch nur mit einer Volksgruppe in einer typischen Umwelt beschäftigen, wie z. B. mit den Tuareg oder den christlichen Amhara. Die Urwaldgebiete Afrikas wurden ausgeklammert, da die Sammlungen gering sind und Leder in der feuchten Hitze des Äquatorialwaldes von untergeordneter Bedeutung ist.

Der Gedanke beim Aufbau der Sammlungen war der, dem Besucher die Bedeutung des Leders innerhalb einer größeren Kulturregion gegenüber anderen Materialien wie Pflanzen, Holz, Textilien und Metall zu veranschaulichen. Es war dies der Grund, warum Objekte auch aus diesen anderen Materialien mit in die Ausstellung einbezogen wurden. Erst die Gegenüberstellung der Lederwaren mit Gegenständen aus Stoffen, Holz, Ton oder Metall erweckt ein Verständnis dafür, warum Leder für manche Völker so unentbehrlich war, warum Leder in manchen Zusammenhängen nicht einsetzbar ist und warum Leder auch in manchen Bereichen früher oder später durch andere Materialien verdrängt wurde. Zweifellos stellt das aus Wolle oder Baumwolle gewebte Tuch die größte Konkurrenz für Leder dar. In den letzten drei Jahrzehnten ersetzen in zunehmendem Maße Plastik und Gummi das Leder, wenn es sich um Behälter handelt auch Blechkanister, Emailleschüsseln oder Jutesäcke.

Jedes Kapitel besteht aus einem längeren Einführungstext und den Beschreibungen der einzelnen Gegenstände. Die Einführungstexte haben den Sinn, den Besucher mit der Gesamtkultur eines Raumes und den dort wohnenden Völkern vertraut zu machen: mit der Umwelt, den geschichtlichen Ereignissen und Fremdeinflüssen, den religiösen Vorstellungen, der Wirtschaft und den gesellschaftlichen Zusammenhängen sowie der technischen Entwicklung. Da ein Afrika-Katalog aus dem Deutschen Ledermuseum das Material Leder in den Mittelpunkt stellt, ist immer wieder das verfügbare Wissen zum Thema Viehhaltung, Gerben, Gerber und Zünfte, Lederverarbeitung und -verzierung sowie Lederwarenhandel zusammengetragen worden. Auf diese Weise wurde angestrebt, dem interessierten Besucher einen Einblick in die verschiedenen Regionen Afrikas zu geben und die hohe Bedeutung von Leder in vielen traditionellen Kulturen Afrikas aufzuzeigen.

Mein Dank gilt in erster Linie all jenen Institutionen und Privatpersonen, die zur sinnvollen Ergänzung der Afrika-Abteilung mit ihren langfristigen Leihgaben beigetragen haben; sie sind gesondert aufgeführt. Dankbar bin ich auch vielen Kollegen, Freunden und Bekannten, die mir in großzügiger Weise ihr Fotomaterial kostenlos überlassen haben, ein nicht hoch genug einzuschätzender Beitrag. Ihre Namen gehen aus dem Bildnachweis hervor.

Mein innigster Dank gilt meiner Mutter, die nicht nur die größten Teile des Manuskriptes in Reinschrift brachte, sondern auch entscheidenden Anteil am Korrekturlesen hatte.

Renate Wente-Lukas

Inhaltsverzeichnis

Herkunft und Datierung der Objekte

Bei den im Katalogteil angegebenen Jahreszahlen ist zu beachten, daß es sich in den meisten Fällen nicht um das wirkliche Alter des Stückes handelt, sondern um das Datum des Erwerbs durch das Deutsche Ledermuseum. Die überwiegende Zahl der Sammlungsgegenstände kam über den Handel ins Haus, so daß das wirkliche Alter meist schwer zu ermitteln ist.
Datiert sind die Sammlungen aus dem westafrikanischen Savannenraum, da sie – bis auf verschiedene ältere Stücke – von Frau Prof. Gisela Völger, während ihrer Tätigkeit am Deutschen Ledermuseum, im Jahre 1978/79 im Felde gesammelt worden sind. Ebenfalls genau datiert ist die Nordkamerun-Sammlung, die eine Leihgabe des Frobenius-Institutes in Frankfurt/M. ist und von der Autorin und Herrn Prof. Ekkehard Wolff, Hamburg, 1969 gesammelt wurde. Eine Reihe der Mauren-Objekte, Leihgaben der Familie D. Wilke, Darmstadt, wurde in den 70er Jahren im Land gekauft. Auch einige der Tuareg-Gegenstände konnten noch 1983 in Niger erworben werden. Die Leihgaben der Familie J. und A. Lukas stammen aus den Jahren 1957/58 bzw. 1961. Schließlich wurde die Borana-Sammlung, eine Leihgabe des Museums für Völkerkunde in Frankfurt/M., in den Jahren 1950 bis 1956 von Herrn Prof. Eike Haberland in Südäthiopien gesammelt. Die Gegenstände der Herero gelangten zum überwiegenden Teil als geschlossene Sammlung 1917 in das Museum, der andere Teil 1926.

Leihgaben aus dem Museum für Völkerkunde Frankfurt/M.
3.50.31, 32, 50 – 111, 113 – 118, 120 – 123.

Leihgaben aus dem Frobenius-Institut, Frankfurt/M.
3.02.5–8, 10, 12–16, 19, 21–30, 40–42, 56–60, 65, 75, 76, 83, 84, 90–92, 106, 108. **3.20.**01–03, 07–09, 15, 16, 18, 19, 24–27, 30, 32, 34, 35, 38–42, 45–48, 50–54, 60–67, 70, 73, 75, 76, 79, 80, 82, 85, 87, 89, 93, 95, 99–101, 104–107, 110–119, 125, 128, 129, 132, 135, 138, 140–151, 155–166, 175, 176. **3.70.**11, 13, 14, 23–26, 49, 55, 56, 65, 78–83, 86, 87.

Privatsammlung D. Wilke, Darmstadt
3.11.04, 14–16, 20, 23, 25–27, 30, 33, 35, 38, 40, 45, 48.

Privatsammlung J. und A. Lukas, Hamburg/Offenbach
3.01.219, 296, 301–304, 329, 330. **3.02.**11, 43. **3.10.**101. **3.20.**98, 102. **3.70.**73.

Privatsammlung J. Hausmann **3.40.**23, 24.

Definitionen

Haut und Fell

Unter Haut versteht man die Körperdecken der großen Säugetiere wie Rinder, Pferde, Schweine, Esel und Kamel, ebenso wie die der zur Lederherstellung geeigneten Meerestiere, der Reptilien, Amphibien und Fische.
Die Häute kleinerer Tiere wie Kalb, Ziege, Schaf, Fohlen, Hund sowie aller anderen für Pelzzwecke bestimmten Tiere bezeichnet man als „Fell".
Die Haut besteht aus drei Schichten: der Epidermis oder Oberhaut, der entscheidenden Lederhaut (Corium) und schließlich dem vor dem Gerben zu entfernenden, lockeren Unterbindehautgewebe.

Rohhaut

Als Rohhaut gilt die abgezogene Haut des geschlachteten Tieres, die durch Salzen oder Trocknen konserviert wird, um sie lagern, transportieren und später gerben zu können. Die Rohhaut ist je nach Konservierungsart und dem damit verbundenen Wasserverlust nur noch begrenzt geschmeidig.

Pergament

Pergament ist die gereinigte, enthaarte und geglättete Haut, die sog. Blöße, die auf einen Rahmen gespannt, getrocknet und dann mit Öl bestrichen wird. Pergament ist lichtdurchlässig, jedoch nicht wie Leder geschmeidig.

Leder

Unter Leder versteht man die gegerbten Häute und Felle.
Die Gerbverfahren unterscheiden sich durch die Gerbmittel, nachdem die Häute in jedem Falle in der Wasserwerkstatt nach einer Weiche von den Haaren und den Fleischresten sowie den Konservierungsmitteln befreit worden sind (Blöße). Bei der Lohgerbung (der vegetabilischen Gerbung) wird die Blöße mit der Lohe über Monate hinweg in Gruben oder auch Gefäßen gegerbt. Der im Wasser ausgezogene Gerbstoff entsteht aus den gemahlenen Hölzern, Rinden, Blättern oder Früchten von Gerbstoff enthaltenden Pflanzen.
Bei der Sämischgerbung werden Fette und Trane sowie tierische Gehirnmasse in die Blöße eingewalkt.
Die Alaungerbung, die älteste basische Mineralgerbung, erfolgt mit einer Lösung aus Tonerdesilikat.

Die Dicke der Haut kann durch Abschleifen abgeschwächt und vor allem auch egalisiert werden. Durch eine Spaltung vor der Gerbung wird die Haut geteilt. Die obere, also die Narbenseite, ist die „gute" Seite. Die untere Fleischseite mit einem lockeren Gewebe kann als späteres Spaltleder nur bedingt für künstlerische Arbeiten verwendet werden.
Nach dem Gerben kann die Oberfläche des Leders durch Walken, Färben oder Glätten verändert werden.

Pelz
Der Pelz ist nicht enthaarte Haut, die der Kürschner „zurichtet" und dabei das Haarkleid festigt.

Die Savannenregion Westafrikas

In Westafrika finden wir zwei große Landschaftszonen, die im Norden durch die größte Wüste der Erde, die Sahara, im Süden durch den Urwald begrenzt werden. Es sind dies zum einen der Sahel, zum anderen die Savanne, die sich vom Senegalfluß im Westen bis zum Tschadsee im Osten ausdehnen. Die ersten arabischen Reisenden nannten diese beiden Landstriche „das Land der Schwarzen" *Bilad as Sudan.*

Der Sahel bildet den Übergang von der Wüste zur Savanne. Auf Arabisch bedeutet *sahel* „Ufer, Küste", da die arabischen Reisenden des Mittelalters das Wiederauftauchen der Vegetation nach Durchquerung des „Wüstenmeeres" als Ufer empfanden.

Die ca. 3000 km breite Sahelzone liegt vorwiegend in den Ländern Mauretanien, Mali, Niger und Tschad. Da die Niederschläge im Normalfall nicht mehr als 200 mm im Jahr betragen (in Deutschland 500–1500 mm), ergeben sich für die Existenz der Menschen große Probleme. Ein Feldbau ist unter solchen Bedingungen nicht möglich, und die hier ansässigen Völker wie die Mauren, Tuareg und Fulbe, leben deshalb von der nomadisierenden Viehhaltung (→3.10 „Die Tuareg in der zentralen Sahara"; →3.11 „Die Mauren in der westlichen Sahara").

Teilansicht einer Tasche mit Applikationen und Lederstreifenstickerei. Manding 3.03

Savannenlandschaft im Norden von Kamerun

Die westafrikanische Savanne, in deren Bereich die Länder Bourkina Faso (ehemals Obervolta), Senegal, Nigeria und Kamerun liegen, ist eine weite Ebene mit parkartig verteilten Bäumen. In dieser Landschaftszone gibt es zwischen Mitte April und Mitte Oktober eine ausgeprägte Regenzeit (jährlich ca. 500 mm Niederschlag), die dem Menschen den Feldbau ermöglicht. In der Savanne wird die größte Hitze (über 45°) im Mai erreicht, bevor die starken Regen einsetzen. Dezember und Januar bringen die kühlste Jahreszeit, und zwar auf dem Höhepunkt der Trockenzeit.

Um die kulturellen Erscheinungen in der westafrikanischen Savannenzone verstehen zu können, muß man sich mit den geschichtlichen Ereignissen der vergangenen Jahrhunderte vertraut machen. Zwei Faktoren sind von entscheidender Bedeutung, die in engem Zusammenhang stehen. Es sind dies die Bildung von Staaten und die Verbreitung des Islam durch die Araber in Nordafrika sowie seine weitere Verbreitung durch die Berber nach Schwarzafrika. Im Zuge dieses Kontaktes zwischen Nordafrika und der westafrikanischen Savanne blühte der Transsaharahandel, der den Kulturen südlich der Sahara entscheidende Impulse gab. Der Handel durch die Wüste wurde erst möglich, als das Dromedar in Nordafrika, aus Asien kommend, um Christi Geburt eingeführt wurde.

Das erste uns bekannte Reich Westafrikas ist Gana, nördlich des Senegalflusses, im heutigen Mauretanien gelegen (nicht zu verwechseln mit dem heutigen Staat Ghana). Seine Anfänge liegen im 4. oder 5. Jahrhundert. Berühmt wurde Gana durch seinen Goldhandel mit Marokko. Durch diesen gelangten nicht nur Waren aus dem hochentwickelten nordafrikanisch-mittelmeerischen Raum in den westlichen Sudan, sondern vor allem eine neue Religion, der Islam.

Zu Beginn des 7. Jahrhunderts trugen die Araber den Islam in die nordafrikanischen Gebiete, die von Berbern bewohnt waren (S. 128). Im 11. Jahrhundert gelang es den inzwischen zum Islam bekehrten Berbern, Gana zu erobern. Die Folge war, daß die Herrscherfamilie sowie die Händler den Islam annahmen, nicht jedoch die Masse des Volkes.

Der Islam und der Handel sorgten in der Folgezeit dafür, daß der Kontakt zum Norden Afrikas nicht zum Erliegen kam. An den großen Stationen und Endpunkten des Saharahandels entwickelten sich städtische Zentren, Lehmstädte von großem Ausmaß, in denen neben dem Handel vor allem auch das Handwerk und die islamische Gelehrsamkeit ihre Basis hatten. Städte wie Audoghast, Oualata, Djenné, Timbouktou, Agadez, Gao, Sokoto, Kano, Kuka und Zinder waren zu verschiedenen Zeiten von aller-

größter Bedeutung für die Entwicklung der Kultur im Sudan.
Im 13. Jahrhundert entwickelte sich das Reich Mali, dessen tragende Bevölkerung Manding-sprechende Gruppen waren. Der Name Manding leitet sich von dem Ortsnamen Manden oder auch Mande ab, dem in den Traditionen genannten Herkunftsort am Oberen Niger, von dem die meisten Manding-sprechenden Gruppen gekommen sein sollen. Zu diesen Gruppen zählen u. a. die Malinke, Soninke und Bambara. Die Malinke (früher auch Mandingo, Mandinka oder Mandinga genannt) sind heute eines der bedeutendsten islamisierten Völker Westafrikas. Ihr Siedlungsgebiet liegt an den Flüssen Senegal, Niger und Gambia und reicht bis in die Elfenbeinküste. Nördlich der Malinke leben die Soninke (auch Marka genannt) und die mit den Manding-sprechenden Völkern eng verknüpften Dyula. Die stärkste Konzentration von Dyula findet sich südlich von Koutiala und um Sikasso im Südosten des heutigen Staates Mali. Die Dyula sind, wie die Soninke, in Westafrika als Händler berühmt, und das Wort *Dyula* wurde gleichbedeutend mit „Händler".
Im 15. Jahrhundert erstarkte ein weiteres Reich, nämlich das der Songhai. Die Herrschenden waren rassisch mit weißafrikanischen Elementen vermischt. Heute liegt das Zentrum der Songhai im Raum Tillabéry-Gao. Südöstlich der Songhai leben die ihnen kulturell eng verwandten Djerma (Dyerma, Zerma, Zaberma).
Im 16. Jahrhundert setzten sich die Songhai von ihrer Hauptstadt Gao am Niger aus erfolgreich gegen neue im Entstehen begriffene Machtzentren im Osten durch. Es waren dies die Hausa und die Mosi. Die Mosi sind ein Reitervolk, an deren Spitze ein göttlicher König stand. Heute zählen die Mosi 1,5 bis 2 Millionen und sind zwischen den Flüssen Roter und Weißer Volta ansässig. Dem Islam setzten sie bis in das 18. Jahrhundert hinein heftigsten Widerstand entgegen.
Auch gegen die Fulbe von Macina, die sich als politische Macht im Fouta-Toro-Gebiet etabliert hatten, mußte sich das Songhai-Reich zur Wehr setzen. Ende des 17. Jahrhunderts unterlag Songhai den Angriffen der Marokkaner, die mit einer neuen Waffe, dem Gewehr, den Sieg errangen. Ihr Ziel war es, den Goldhandel an sich zu reißen.
Nach dem Zusammenbruch von Songhai waren die Marokkaner nicht in der Lage, den Handel zwischen dem Süden und dem Norden neu zu beleben.
Die Transsahararouten in der westlichen Sahara wurden zunehmend unsicherer, da sich die Überfälle der Tua-

Die Ortschaft Ogolé du Haut, Sangha, Mali

reg mehrten. Vor allem aber veränderte das Vordringen der Portugiesen um 1500 die Lage. Ihre zunehmende Handelstätigkeit an der westafrikanischen Küste mit Gold, Pfeffer, Elfenbein und Sklaven, kehrte die Richtung des Handels um. Die begehrten Güter aus Europa kamen nun von der Küste ins Inland durch den Urwald. Die Savannenzone wurde ein unbedeutendes Hinterland.
Von tiefgreifender Bedeutung für die Geschichte des westlichen Sudan, besonders für die Entwicklung von Handel und Handwerk, sind auch die Entstehung der Hausa-Staaten und des Reiches der Kanuri in Bornu.

Die Moschee von Koro in Mali

Die Hausa sind heute ein Volk von mehr als 5 Millionen, die vorwiegend in Nordnigeria und in Niger leben, aber auch in Handelsniederlassungen in Algerien, Libyen und im Fezzan. Sie sind ebenfalls in Khartum (Republik Sudan) und den Häfen des Roten Meeres anzutreffen. Ihre Sprache ist als Handelssprache nicht nur in ganz Nordnigeria, Nordkamerun und Niger verbreitet, sondern wird in vielen Teilen Westafrikas, auch an den Küsten, verstanden.
Die Hausa, ursprünglich im Air (Niger) ansässig, wurden vermutlich im 11. Jahrhundert von den Tuareg nach Süden verdrängt (S. 75). Im 12. und 13. Jahrhundert entstanden die sieben Hausa-Stadtstaaten mit einem König an der Spitze, der mit einem Beamtenstab in einer befestigten Lehmstadt residierte. Im 14. Jahrhundert wurde von Westen her durch Mande-Händler der Islam bei den Hausa eingeführt.
Bei der Entwicklung der Hausa-Städte waren der ständige Zuzug von Berbern, Tuareg und anderen Bevölkerungselementen aus dem Osten von besonderer Bedeutung. Auch in diesen Städten blühte nach Übernahme des Islam der Fernhandel auf und es entwickelte sich das Handwerk, vor allem die Textil- und Metallbearbeitung sowie die Lederverarbeitung. 1804 fand das wichtigste Ereignis in der jüngeren Geschichte der Hausa statt. Die Fulbe eroberten unter Osman Dan Fodio die Hausa-Staaten und gingen in der Folgezeit mit diesen eine politische, kulturelle und rassische Symbiose ein.
Einen besonders großen Einfluß auf die Hausa übte das benachbarte Bornu-Reich aus, dessen damals schon entwickelte Verwaltung, vor allem aber das Handwerk, die Hausa-Kultur veränderte. Das Reich Bornu, mit den Kanuri als Hauptbevölkerung, hatte seine Anfänge vermutlich schon im 8. Jahrhundert. In der zweiten Hälfte des 11. Jahrhunderts übernahm Bornu den Islam. Im 13. Jahrhundert reichte sein Einfluß bis zum Fezzan, und es bestanden enge Kontakte zu Tunis (Tunesien).

Auch für Bornu war der Handel, neben dem Handwerk, von überragender Bedeutung. Die Handelsrouten gingen von Kano (Hausa-Gebiet) über Kanem, Bagirmi, Wadai (heute Republik Tschad), Darfur und Kordofan bis nach Sennar am Blauen Nil (heute Republik Sudan). Auf diese Weise kamen nicht nur von Nordafrika Einflüsse in den Westsudan, sondern die islamisch-orientalische Welt drang auch aus dem Osten in die Regionen Schwarzafrikas vor.

Zu dem schon erwähnten Volk der Fulbe (Peul, Fulani) sei ergänzt, daß es über den ganzen westafrikanischen Savannenraum bis nach Kamerun (Adamaua) zu finden ist. Wirtschaftlich von den seßhaften und meist in den Städten angesiedelten Fulbe abgeschieden sind die rein viehzüchterischen Fulbe-Gruppen, die den Namen Bororo tragen. Sie sind wandernde Hirten und vom Senegalfluß bis in die Gegenden um den Tschadsee anzutreffen. Die Fulbe unterscheiden sich rassisch von den Bauernvölkern. Sie sind nicht nur heller als die Neger, sondern haben auch europide Gesichtszüge, wie schmalere Nasen und Lippen, und ihr Körperbau ist äußerst grazil.

Die Geschichte des westlichen Sudan macht deutlich, in welchem Maße die Kulturen der arabisch-vorderorientalisch-islamischen Welt auf die altafrikanische Kultur über mehr als 1000 Jahre eingewirkt haben. Als die Europäer im ausgehenden 19. Jahrhundert mit Afrika in verstärktem Maße Kontakt aufnahmen, bot sich ihnen folgendes Bild: Auf der einen Seite gab es Millionen von Menschen, deren Reli-

Der Sultan von Maradi, Niger, in prachtvollen Gewändern

gion der Islam war, und die in festen Staatsgefügen, entweder in Dörfern oder ausgedehnten Lehmstädten lebten, einen regen Handel trieben, ein hochentwickeltes Gewerbe kannten sowie ein ausgeprägtes Marktwesen hatten; auf der anderen Seite trafen sie auf zahlenmäßig kleinere Völker, deren Religion bis in das 20. Jahrhundert hinein der Ahnenkult, Erdkult und Geisterglaube geblieben war (S. 18), und deren politische Organisation über den Dorfverband oder die Verwandtschaftsgruppe *(Lineage)* nicht hinausging wie z. B. bei den Mosi und Dogon in Bourkina Faso oder bei den *Kirdi* in Nordkamerun. Beiden Gruppen war jedoch gemeinsam, daß sie Hirsebauern und Kleintierhalter waren.

Wie erwähnt, sind mehr als 90 % aller seßhaften Völker der westafrikanischen Savanne Feldbauern. Sie bauen verschiedene Hirsearten, Mais, Knollenfrüchte und im Gartenbau Tomaten, Erbsen, Bohnen, Zwiebeln, Papaya, Melonen, Tabak, Indigo und zahlreiche Gewürze an. Weizen, Mais und Reis, letzterer in größerem Umfang nur am Niger (Naßreis und Trockenreis), spielen eine untergeordnete Rolle. Der Anbau dient im großen und ganzen der Eigenversorgung. Überschüsse werden nur in geringem Maße erzielt. Einzig der Erdnuß- und Baumwollanbau dient dem Verkauf und Export. Die Feldbautechnik ist in Form des Hackbaus sehr einfach. Neue Felder werden durch Abbrennen alter Felder und von Bäumen und Gestrüpp gewonnen.

Das zur Feldarbeit verwendete Gerät ist der Pflanzstock und eine Hacke mit meist kurzem Stiel. Geerntet wird mit einem einfachen Messer oder einer Sichel. Der Einsatz europäischer Pflüge hat sich bei dem nur dünn aufliegenden fruchtbaren Boden als nicht praktikabel erwiesen. Die Viehhaltung der Bauern besteht in kleinen Herden von Rindern, Schafen und Ziegen, die oft nicht von ihnen selbst, sondern von den in der Nähe lebenden Fulbe betreut werden. Auch Hühner und Hunde werden gehalten.

Es sei noch erwähnt, daß das Pferd in den Staaten des westlichen Sudan eine wichtige Rolle auch als Ausdruck von Macht gespielt hat. Bis heute hat es als Statussymbol der oberen Klassen seine Bedeutung nicht verloren. Von Zentralasien aus in relativ junger Zeit nach Afrika (Ägypten ab ca. 1720 v. Chr.) eingeführt, diente es in Nordafrika zuerst als Zugpferd vor dem Kampfwagen. Für das Vorkommen von Pferden in der westlichen Sahara gibt es erst für das 4. Jahrhundert v. Chr. Beweise. Wann das Pferd Westafrika erreicht hat, ist ungewiß. Die Annahmen schwanken zwischen 1700 v. Chr. und 10. Jahrhundert n. Chr. Die Entwicklung der Reiterei in Nordafrika findet im 3. Jahrhundert statt. In Westafrika sind Pferde mit Sicherheit wohlbekannt, noch bevor die Araber im 8. Jahrhundert n. Chr. den Kontakt mit der Sahel- und Savannenzone aufnahmen. Spätestens seit dem 10. Jahrhundert ist die Reiterei in Westafrika bekannt, belegt vor allem durch das Reich Songhai. Von Bornu sind Pferde als Reittiere mindestens seit dem 15. Jahrhundert bekannt. Außer den Songhai sind die Gurma wie auch die Mosi in Obervolta berühmte Pferdehalter.

Die Gehöfte der Bauern, die einen Familienverband beherbergen, bestehen aus einer Reihe von Rundhäusern, die in vielen Fällen durch Lehmmauern, Strohzäune oder Hecken verbunden sind. Fensterlos und sämtliche

Hausa-Reiter auf reich aufgezäumtem Pferd in Maradi, Niger
→ 3.01. 242

Türen nach innen gerichtet, stehen die Gehöfte wie Schutzburgen in der Landschaft. Die Wände sind überwiegend aus Lehm errichtet. Die Deckung des Daches ist aus Gras oder Hirsestengeln. Die tragende Konstruktion des Daches ist ein Gerüst aus Knüppelholz. Die Mande-Völker bauen Kastenhäuser aus sonnengetrockneten Lehmziegeln, die anschließend verputzt werden. Wegen saisonaler Überflutungen werden in manchen Gegenden die Häuserwände auch aus Strohmatten errichtet, wie z. B. bei den Djerma (340) und Songhai. Die Fulbe wohnen in der Regel in bienenkorbähnlichen Hütten, die vollständig aus Matten bestehen.
Überall haben verheiratete Frauen mit Kindern Anspruch auf einen eigenen Wohnraum und eine Regenzeitküche. Männer, die mit mehr als einer Frau verheiratet sind, verwahren ihre Wertsachen bei der Hauptfrau und schlafen reihum bei ihren Frauen. Nur der Gehöftsvorstand besitzt einen eigenen Wohnraum, der gleichzeitig als Amts- und Kultraum dienen kann. Mädchen und Kleinkinder schlafen bei der Mutter, unverheiratete Männer zusammen in einem eigenen Haus.
Die Betten sind einfache Holzgestelle mit Matten als Unterlage oder fest eingebaute Lehmpodeste. Auch auf dem Fußboden wird auf Matten geschlafen. Als bewegliches Mobiliar kennen die Bauern nur den aus Holz geschnitzten Hocker sowie in einigen Gegenden Nackenstützen.

Kanuri-Familie aus Maiduguri, Nordnigeria, 1962

Obwohl der Islam über viele Jahrhunderte hinweg auf die Völker Westafrikas eingewirkt hat und auch die christliche Mission seit Ende des 19. Jahrhunderts viele Menschen zum Christentum bekehrt hat, bestehen bei einer Reihe von Volksgruppen die alten religiösen Vorstellungen weiter. Selbst dann, wenn der Islam offiziell angenommen worden ist, bereitet es dem Afrikaner meist keine Schwierigkeiten, Elemente seiner traditionellen Religion zu bewahren.
Die religiösen Vorstellungen der westafrikanischen Bauern beruhen zum einen auf der Vorstellung von einem Hochgott im Himmel, zum anderen auf der Ahnenverehrung und dem Geisterglauben. Die Ahnenverehrung gründet sich auf die Vorstellung an das Weiterleben der Seele nach dem Tode. Der Mensch muß danach streben, den Segen der Ahnen für Regen und Fruchtbarkeit sowie Gesundheit zu erlangen. Den Willen der Ahnen erforscht man durch Wahrsager und das Orakel. Mit Hirsebier und geschlachteten Tieren werden den Ahnen an Altären, die entweder im Gehöft oder im Dorf stehen, Bitt- und Dankopfer dargebracht.
Eng verknüpft mit dem Ahnenkult ist der Feldbau, der das Jahr und das Kultleben in bestimmte Abschnitte einteilt. Riten zur Ernte- und Saatzeit sind bei den meisten Bauern Westafrikas gleichzeitig auch Gedenkfeiern für die Verstorbenen.
Ein gemeinsames Merkmal vieler Bauernvölker ist die Institution des „Erdherrn" (30), der zur Familie der „Zuerstgekommenen", d. h. der Dorfgründer, gehört und normalerweise nur priesterliche, gelegentlich aber auch politische Aufgaben als Dorfhäuptling wahrnimmt. Als Nachkomme des Dorfgründers, der mit den auf dem Dorfgebiet anwesenden Buschgeistern einen Pakt geschlossen hat, ist es seine Aufgabe, den Zeitpunkt von Saat und Ernte festzusetzen, sie mit Opfern einzuleiten und zu beschließen und Neusiedlern Land zuzuweisen.
Die gesellschaftliche Stellung der Handwerker ist im Gebiet der westafrikanischen Savanne nicht überall gleich. Gemeinsam ist allen jenen Gruppen, die im Herrschaftsbereich der ehemaligen großen Reiche lebten nur, daß durch die Hofhaltung der Herrscher das gewerbliche Spezialistentum in den Städten stark gefördert wurde. Für die westlichsten Gebiete des hier geschilderten Raumes, also für die Mande-sprechenden Völker wie auch für die Fulbe, sind geschichtete Gesellschaften üblich. Das bedeutet, daß es Bevölkerungsgruppen gibt, deren Stellung in der Gesellschaft hoch bewertet wird. Die verschiedenen Handwerkszweige bilden endogame Kasten (Heirat ist nur innerhalb der Gruppe möglich), die untereinander nochmals rangmäßig ge-

Afrikanische Hausziege

staffelt sind. Kasten sind innerhalb der sozialen Rangordnung streng abgegrenzte Gruppen mit eigenen, rituellen, rechtlichen und wirtschaftlichen Lebensbereichen, die durch blutsmäßige Bande bestimmt und nicht zu überschreiten sind. Die Handwerkskasten folgen im gesamten Gesellschaftsgefüge erst an vierter Stelle nach den Adligen, den Freien und Kriegern. Die Sklaven befinden sich am Ende der Hierarchie. Die Handwerker konnten nicht versklavt werden. Bei den Dogon sind neben den Lederarbeitern nur noch die Schmiede, Schnitzer und Berufsmusiker *(griots)* kastengebunden.

Anders dagegen bei den östlicher wohnenden Völkern wie den Hausa und Kanuri. Wohl kennen diese das familiengebundene, erbliche Handwerk mit einem offiziell vom *Emir* bestätigten Oberhaupt – im Bereich Leder z. B. sind es die Gerber, Lederhandwerker und Sattler –, eine Kastenorganisation jedoch besteht bei ihnen nicht.

Auch die Mosi-Handwerker sind nicht in Kasten eingebunden, eine Ausnahme hiervon bildet nur der Schmied (→ 3.02).

Bei den Nupe entstanden unter dem Einfluß der Fulbe-Herrschaft in der Mitte des 19. Jahrhunderts Handwerkergilden, in denen es Ehrentitel und eine Ratsversammlung von Ältesten mit Titeln gab, sowie ein Oberhaupt der Gilde, das bei den Lederhandwerkern *Majin Kimpa* hieß.

Typisch für alle Völker der westafrikanischen Savanne und des Sahel ist, daß sich ihre wirtschaftliche Existenz niemals ausschließlich auf den Erlös

Heimtrieb der Rinder von den Feldern vor Einbruch der Dunkelheit. Zaria, Nordnigeria

ihrer handwerklichen Produkte stützt, sondern daß sie auch Bauern sind. In der Regel sind die Werkstätten Familienbetriebe, in denen ein Mann mit seinen Brüdern und deren Söhnen arbeitet. Bei Handwerksarbeiten, die ausschließlich oder überwiegend von Frauen ausgeübt werden, wie die Töpferei oder das Mattenflechten, verhält es sich anders. Eine Frau arbeitet normalerweise allein oder wird von ihren unverheirateten Töchtern unterstützt. Die Einkünfte aus dem Verkauf ihrer Produkte gehören ihr persönlich, während die männlichen Handwerker, die ein Handwerk im Familienbetrieb betreiben, ihre Erlöse dem Familienoberhaupt abliefern müssen. Es gibt allerdings auch Handwerker, die ganz auf sich gestellt arbeiten. Sie gehen in der Trockenzeit auf Wanderschaft und errichten kleine, mobile Werkstätten auf Märkten oder auf den Straßen der Städte. Dies gilt besonders auch für Lederarbeiter.

Sonst befindet sich die Werkstatt häu-

fig im Empfangshaus des Familienverbandes. Nur bei allergrößter Hitze arbeitet die Familie auch im Gehöft unter Schattendächern. Grundsätzlich im Hof arbeitet die Töpferin, und auch die Weber sind auf Grund des Platzes, den sie für ihre bis zu 100 m lange Kette brauchen, gezwungen, im Freien zu arbeiten.
Die Schmiede wiederum haben eigene Schmiedehäuser, in denen die Blasebälge und die Feuerstellen fest eingebaut sind (→3.02 „Eisen und Schmied").
Obwohl einige Handwerker, wie etwa die Zaumzeug- oder Sandalenhersteller sehr spezialisiert sind, existiert der Begriff der Lehre nach europäischen Vorstellungen kaum. Weder liegt die Dauer der Lehre fest, noch gibt es eine Prüfung als Abschluß, noch kennt man eine Regelung für ein Entgelt an die Lehrlinge, die keine Familienangehörigen sind. Die Dauer der Lehre hängt davon ab, ob ein Kind die Koranschule oder eine offizielle vom Staat errichtete Schule (oder auch Missionsschule) besucht. So kann die Lehre mit sechs, sieben oder erst mit zwölf Jahren beginnen.
Der westafrikanische Handwerker arbeitet meist nur auf Bestellung. In der traditionellen, ländlichen Gesellschaft besorgt der Besteller das Rohmaterial und bringt es dem Handwerker. Vor der Arbeit hat der Besteller eine Anzahlung zu leisten und den Handwerker während seiner Arbeit mehrmals

Songhai – Weber bei der Arbeit am Männertrittwebstuhl.
Niamey, Niger

zu besuchen, um ihm Hirse, Salz, Tee oder Zucker zu bringen. Nach der Fertigstellung wird nur noch ein geringer Preis gezahlt. Handwerker, deren Werkstätten erfolgreich sind, wie manche Sattler und Sandalenmacher, arbeiten dagegen für den Wochenmarkt auf Vorrat und sind dort auf Gemeinschaftsständen anzutreffen. Es gibt in den Städten und großen Marktzentren auch Händler, die ein reichhaltiges Angebot an handwerklichen Gegenständen bereithalten. Sie versorgen u. a. den bereits bestehenden Touristenmarkt (z. T. direkt vor den Hotels in den großen Städten Kano und Zaria in Nigeria). Die Händlerringe verfügen über ortsansässige Mittelsmänner, die den Kontakt zu den Handwerkern halten.

Das Gerben der Häute wird in der westlichen Savannenregion (Mande-Gruppen, Fulbe, Mosi, Dogon) von den Lederhandwerkern selber ausgeführt. Anders bei den Hausa, bei denen die Gerberei ein eigenes Handwerk ist. Bei den Nupe widmen sich innerhalb der Gilde der Lederhandwerker nur bestimmte Familien dem Gerben.

Die nördlichen Provinzen Nigerias, vor allem die Städte Sokoto und Kano, heute die größten Ankaufszentren für Häute, sowie Maiduguri in Bornu, haben seit vielen Jahrhunderten internationalen Ruf in der Lederverarbeitung. Sokoto vor allem in der Ledererzeugung. Lange bevor die Portugiesen Afrika erreichten, gelangte durch den Transsaharahandel edles Ziegenleder von Sokoto über Timbouktou nach Marokko und von dort aus nach Europa, wo es als *Maroquin*-Leder berühmt wurde. (→3.11 „Die Mauren in der westlichen Sahara"). Die hohe Qualität des Sokoto-Leders beruht auf dem Vorkommen einer roten Ziegenart, die offensichtlich nur aufgrund ihrer besonderen Ernährung in der Gegend um Sokoto optimal gedeiht. Ein Verpflanzen der roten Sokoto-Ziege in andere Gegenden ist fehlgeschlagen.

Heute gehört besonders Nigeria zu den westafrikanischen Staaten, die Leder in größeren Mengen auch exportieren. 1960 entstanden hauptsächlich in Kano, aber auch in Maiduguri, die ersten Gerbereien nach europäischem Muster.

Eine in britischem Besitz befindliche Gerberei in Kano bearbeitet bis zu 5000 Ziegen- und Schafhäute in der Woche. Nigerias Gesamtproduktion an Fellen, die für den Export teilweise ungegerbt bleiben, ist unbekannt. 1958 wurde ein Wert von 2 Millionen englische Pfund angegeben.

Auch aus Mali (Fulbe- und Tuareg-Hirten) und Niger (Tuareg-Hirten, Hausa) werden sowohl Rohhäute als auch fertige Leder exportiert. Die Stadt Maradi in Niger exportiert Handschuhleder nach Frankreich, England, die Vereinigten Staaten und Deutschland. Die ganz im Westen gelegene Malinke-Stadt Kayès am Senegal ist berühmt für ihren Rinder- und Schafmarkt und besonders für den durchgehenden Verkehr nach Senegal. Hier ist auch die Gerberindustrie sowie der Häute- und Lederhandel stark entwickelt. Einer Ausfuhr größeren Ausmaßes steht allerdings nach wie vor die schlechte Infrastruktur in allen Teilen des Landes im Wege, außerdem die traditionelle Einstellung zum Vieh.

Viehzüchtenden Völkern ist das Rind vor allem Prestigeobjekt und wird erst in zweiter Linie für die Fleischernährung gehalten. Somit können auch die Schlachtquoten nur bedingt gesteigert werden. Ein Wandel in der Einstellung, etwa bei den Fulbe, hat sich aber bereits vollzogen. So verkaufen einige Fulbe Fleisch in größeren Mengen sowie lebendes Vieh auf den Märkten. In manchen Gegenden lassen sie ihr Vieh durch Händler, meist Hausa, verkaufen. Neueste Entwicklungen zeigen, daß die Fulbe sogar ganze Herden als Schlachtvieh nicht nur nach Südnigeria (Ibadan) sondern auch nach Ghana und an die Elfenbeinküste treiben. Die Elfenbeinküste ist auch Abnehmer für Vieh aus Mali.

Die Entwicklung wurde dadurch ausgelöst, daß die städtischen Zentren, vor allem in den Küstengebieten, in den letzten 20 bis 30 Jahren enorm gewachsen sind, und die städtische Bevölkerung einen steigenden Fleischbedarf hat. Dieser übersteigt übrigens bei weitem den zur Verfügung stehenden Viehbestand, der zwar einerseits durch verbesserte, von Franzosen und Engländern eingeführte Veterinärmedizin, gewachsen ist, andererseits nicht grenzenlos weiterwachsen kann, weil Wasser- und Futtermangel dies verhindern. Die Gesundheit der Tiere ist für die Gerber von allergrößter Bedeutung, da Unterernährung des Viehs oder starker Insektenbefall (auch Schlafkrankheit) zu schlechter Lederqualität führen.

Durch die Umorientierung der Gerberei auch auf internationale Absatzmärkte vollzieht sich ein interessanter Wandel in der Bewertung des Gerberhandwerks und der Lederarbeiter innerhalb der Gesellschaft. Waren diese Berufe früher geringgeschätzt, so beginnt sich jetzt ihre Stellung zu verbessern, seit ausländische Firmen Häute und Lederwaren aufkaufen und moderne Gerbereien errichtet worden sind. Das gleiche gilt auch für die bisher auf der tiefsten gesellschaftlichen Stufe stehenden Schlachter, von deren Geschick es abhängt, in welcher Qualität die Häute zu den Gerbern gelangen. Große Anstrengungen werden in Nigeria unternommen, die Schlachter nach heutigem Weltstandard zu schulen, denn falsches Schlachten und Häuten sowie unzureichende Konservierungsbedingungen ruinieren die Häute für den Weltmarkt.

Trotz der von Europa eingeführten Gerbmethoden, die im wesentlichen in den größeren Städten eingeführt wurden, führen die Gerber in weiten Teilen Westafrikas ihre traditionellen Gerbverfahren weiter durch. Bei den Hausa werden die Häute, überwiegend die der Ziege, in großen, in die Erde eingelassenen Tontöpfen in Wasser eingeweicht, um sie vom Schmutz zu befreien. Das darauf folgende Äschern geschieht bei den Hausa mit der Asche des *danya*-Baumes *(Scelerocarya birrea)*, der die verbrannten Rückstände von Indigoblättern beigemischt sind. Dieses Lösen der Haare (Äschern) kann zwischen 1½ und 5 Tage dauern. Mit Hilfe eines Schabhobels – ein gebogenes Messer, welches an beiden Seiten einen Holzgriff hat –, werden die Haare dann über einem Holzmörser abgeschabt. Auch Autosprungfedern dienen heute schon als Schabhobel. Nach dem Scheren folgt ein Bad in einer milden Säure, die aus einer Moorpflanze (Hausa: *koloko*) gewonnen wird. Sobald die alkalische Haut mit der milden Säure in Berührung kommt, verliert sie ihre gummiartige Plumpheit, d. h. die Haut wird entkalkt. Anschließend erfolgt ein Bad mit Taubendung (vgl. Marokko). Dieses sog. Beizen der Haut hat das Ziel, diese für den Gerbvorgang aufzuschließen. Das Gerben selbst dauert 3 bis 5 Tage. Die Gerbbrühe entsteht aus den zerstoßenen Schoten der *Acacia arabica* oder der *Acacia nilotica* unter Zusatz von Wasser. Bei den Mande-sprechenden Gruppen (Bambara, Malinke, Khasonke, Soninke) wird die tanninhaltige *Acacia arabica* nicht nur zum Gerben, sondern auch zum Färben benutzt. Auch das rotfärbende Henna enthält Tannin und wird folglich zum Gerben benutzt. Leder, die man mit Akaziengerbflüssigkeit behandelt hat, sollen besonders lichtbeständig sein. Wichtig ist danach das langsame Trocknen der angegerbten Häute im Schatten über aufgespannten Schnüren. Anschließend werden die Leder in Holzmörser gelegt und Erdnußöl in sie hineingestampft. Schließlich wird eine neuerliche Gerbung mit stärkerer Gerbstofflösung durchgeführt (sog. Farbengang). Das abschließende Walken der Leder geschieht, indem der Gerber die Leder über seine Fußsohle zieht. Nur die feinsten Leder werden später gefärbt. Um rotes Leder zu erhalten, benutzen die Hausa die Stengel der Sorghum-Hirse (Hausa: *dawa*), oder die Blattscheiden des Guinea-Korns (Hausa: *karan dafi*). Diese werden getrocknet und zerstoßen, mit Mehl und Natron vermischt und mit kochendem Wasser übergossen. Gelb entsteht aus den Schoten der Tamarinde oder den gelben Wurzeln des Strauches *Cochlospermum tinctorium* (Hausa: *rawaya*). Auch diese werden zu Mehl zerrieben und mit Wasser vermischt. Ein anderes Gelb bei den Hausa entsteht aus der Gelbwurzel (Turmerikwurzel) Kurkuma (*Curcuma Longa*), (Hausa: *gangamau*), die getrocknet, zerrieben und mit Wasser und Limonensaft versetzt wird. Blau entsteht, wie überall in Westafrika, aus der Indigopflanze, die Farbe Weiß durch Auftragen von Milch auf das Leder, Schwarz u. a. aus Eisenoxyd. Chemische Farben aus Europa haben die afrikanischen Märkte schon seit einigen Jahrzehnten erreicht und werden in zunehmendem

Gerber beim Enthaaren der Häute. Zinder, Niger

Maße zum Färben eingesetzt. Auf diese Art und Weise gefärbte Lederwaren haben eine andere Ausstrahlung als die mit den in der Natur (Pflanzen, Mineralien) vorhandenen Farbstoffen behandelten; sie sind krasser in der Wirkung.
Das sog. „Grünfärben" wird bei den Hausa von spezialisierten Gerbern ausgeführt. Die Farbe Grün gilt sowohl bei den Hausa als auch bei den Tuareg als etwas Besonderes und ist im islamischen Bereich „die geheiligte Farbe".
Berühmtes Zentrum dieses besonderen Färbeverfahrens ist die Stadt Sokoto. Dieses Färben erfolgt mit einer Lösung aus Kupferspänen, Natron, Salz, Zitrone und Wasser. Die Lösung wird auf die Fleischseite einer in einen Rahmen gespannten, gegerbten Ziegenhaut gerieben. Es bildet sich ein Schaum, den man über Nacht einwirken läßt und am nächsten Morgen abkratzt. In ungefähr drei Zentimeter breite Falten gelegt, kommen solche Häute auf die Märkte und werden in Streifen in der Breite einer Falte verkauft. Die Farbe ist lichtecht und behält über Jahrzehnte ihre Frische. Ähnliche Farbrezepte sind von den Tuareg überliefert.
Charakteristisch vor allem für die westafrikanische Savanne und die angrenzende südliche Sahara ist die Herstellung von Gefäßen und Behältern aus getrockneter Rohhaut.
Die Gefäße entstehen aus Rinder- oder Kamelhaut, die in dünne Schichten gespalten und durch Trocknen konserviert wird. Die Haarseite kann u. U. zur Verzierung der Gefäße verwendet werden. Die einzelnen Hautteile werden an den Rändern ausgeschärft und in nassem Zustand so über einen vorher angefertigten Tonkern – der bei manchen Formen innen hohl ist, damit er später leichter zerschlagen und entfernt werden kann – gelegt, daß die Teile sich überlappen und schließlich das Gefäß bilden. Da die Rohhaut Kollagene (d. h. Leim bildende Substanzen) enthält, verkleben die einzelnen Rohhautteile in feuchtem Zustand miteinander. Selbst die kleinen Henkel an manchen Gefäßtypen werden lediglich fest angedrückt und kleben so am Gefäßkörper fest.

Hausa-Gerber beim Verkauf roter Ziegenleder
→ 3.01. 246

Die Verzierung der Gefäße ist in Agadez Frauenarbeit. Mit Hilfe von Wachsröllchen, die man vorübergehend auf die Rohhaut klebt, das Gefäß dann in ein Farbbad taucht, entsteht nach Entfernen des Wachses ein hell-dunkles Muster. Bei den Hausa werden die Gefäße häufig auch mit Fellstreifen (Narbenseite der gespaltenen Haut) beklebt. Auch durch Einritzen der Rohhaut entstehen Muster (145).
Rohhautgefäße werden hauptsächlich von den Hausa hergestellt. Durch den Einfluß der Hausa gibt es sie aber

auch bei den Tuareg von Agadez im Air (Niger) (→ 3. 10. 141–45) sowie in Timbouktou in Mali (146); auch aus dem Gebiet der Songhai (→ S. 13) sind sie bekannt geworden. Je nach Form und Funktion tragen die Gefäße in der Hausa-Sprache verschiedene Bezeichnungen: das bekannteste Wort ist *batta* (Pl.: *battoci*). Im engeren Sinne bezeichnet batta jedoch nur ein größeres Gefäß von eiförmiger Gestalt, welches für das Tuareg-Gebiet typisch ist (→ 3. 10. 142). Das ebenfalls häufig gebrauchte Hausa-Wort *tandu* bezeichnet in engerem Sinne Gefäße von kreisrunder Gestalt (→ 3. 10. 145). Die Gefäße können, so etwa diejenigen mit flaschenförmiger Gestalt und mit Henkeln (→ 3. 10. 143), zur Aufnahme von Öl bzw. flüssiger Butter oder Nahrungsmitteln dienen, andere Formen zur Aufbewahrung von Kolanüssen oder Schmuck, die kleineren, flaschenförmigen für Schnupftabak und vor allem für Antimonit (→ 141, 142, 154, 156–59).
Da in vielen Gegenden des Sahel und der Savanne, vor allem in ländlichen Gebieten, Importwaren immer noch eine untergeordnete Rolle spielen, werden die meisten Gebrauchsgüter in traditioneller Weise hergestellt. Das verwendete Leder ist überwiegend das der Ziege, doch wird auch Rind-, Schaf-, Eidechsen-, Schlangen-, Krokodil- und gelegentlich sogar Fischleder verarbeitet. Mit Gummi und Plastik muß heutzutage die Schuhherstellung konkurrieren. Die Abfallprodukte

Hausa-Gerber beim „Grünfärben" von Leder in Zinder, Niger
→ 3.01. 240

westlicher Zivilisation wie Flaschen, Blechbüchsen, Autoreifen u. a. beeinflussen das Lederhandwerk sonst nur wenig. Allerdings werden in zunehmendem Maße farbige Plastikstreifchen bei der Verzierung von Ledergegenständen verwendet, die die Lederstreifenstickerei somit verdrängen.
Die Palette der aus Leder hergestellten Gegenstände, so z. B. bei den Hausa, war in der Vergangenheit groß. Hüllen und Griffe für die Waffen (Speere, Dolche, Schwerter [107]), Köcher, Schilde (105), Pferdezaumzeug (118, 242, 243) und Sättel (117), Beutel, große und kleine Taschen (08, 255) und andere Behälter für Wasser, Öl, Tabak, Nadeln u.a.m. (138, 142, 154, 156–159; 160) zählten dazu.
Auch Brieftaschen (328, 329), Kästen, Korantaschen (08), Amulette (21), Kissen (192), verschiedenes Schuhwerk (92, 116, 222, 247), Schurze für Jäger, Gürtel (66, 37), Fächer (81), Armreifen (56-58, 61, 62), Peitschen wurden aus Leder hergestellt. Außerdem wurde Leder kombiniert mit Stroh zu Körben (164, 266), Sieben, Hüten (100, 176, 273) oder Tellern bzw. Deckeln verarbeitet. Kombiniert mit Holz oder dem Kalebassenkürbis wurde es zu Musikinstrumenten (75), Tintenfässern oder Korantafeln (06, 07) verarbeitet.
Bei den Hausa sind die typischen Verzierungsmethoden des Leders einmal das Einfärben, dann das Besticken mit dünnen, farbigen Lederstreifchen, bunten Baumwollfäden oder mit Kaurischnecken, Einschneiden und Punzen

Tasche der Manding
→ 3.01. 276

mit Metallstempeln, Applizieren von farbigen Ledern mittels Klebstoff (Hirsebrei) und zusätzlichem Annähen. Ausstanzen und gleichzeitiges Unterlegen mit Stoff, Abschälen der Narbenseite, um das gefärbte Leder in Kontrast zu helleren, unteren Schichten zu setzen, wird außerdem angewandt. Leder werden an den Rändern zu Fransen geschnitten, Knöpfe geflochten, sowie Quasten angebracht und Lederbänder auf die unterschiedlichste Art geflochten.
Seit Beginn der 30er Jahre des 20. Jahrhunderts ist in Nigeria eine Lederindustrie für ausländische Besucher entstanden – inzwischen auch für die Afrikaner selbst – deren Produkte sich teils nach traditionellen Formen und Funktionen richten, teils nach europäischen Bedürfnissen.
Auch die Republik Niger hat diese Entwicklung genommen. Der südliche Teil des Niger mit den Städten Zinder, Agadez, Maradi, Tessaoua, Konni, Madoua, Tahoua, Niamey, Dosso, Tillabery ist heute ein Gebiet intensiver Lederherstellung und Verarbeitung geworden. Das *Artisanat* des *Musée National du Niger* in Niamey wirkt als Förderer von Kunsthandwerk und ist gleichzeitig Verkaufsstand von Lederwaren besonders an Touristen.

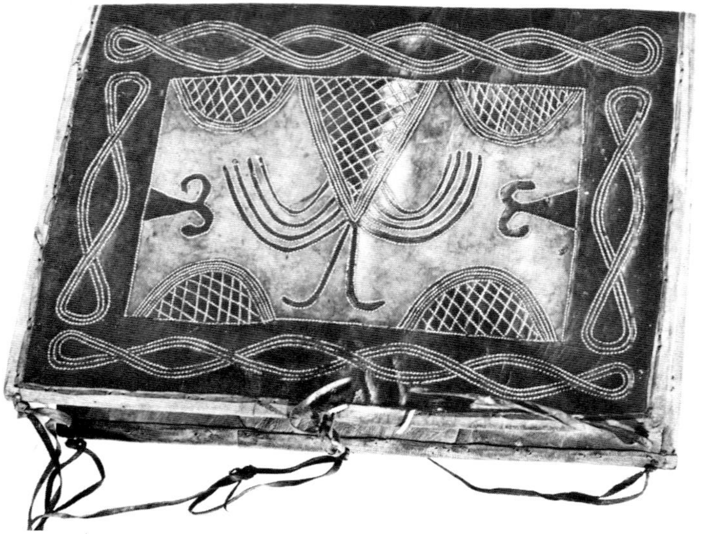

Briefmappe, Nigeria.
3.01.297

Aktentasche aus Schlangenleder, Nigeria.
3.01.296

Hier haben auch die Lederhandwerker ihre Werkstätten. Für den europäischen Geschmack werden neben vielen anderen Dingen auch Reise- und Damentaschen hergestellt. Auch Herren- und Damenschuhe findet man. In Nigeria sind Absatzstellen der hergestellten Gegenstände traditionelle Märkte, kleine Geschäfte, aber auch Stände vor den Hotels. Bei diesen Lederwaren werden in großem Maße Krokodil, Schlange und Eidechse verarbeitet oder auch Stückchen von Leopardenpelzen zur Verzierung verwendet (296–300, 305).

Auch bei den Mosi gibt es diese auf den Tourismus ausgerichtete Lederwarenproduktion, allerdings in sehr viel bescheidenerem Umfang.

Einige Lederwaren aus früherer Zeit haben ihre Funktion verloren. So werden lange, über das Knie reichende Reitstiefel nicht mehr hergestellt, ebensowenig weiche Pantoffeln, die jedoch bei den Mosi (→ 6.72. 94, 95) und Fulbe in Obervolta und Mali noch in alter Weise gearbeitet werden.

Traditionell arbeiten vor allem noch die Sattler und Schuhmacher, da auf diesem Gebiet, vor allem in den ländlichen Gegenden, noch ein Eigenbedarf besteht. Zentren der Sattlerei sind bei den Hausa die Städte Maradi, Tessaoua, Zinder und Tahoua. Die Sandalenherstellung ist ein eigenes Handwerk, das im wesentlichen zwei Typen von Sandalen hervorbringt. Eine fein gearbeitete Sandale aus buntem Leder mit mehrschichtiger Sohle (ein Typ, der fast in identischer Form bei den Tuareg gebräuchlich ist (→ „Deutsches Schuhmuseum" 6.72.09-11), der von den städtischen Hausa getragen wird. Der zweite Typ, aus ungegerbter Rinderhaut gefertigt, an der die Haare belassen werden, mit Zehenschutz und Fersenbindung, wird hauptsächlich von der ländlichen Bevölkerung sowie den Fulbe-Hirten getragen (→ 6.72. 32–34).

Die Futteralherstellung, also das Anfertigen von Scheiden für Schwerter und Dolche, wird kaum noch künstlerisch ausgeführt und ist im Verschwinden begriffen. Auch Schilde oder Männerschurze werden kaum noch gemacht. Bei den Mosi (281; 119, 120) und Dogon (263, 280) sind Taschen- und Zaumzeugherstellung für den eigenen Gebrauch die wichtigsten Produktionszweige. Satteltaschen werden von den Spezialisten für Zaumzeug hergestellt, andere Taschen dagegen, die es in großer Vielfalt gibt, fertigen die Taschenhersteller an.

Noch zu Beginn des 20. Jahrhunderts treffen wir im Gebiet der westafrikanischen Savanne auf eine Anzahl von Völkern, die ihre altafrikanische Tracht und ihren Schmuck erhalten hatten. Neben der Schambedeckung aus Blättern waren bis in die späten 60er Jahre für Frauen und Mädchen Schurze, Durchziehschurze und Fransenschürzen aus Leder die allgemeine Bekleidung, für die Männer das Ziegenleder oder das Schaffell, welches als Durchziehschurz oder über das Gesäß herabhängend getragen wurde (45; → 3.20.).

Der Baumwollanbau setzte in Westafrika mit der Islamisierung im 11. Jahrhundert ein und brachte die Weberei in Schwarzafrika mit sich, die von den Männern auf dem sog. Trittwebstuhl durchgeführt wird (213, 214, 218, 229). Bunte Stoffe, ursprünglich aus schmalen Streifen zusammengenähte Tücher (217, 219, 227, 228), gehörten bald zu den wichtigsten Handelsgütern Westafrikas. Im Zuge der Islamisierung Westafrikas wurde die Lederbekleidung durch die textile Vollbekleidung fast völlig verdrängt. Für die islamisierten Völker galt die altafrikanische Lederbekleidung, die meist nur Teile des Körpers bedeckte, insbesondere den Oberkörper freiließ, als unterentwickelt. Da der Islam den Anspruch erhob, die höher entwickelte Kultur zu bringen, wurde auch die von allen islamischen Völkern schon seit Jahrhunderten getragene Baumwoll- oder Wollkleidung,

Gefäß aus getrockneter Rohhaut. Kanuri, Nigeria.
3.01.137

die aus Hemd und Hose und langem Gewand bestand, Abzeichen höherstehender Kultur.
Viele Völker allerdings widerstanden dem Einfluß, so daß sich bei diesen nicht-islamisierten Gruppen die Ledertracht länger erhalten konnte (→ 3.20).
Später förderten die Kolonialmächte den Baumwollanbau und verhalfen damit der Weberei zu einem neuen Aufschwung. Es war dies – zusammen mit der Einführung europäischer Kleidung – der letzte Anstoß, die Ledertracht endgültig abzulegen.
Die städtische islamische Bevölkerung und die Würdenträger auf dem Land

Schurz aus Pergament für Männer, Manding. 3.01.45

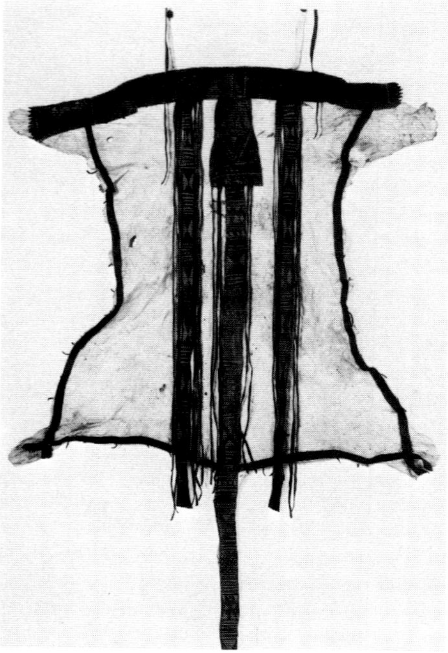

kleiden sich heute mit dem *boubou*, einem weiten, faltenreichen, langen Gewand sowie einer weiten Hose. Dies Gewand, das in ähnlicher Form auch Frauen tragen, ist häufig aus feinem Batist oder Damast gearbeitet, der aus Ägypten oder Indien über Mekka importiert wird (88, 221). Aus der Elfenbeinküste stammen industriegefertige Batikstoffe.

Die Wollweberei ist in Westafrika nur im Binnendelta des Nigers in Mali bekannt, da die Fulbe in dieser Region Wollschafe züchten. Die Fulbe weben Decken und ponchoartige Mäntel aus schwarzer oder weißer Schafwolle (211).

Das überwiegend heiße, klare Wetter und die Schattenarmut der Landschaft erfordern eine Kopfbedeckung. Eine Vielzahl unterschiedlicher, oft mit Leder verzierter Strohhüte (175, 176, 273) und durch den Islam eingeführte, bestickte Mützen (89, 210, 224-226) sowie Baumwolltücher als Kopftücher für die Frauen (221) und als Turbane für die Männer, sind die übliche Kopfbedeckung der afrikanischen Bauern und Städter.

Viele Bauern gehen heute noch barfuß. Die Sandale ist jedoch, wie erwähnt, in Westafrika überall bekannt (→ 6.72). Islamisch-nordafrikanischem Einfluß zuzuschreiben ist die Tatsache, daß bei einigen Völkern Pantoffeln getragen werden. Hausa und Kanuri in Nigeria (90; → 6.72.84-89) wie auch Mosi und Mande-Gruppen (→ 6.72.90-95) stellen auch heute noch Pantoffeln her.

Typisch für den gesamten westafrikanischen Savannenbereich ist die Verbindung pflanzlicher Materialien mit Leder. Der Grund hierfür ist wohl, daß das sich leicht zerschleißende Grasmaterial durch das weitaus robustere Leder geschützt werden soll. Gleichzeitig ist das Leder aber auch ein Mittel, die Flechtarbeiten zu verschönern. Das helle, naturfarbene Grasmaterial bildet einen äußerst ästhetischen Gegensatz zum meist braun- oder rotgefärbten Leder.
Korb- und Mattenflechterei sind in Westafrika nirgends ein kastengebundenes Handwerk. Sowohl Männer als auch Frauen führen diese Arbeit aus. Wildgräser, wie *Andropogon*, *Pani-*

Hut aus Stroh und Leder für Männer. Hausa, Nigeria. 3.01.274

cum turgidum und *Ctenium* sowie Palmblattwedel (z. B. von der Dumpalme, *Hyphaena Thebaica*) und am Niger auch Schilf, werden nicht nur zu großen Matten geflochten, die als Schlafmatten oder Dächer dienen, Zelt- und Hauswände bilden (340, 343), sondern vor allem auch zu Körben, Hüten, Bier- und Schmutzsieben (354), Tragschlaufen (348) für Tontöpfe und Kalebassen, Hüllen für Schreibstifte, Schläuche für Getreide und Salz, Seilen und Schnüren und zu Tellern verarbeitet, die man u. a. zum Abdecken auf die Schüsseln legt (→ 3.03).

Vor allem die Böden und Ränder der Körbe (161–164) und Teller (140) oder Männerhüte (175, 176, 273) sowie manche Mattenarten (bei Djerma, Hausa, Fulbe), sind in der Regel aus Gras und Leder hergestellt. Die Stengel der Schilfmatten am Niger werden mit Streifen aus ungegerbtem Fell verknüpft (→ 3.03). Auch die Tuareg-Matten aus *Panicum turgidum*, die die Zeltwand bilden, sind mit bunten Lederstreifen verbunden (→ 3.10.02-07, 9-11). Vergleicht man die aus Gras, Schilf und Palmblattwedeln hergestellten Gegenstände in den Bauerngesellschaften mit Gegenständen gleicher Funktion bei denen der Viehzüchter (Mauren, Tuareg), so zeigt sich deutlich, daß bei den Bauern vegetabilische Materialien das Leder zurückgedrängt haben und das Leder nur noch schmückendes Beiwerk ist.

Eine weitere Konkurrenz für Behälter und Gefäße aus Leder ist ein anderes vegetabilisches Material, u. zw. der Kalebassenkürbis, den die Bauern in unmittelbarer Umgebung ihrer Gehöfte anbauen. Aus diesem werden Schüsseln, Gefäße für Wasser, Öl und Milch (182-184), Trichter und Löffel (185) hergestellt, aber auch Musikinstrumente wie Geigen und Lauten (→ 3.70.65, 86). Nur in wenigen Gebieten werden die Kalebassen auch dekoriert. Die Dogon, Hausa und die Fulbe gehören zu den bekanntesten Kalebassen verzierenden Völkern. Neben Einfärben oder Einkerben von Mustern mit Säge, Stichel und Hohlmeißel, wird vor allem Brandverzierung angewendet, die mit einem Besteck von mehreren lanzettförmigen Messern ausgeführt wird.

Körbe aus Stroh und Leder. Hausa, Nigeria.
3.01.164

Die Savannenregion Westafrikas

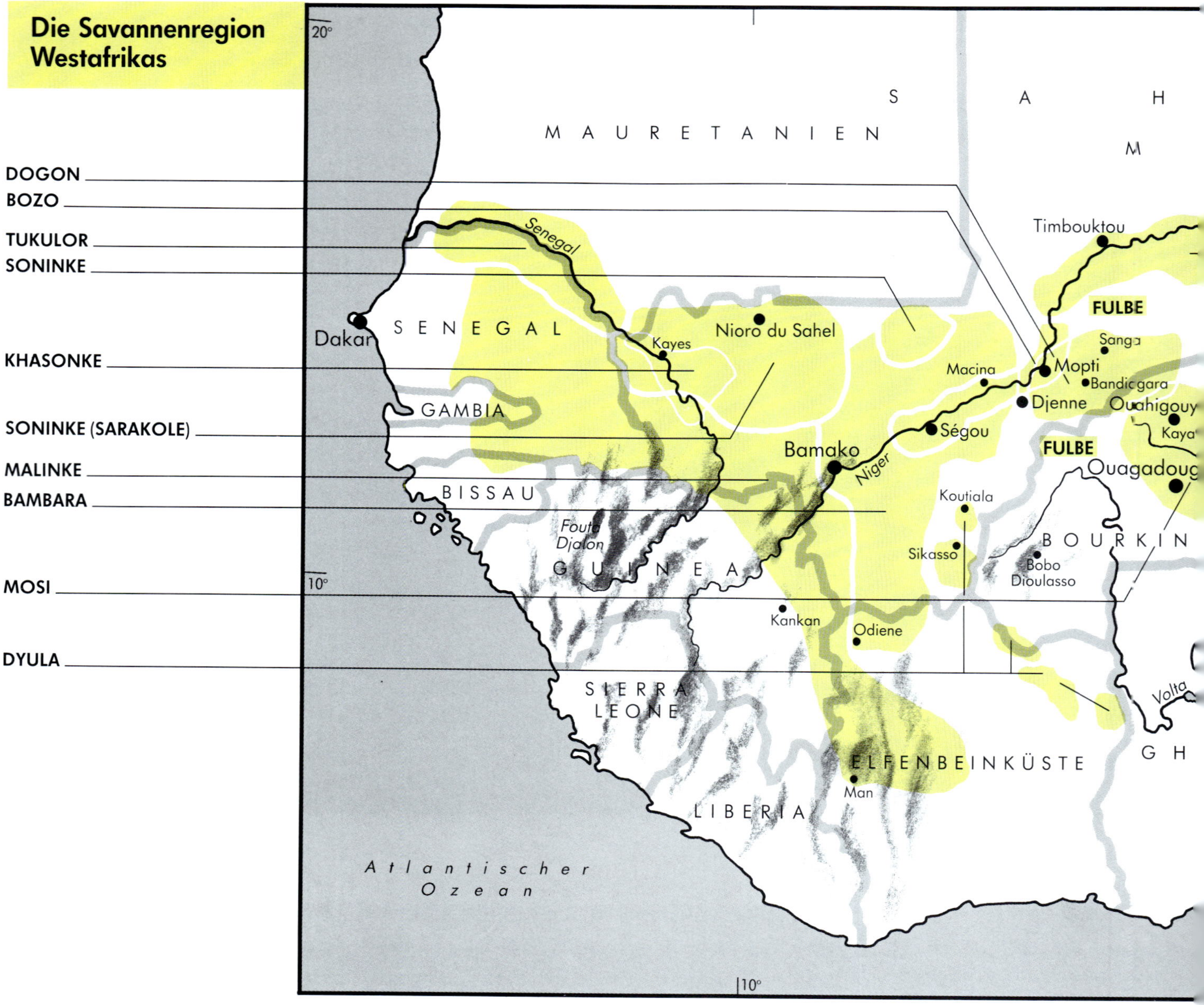

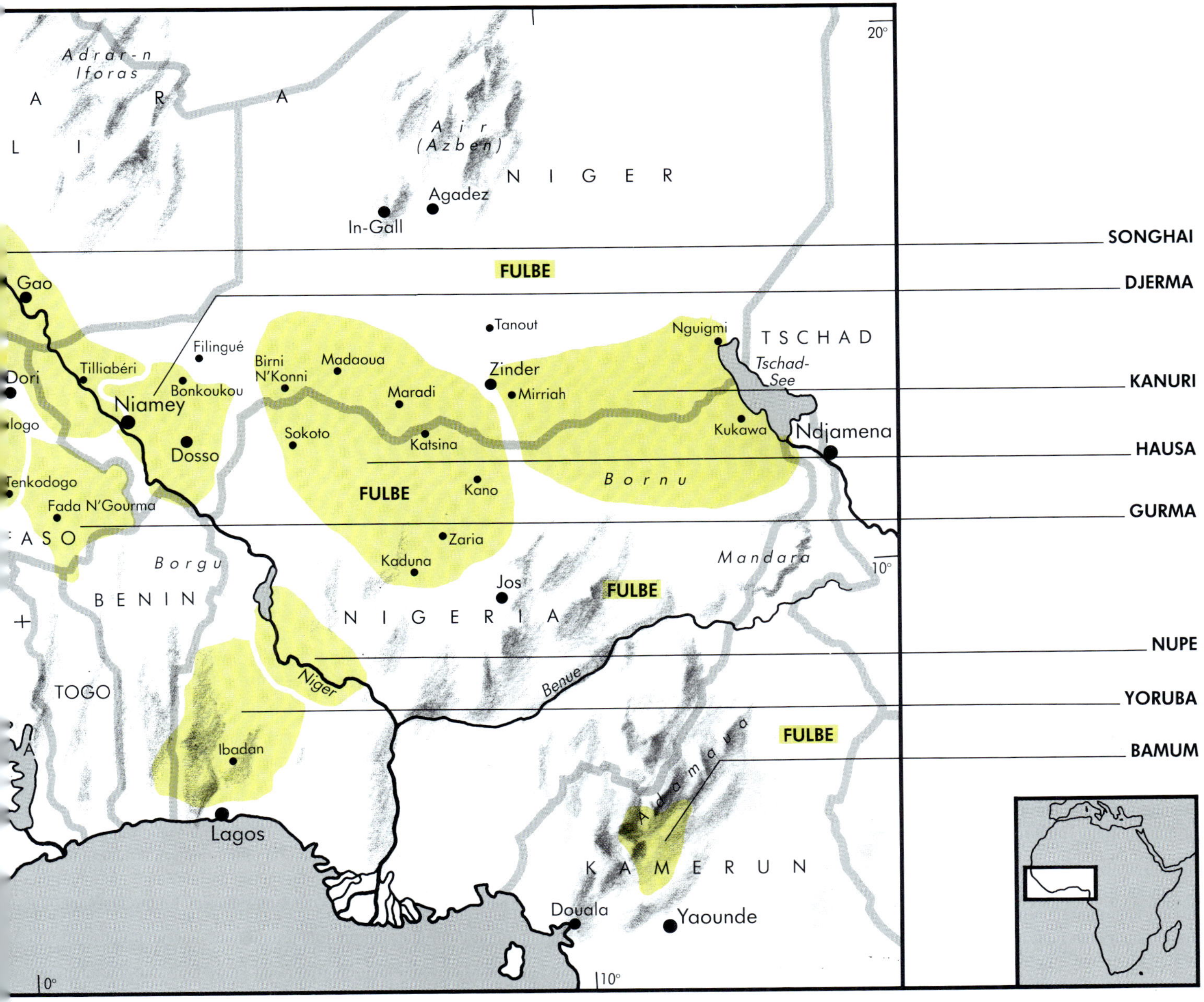
Adrar-n Iforas
MALI
Aïr (Azben)
NIGER
Agadez
In-Gall
SONGHAI
FULBE
DJERMA
Gao
Tanout
Nguigmi
TSCHAD
Tschad-See
Filingué
Birni N'Konni
Madaoua
Zinder
Mirriah
Dori
Tilliabéri
Bonkoukou
Maradi
KANURI
Niamey
Kukawa
Ndjamena
Sokoto
Katsina
Dosso
HAUSA
Tenkodogo
Kano
FULBE
Bornu
Fada N'Gourma
GURMA
FASO
Zaria
Borgu
Kaduna
Mandara
Jos
FULBE
BENIN
NIGERIA
NUPE
Niger
Benue
TOGO
YORUBA
FULBE
Ibadan
Adamaua
BAMUM
Lagos
KAMERUN
Douala
Yaounde
20°
10°
0°
10°

01
Drei Rosenkränze aus Holz. Von Händlern, die die Pilgerfahrt nach Mekka gemacht haben, als Handelsware zurückgebracht. Maradi und Djibo, 1978. L = 36 cm, 43 cm, 63 cm.

02
Rosenkranz, Olivenholz aus Mekka. Maradi, Niger, 1978.

03
Rosenkranz. Ähnlich wie 02. Maradi, Niger, 1978.

06
Korantafel. Mit lederbezogenem Griff. Auf hölzerne Tafeln, die immer wieder abgewaschen werden können, schreiben die Kinder in den Koranschulen die Suren des Korans auf und lernen auf diese Weise die arabische Schrift und die heiligen Texte. Auch die Marabut und Mulla (islamische Geistliche) in den Moscheen sehen das Abschreiben der Korantexte als eine gottgefällige Tätigkeit und Übung an. Hausa, Maradi, 1978. H = 80 cm, B = 35 cm.

07
Korantafel. Ähnlich wie 06. H = 36 cm, B = 18,5 cm.

08
Korantasche aus Leder, mit 2 kreisrunden Applikationen aus Grünleder verziert. Dreieckiger Überschlag mit Grünleder und Lederstreifchen bestickt. Hausa, 1916. H = 14 cm, B = 17 cm, T = 6 cm.

09
Korantasche aus Leder. Innen mit Stoff gefüttert. Gerundeter Überschlag mit Lederknopf. Punz- und Schäldekor. An den Seiten Lederknöpfe (einer fehlt), an denen die zopfartig geflochtenen Riemen befestigt sind. Manding, 1950. H = 10 cm, B = 10 cm, T = 3 cm.

10
Korantasche aus Leder. Innen mit Stoff gefüttert. Spitzgerundeter Überschlag. An den Seiten geflochtene Knöpfe, an denen Lederriemen befestigt sind. Punz- und Schäldekor. Manding, 1927. H = 11,5 cm, B = 16,5 cm, T = 4,5 cm.

11
Korantasche aus Leder. Verschluß durch Überstülpen eines kastenartigen Deckels (Schuber). An fein geflochtenen Lederknöpfen werden vier parallellaufende, lange, gedrehte Lederschnüre an der Tasche gehalten. Punz- und Schäldekor. Manding, 1925. H = 12 cm, B = 13 cm, T = 3,5 cm. Abb.

12
Korantasche aus Leder. Zwei übereinanderliegende, dreieckige Überschläge als Verschluß. Lange Bänder zum Umhängen an geflochtenen Lederknöpfen. Auf Tasche Dekoration mittels geflochtener Lederstreifchen. Westafrika, 1929. H = 16 cm, B = 22 cm, T = 8,5 cm.

13
Kissen aus Leder. Zwei kreisrunde Platten, verbunden durch schmalen Keil. Oberseite mit Schäldekor. Manding, 1934. ∅ = 49 cm.

15
Korantasche aus Leder. Zwei übereinanderliegende, dreieckige Überschläge als Verschluß (innerer schwarz bemalt, äußerer mit Lederstreifchen bestickt). Koran aus beschriebenen, einzelnen Blättern. Manding, 1919. H = 11 cm, B = 14 cm, T = 4 cm.

17
Amulettäschchen. Auf der Brust zu tragen. Rechteckiger, gepunzter und bemalter Verschlußteil zum Überstülpen (Schuber). Täschchen mit zwei Fächern, Vorderseite schwarz bemalt, mit dreieckig geformtem Überschlag. An den unteren Ecken mit Ledertroddeln verziert. Bamum, Grasland, Kamerun, 1927. H = 10 cm, B = 13 cm.

18
Amulett als Halsschmuck. Fein geflochtene Schnüre, mit Lederknöpfen verbunden. Zwei viereckige, dicke Lederpäckchen mit Punzdekor, sowie vier kleinere, rechteckige Päckchen. Manding, Ghana, 1928. H = 6,5 × 6,5 cm, T = 2,5 cm, ∅ = 14 cm.

19
Korantäschchen aus Leder. Mit dreieckigem, sehr spitz zulaufendem Überschlag. An den Seiten große, geflochtene Knöpfe, an denen die fein geflochtenen Schnüre zum Umhängen der Tasche befestigt sind. Schwarze Bemalung und Blindliniendekor. Manding, Ghana, 1927. H = 10 cm, B = 8,5 cm, T = 3,5 cm.

20
Amulett. Zwei Amulettkästchen als Halsschmuck. An schmalem, gedrilltem Lederband, an dessen Ende geflochtene Knöpfe sind. Feinste Verzierung durch Durchflechtarbeit mit Grasstreifchen und Blindliniendekor. Islamisch, Manding, 1925. H = 5 cm (Kästchen), B = 5 cm.

21
Amulettkästchen als Halskette. Gepunzte, gefärbte und bemalte Leder. Schminkdöschen und Behälter für Pinzette. Hausa, 1927. H = 11 × 9 cm, B = 6,5 × 5,5 cm, T = 4,5 × 3 cm. Abb.

22
Amulettkette. Zwei parallellaufende, fein geflochtene Lederschnüre, die mit zwei geflochtenen Lederknöpfen verschlossen werden. Zusätzlich drei ovale, knopfähnliche Anhänger, an den Rändern mit weißen Grasstreifen verziert. Manding, Ghana, 1927. L = 4,5 cm, ∅ = 17 cm.

26
Kostüm eines „Erdherrn" (→ S. 18). Weite Hose mit verzierten Lederbändern. Kauribenähtes blaues Baumwollhemd. Kopfaufsatz mit (imitiertem) Marabutschnabel. Dazu Eisenglocken mit ringförmigen Bügeln, die über die Finger gezogen und mit Eisenringen zum Klingen gebracht werden, Ledergürtel mit Eisenrasseln, Behänge aus Haarbüscheln des Kuhschwanzes für die Oberarme. Mit Fransen verzierte Umhängetasche. Erdherrn mit solchen Kostümen hat Leo Frobenius 1907 in Ouahigouya/Obervolta tanzen sehen und von H. Arriens aquarellieren lassen. Zana, Bourkina Faso, 1978.

Korantasche der Manding.
3.01.11

Halskette aus Amulettkästchen, Hausa.
3.01.21

Amulett aus Zähnen und Knochen, die in Leder eingenäht sind. Solche Amulette stammen aus dem nichtislamischen Bereich der westafrikanischen Savanne.
3.01.32

29
Zwei Täschchen. Mittelbraunes Leder, verbunden mit Lederschnur. Längliche, zylindrische Form. Verschluß mittels Schuber. Verzierung durch Applikation von weißem Leder und Besticken mit Lederstreifchen. Manding, 1927. L = 17,5 cm. Abb.

Täschchen mit Schuberverschluß. Manding. 3.01.29

32
Amulett. Auf lange Lederschnur aufgereihte Amuletteile (Zähne, Knochen usw. in Leder eingenäht); Antimonitfläschchen (→ 142), mit roten und blauen Perlen verziert; Feuerzeugtäschchen. Aus dem nichtislamischen Bereich der westafrikanischen Savanne. Genauere Herkunft unbekannt, 1943. Abb.

33
Amulett. 1. Drei rechteckige Amulettpäckchen. Geritzte, gepunzte und schwarz bemalte Verzierung. 2. In Leder eingenähter Tierzahn. 3. Drei gekrümmte, bananenähnliche Eisenteile (ca. 7 cm lang), in Leder eingenäht. Islamisch beeinflußt, Nordkamerun, um 1943.

35
Gürtel aus Leder, mit Schnecken besetzt. Dogon, Mali, 1978. H = 6,6 cm.

36
Gürtel. Naturfarbenes Leder mit drei Reihen Kaurischnecken besetzt. Ouagadougou, Bourkina Faso, 1978. L = 73 cm.

37
Geldgürtel. Oberseite schwarz gefärbt und durch Schältechnik verziert. In schmale Lederstreifen auslaufend, die zugebunden werden können. Hausa, Adamaua, Kamerun, 1950. L = 145 cm, Mittelteil: L = 70 cm, B = 6 cm.

38
Gürtel. Mittlerer Teil innen gepolstert und ein kleinerer und drei größere scheibenartige Aufsätze, verziert mit gestanzten, unterlegten Löchern, sowie Durchflechtarbeit mit Grasstreifchen. An den Gürtelenden geflochtene Schnüre mit Knopf zum Verschließen. Fulbe, von Manding gearbeitet, 1927. L = 57 cm (Mittelteil), B = 8 cm. Abb.

42
Hemd für Männer. Aus einheimisch gewebten braunen Baumwollstreifen, mit Erdfarbe gefärbt und mit Lederamuletten benäht. Wahrscheinlich nördl. Togo, 1928. L = 80 cm. Abb.

45
Schurz aus Pergament, auf welches braune, durch Schältechnik verzierte Streifen aufgenäht sind. Der Schurz wurde von den Männern über das Gesäß herabfallend getragen. Manding, 1929. L = 82 cm, B = ca. 55 cm. Abb.

48
Tierhorn. An feingeflochtener Lederschnur, mit geflochtenen Lederknöpfen. Breiter Teil des Horns mit Lederkappe verschlossen. Bemalt und mit Blindlinien verziert. Wahrscheinlich Jagdzauber. Herkunft unbekannt, 1951. L = 7 cm.

49
Amulett. In Leder eingenähtes Tierhorn und kleines Baumwollsäckchen, an Baumwollstreifen um den Hals zu hängen. Westafrika. L = 7 cm.

53
Kappe für Jäger. Kalotte aus einzelnen, sich überlappenden, runden Fellstücken. Südöstliche Malinke, 1928. ∅ = 7 cm.

54
Teller, aus den Blättern der Zwergpalme, in Spiralwulsttechnik geflochten. Rand grün und violett mit drei in die Fläche des Tellers hineinragenden Dreiecken. Mopti, 1978. ∅ = 37 cm.

55
Armreifen aus Leder. Geflochtener, kleiner Lederknopf und Schlaufe zum Zumachen. Westafrikanisches Savannengebiet, nähere Herkunft unbekannt. ∅ = 5,5 cm.

56
Amulett. Armreifen aus Leder. Ein Teil stark verdickt (mit „Medizin" gefüllt?), mit hellgrünem und mittelbraunem Leder verziert. Islamisch, Hausa, 1927. ∅ = 10 cm.

57
Amulett. Armreif aus Leder. An Armreifen zwei in Leder eingenähte Tierkrallen. Hausa, 1927. ∅ = 9 cm.

58
Armreifen aus Leder. Zwei parallel miteinander verbundene Reifen. Hausa, 1918. ∅ 7,5 cm.

Hemd für Männer aus gewebten Baumwollstreifen, mit Lederamuletten benäht. Togo. 3.01.42

59
Armreifen aus Leder. Amulett. Runder Anhänger mit eingenähter „Medizin". Westafrikanisches Savannengebiet, nähere Herkunft unbekannt, 1927. ∅ = 6,5 cm.

60
Amulett, wahrscheinlich um den Hals getragen. Fein geflochtene Lederschnur mit Knopf und Schlaufe zum Schließen; Anhänger ein dreieckig geformtes Lederpäckchen. Malinke, 1924. L = 17 cm, ∅ = 4 cm.

61
Armreifen für Kinder, wahrscheinlich als Amulett getragen. Kleiner Lederknopf mit Schlaufe zum Schließen. Verdickter Teil mit „Medizin" gefüllt. Hausa, 1918. ∅ = 4,5 cm.

62
Amulett. Armband aus gedrillten Lederschnüren. Anhänger ein tonnenförmiges Lederstück mit angehängten Lederstreifen. Hausa oder Fulbe, Adamaua, Kamerun, 1928.

65
Schwertgurt. Brauner Ledergürtel mit vorwiegend gepunzten Mustern. An einem Ende Verzierung durch geflochtene Schnüre, ausgeschnittene, aufgelegte Muster. Westafrikanisches Savannengebiet, nähere Herkunft unbekannt, 1928. L = 90 cm, B = 4,5 cm.

66
Gürtel. Amulett? Bestehend aus vielen, flachen, runden Teilen, in die vermutlich „Medizin" eingenäht ist. Hausa, 1927. L = 130 cm, B = 3,5 cm.

70
Köcher. Langer, schmaler Zylinder aus Holz mit rotbraungefärbtem Leder überzogen. Spitz zulaufender Deckel zum Überstülpen. Zur Verzierung zahlreiche, lange Lederfransen an Seiten und Boden. Traggurt mit geometrischen Mustern mittels Schäldekor. Manding, H = 73 cm.

75
Oboe *(algeita)* aus Holz, mit Leder überzogen und Mundstück aus Blech. Hausa, Niamey, 1978. L = 45 cm.

76
Sanduhrtrommel, zweiseitig bespannt; mit Schlegel aus Holz. Djerma, Niamey, 1978. H = 44 cm, ∅ = 22 cm, Schlegel: L = 25 cm.

Gürtel. Manding und Fulbe.
3.01.38

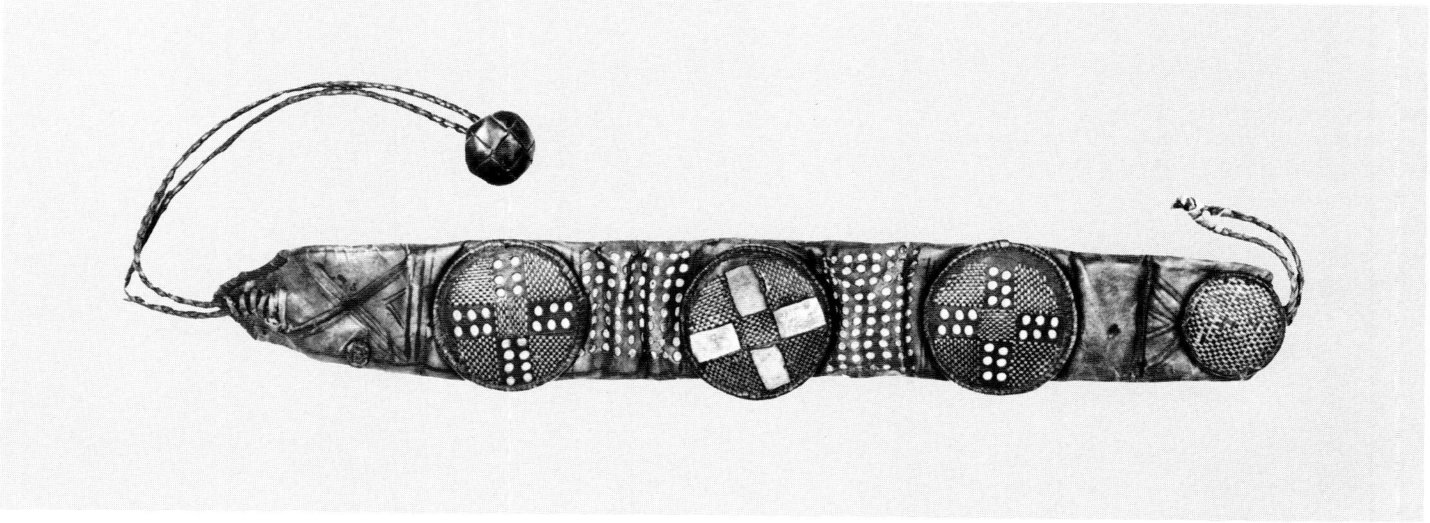

80
Fächer aus Pergamenthaut. Mit Applikationen aus Pergamenthaut. Am Übergang zum rundgeformten Griff ist dieser mit Grünleder verziert. Manding, 1920. L = 47 cm, ∅ = 34 cm.

81
Fächer aus Straußenfedern. In rundem Lederteil eingefaßt. Mit Grünleder verzierter Griff und Schlaufe. Hausa, 1950. H = 53 cm, B = 46 cm.

85
Dolch. Lange, schmale, spitz zulaufende Klinge. Griff mit Leder umflochten. Gegen das Blatt mit Holz geschützt, welches mit Pergamenthaut überzogen ist. Holzknauf, der einen Eisenring trägt, mit Pergamenthaut überzogen. Dolch mit dunkel und hell gefärbtem Leder überzogen, mit Blindlinien verziert. Auf der Vorderseite schön geflochtener Lederknopf. Der Dolch wird an zwei parallellaufenden, geflochtenen Lederschnüren, die mit Knöpfen an der Scheide befestigt sind, um den Hals getragen. Manding, 1935. L = 34 cm.

88
Gewand für Männer *(boubou).* Schwarzer Baumwolldamast mit weißer Maschinenstickerei am asymmetrisch spitzen Halsausschnitt. Mopti, Mali, 1978. H = 159 cm, B = 134 cm.

89
Zwei Mützen für Männer. In der Form wie ein Fez. Feine bunte Stickerei auf weißem Grund. Hausa, Zinder, Niger, 1978. H = 18 cm, ∅ = 17 cm.

90
Pantoffeln. Mit heruntergetretener Fersenpartie. Obermaterial braunes Leder mit gepunzten Mustern. Sohle aus getrockneter Rohhaut. Wahrscheinlich Kanuri, 1934. L = 27 cm. → 6.72.99,100.

91
Reitstiefel aus Leder in Strumpfform ohne harte Sohle. Bis zur Kniekehle geschlossen, von dort an nur mehr Knie- und Vorderseite des Oberschenkels bedeckend. Reiche Verzierungen durch Flechten mit Lederriemchen und aufgenähten, farbigen Lederstückchen in Grün und Hellbraun auf schwarzem Grund. Hausa, 1960. H = 85 cm, B = 26 cm. → 6.72.137-39. Abb.

92
Sporen. Lederbezogener und gepolsterter eiserner Huf mit vier Dornen in der Mitte. Breiter Riemen, der unter dem Fuß verläuft und Schnüre zum Binden auf dem Rist. Mosi, Kaya, 1978. B = 3 cm.

94
Hut für Männer. Aus feinem Gras geflochten, mit Leder verziert. Runder Kopfteil, breite Krempe. Breite Lederstreifen zur Befestigung des Hutes am Kopf. Hinten Lederlappen mit Schäldekor. Mit der fortschreitenden Islamisierung sind die Hausa zu Fez-förmigen Mützen (→ 89,210,224-26) und Turbanen übergegangen. Hausa, 1938. ∅ = 40 cm.

Reitstiefel der Hausa.
3.01.91

95
Täschchen aus braunem Leder mit gepunzten Mustern. Gerundete Form mit gleichgroßer und gleichgeformter Verschlußklappe. Großer, geflochtener Lederknopf zum Verschließen, verziert mit sehr langer Ledertroddel. An den Seiten lange, breite Lederstreifen mit feinstem Schäldekor sowie zahlreichen, langen Lederfransen. Manding, 1927. L = 44 cm.

Täschchen der Manding.
3.01.257

96
Schwert in Lederscheide, Muster eingepunzt. Die Zierknäufe mit Lederstreifengeflecht verziert. Griffspitze und Scheidenende aus Messing. Gehänge aus Lederfransen, Lederstreifen mit Schäldekor versehen. Manding, 1927. L = 84 cm.

97
Pulverhorn mit braungefärbtem Leder überzogen und verschiedenen Ornamenten in schwarzer Farbe bemalt. Das Kreuz geht auf altchristliche Einflüsse im Sudan zurück. Manding, 1937. H = 36 cm.

98
Pulverhorn. Mit Leder überzogenes Kuhhorn. Verzierung mit hell- bzw. dunkelgefärbtem Leder. Schäldekor und Flechtarbeiten aus hellen Baststreifen. Gedrillte Lederschnüre zum Aufhängen. Große Quasten aus Lederschnüren als zusätzliche Verzierung. Malinke, 1937. L = 38 cm.
Seit dem 14. Jh. findet das Gewehr Eingang in alle Länder nördlich der Sahara. Als erster schwarzer Fürst hatte Idris Alauma, König des Bornu-Reiches (1570 - 1602), kurz vor dem Auftauchen der Marokkaner im Songhai-Reich, türkische Scharfschützen in die Armee eingegliedert. Abb.

99
Pulverhorn. Kuhhorn, teilweise mit Leder überzogen, durch schwarze Bemalung und Flechtarbeit mit feinen, schmalen Baststreifen verziert. Manding, 1925. H = 72 cm.

100
Dolch. Schmale, lange, spitzzulaufende Eisenklinge mit eingravierten Mustern. Griff aus Elfenbein mit kugelrundem Knauf, zur Scheide hin mit Silberverzierung. Scheide aus Leder mit Flechtarbeit aus schmalen, hellen Grasstreifen und Blindliniendekor. Am Ende mit langen Lederstreifen verziert. Liberia (vielleicht Manyalnka, d e in Liberia als Händler leben), 1938. L = 41 cm.

105
Schild aus Büffelleder in Glockenform. Punktartige Muster mit Eisenstäben von der Rückseite herausgepreßt. Adamaua-Hochland und Fulbe, Kamerun, 1935. H = 100 cm, B = 70 cm.

106
Speer. Stab mit Lederflechtarbeit umgeben. Kunstvoll geschmiedete Eisenspitze. Bagirmi, südl. des Tschadsees, 1928. Hausa-Einfluß in der Lederflechtarbeit unverkennbar. H = 172 cm.

107
Schwert mit Kreuzgriff, mit Leder überzogen und gerader Eisenklinge. Eisenknauf gerundet. Scheide aus eingefärbtem Leder mit Blindlinien und Punzdekor; Gelbgußverzierungen am oberen und unteren Ende der Scheide. Zum Umhängen mit Baumwollschnüren an großen Laschen an der Lederscheide befestigt; große Baumwolltroddeln als Zierde. Hausa, 1928. L = 90 cm.

108
Streitaxt. Gerader Holzgriff, mit Leder überzogen. Verzierung mittels Durchflechtarbeit und geflochtenen Lederstreifchen, die um den Stiel gewickelt sind. Eingedornte Klinge aus Gelbguß mit einziselierten Mustern. Manding?, 1935. L = 61 cm.

112
Fläschchen aus Holz, mit Leder überzogen. Gerundeter, leicht gewölbter Bauch. Entweder für Schnupftabak oder als Kugelbüchschen verwendet. Manding, um 1954. H = 14 cm, ∅ = 7,2 cm.

113
Fläschchen aus Holz, mit Leder überzogen. Gerundet, aber flacher Bauch, auf der Außenseite mit Muscheln besetzt. Entweder für Schnupftabak oder als Kugelbüchschen verwendet. Bussange (wahrscheinlich die Manding-sprechenden Busa unter den Bariba im nördlichen Benin), 1918. H = 17 cm.

116
Reitstiefel aus Leder. In Strumpfform mit abgetrennter Zehenpartie. Vordere Partie extra eingesetzt. Applikationen aus Leder auf dem Schaft und Spann. Hausa, 1929. Schaft: H = 60 cm, L = 28 cm (Schuh). →6.72.137-39.

Pulverhorn der Malinke.
3.01.98

117
Sattel. Geschwungene Rückenlehne und hoher Vorderzwiesel, mit Leopardenpelz überzogen. Steigbügel aus Gelbguß mit einer Reihe geflochtener Lederschnüre am Sattel befestigt. Solche Sattelformen mit besonders hohem und niedrigem Hinterzwiesel stammen von den Tuareg aus dem Air; auch Hausa, 1941. Abb.

118
Halfter. Festes Kopfstück und ebensolcher fransenbehängter Nasenriemen mit Kinnkette zur Befestigung des Martingal. Hausa, Maradi, Niger, 1978. L = 55,5 cm.

119
Kehlriemen aus Leder, Messingblech, Kupferdraht, Stoff. Mosi, Kaya, Bourkina Faso, 1978. H = 63 cm.

120
Zügel mit Kandare. Aus rotem Leder geflochten. Kandare mit „Zungenfreiheit" und Kinnring. Mosi, Kaya, Bourkina Faso, 1978. Zügel: L = 200 cm.

125
Hacke für den Feldbau. Griff (Kniestiel) aus Holz, Blatt aus Eisen. Hausa, Maradi, Niger, 1978. Blatt: L = 39 cm.

126
Hacke für den Feldbau. Gerader Holzstiel, das Eisenblatt aus elf Einzelteilen zusammengenietet. Hausa, Maradi, Niger, 1978. L = 39 cm.

Sattel mit Leopardenpelz überzogen. Tuareg, Hausa.
3.01.117

127
Sichel. Schneideteil aus Eisen mit Tüllenschäftung, Griff aus Holz. Hausa, Maradi, Niger, 1978. L = 34 cm.

128
Dechsel. Griff aus Holz, Blatt aus Eisen. Mosi, Markt Kaya, Bourkina Faso, 1978. L = 57 cm.

129
Dechsel. Griff aus Holz, Blatt aus Eisen. Mosi, Markt Kaya, Bourkina Faso, 1978. L = 53 cm.

134
Schmutzsieb aus dem Gras *Panicum turgidum,* viereckig und mit Streifen aus Rinderfell umwickelt. Kanuri, Zinder, 1978. B = 43 cm.

135
Flasche aus Glas mit Leder bezogen. Durch feinste Flechtarbeiten mit naturfarbenen Baststreifchen verziert. In gleicher Weise verzierter Stöpsel. Manding, Liberia, um 1912. H = 37 cm, B = 7,5 cm.

136
Flasche aus Glas, mit Leder überzogen. Durch feinste Flechtarbeiten mit naturfarbenen Baststreifchen verziert. In gleicher Weise verzierter Stöpsel. Manding, 1928. H = 37 cm.

137
Gefäß aus getrockneter Rohhaut in Form einer Amphora, gerundeter Boden, mit Henkeln am Bauch angesetzt. Deckel zum Überstülpen. Kanuri, Bornu, Nigeria, 1919. H = 55 cm. Abb.

138
Gefäß aus getrockneter Rohhaut, für flüssige Butter. Mit Fell verziert. Hausa, 1951. H = 31 cm.

139
3 Kugelbüchschen. Kleine, miteinander verbundene und mit Leder überzogene Kalebassengefäße. Pergamentstreifen am unteren Ende als Verzierung. Hausa, 1927. H = 8 cm.

140
Kalebassendeckel aus Stroh, naturfarben, schwarz und rot. In der Mitte ein rot- und schwarzgefärbtes Lederteil, am Rand mit Leder verstärkt. Kanuri, Bornu, Nigeria, 1927. ∅ = 31 cm.

141
Fläschchen aus getrockneter Rohhaut. Deckel zum Überstülpen. Schwarze Bemalung. Kanuri, Bornu, Nigeria. Ähnlich auch bei Hausa, 1929. H = 10,5 cm, ∅ = 5,5 cm.

142
Fläschchen aus getrockneter Rohhaut. Für Antimonit. Mit abnehmbarem Verschluß zum Überstülpen. Verziert durch Aufkleben von Fell- und Grünleder. Hausa, 1930. H = 14 cm, ∅ = 6 cm.
Antimonit (Antimonglanz) ist ein bleigraues, oft bunt angelaufenes Mineral und stellt das wichtigste Antimonerz dar. Antimonit wurde schon vor 5000 Jahren im Orient zum Schwarzfärben der Augenpartie benutzt.

143
Schale zum Worfeln von Hirse. In Spiralwulsttechnik aus Gras geflochten. Die Farben Natur, Violett und Grün bilden ein Muster. Kreisrunder Boden, flacher, schräg angesetzter Rand. Bella, Gorom, 1978. ∅ = 40 cm.

144
Dose für Schnupftabak. Aus Holz, mit Pergament umkleidet. Kreisrunde Form. Unterer Teil aus einem Bambusabschnitt. Deckel aus einem Kalebassenstück mit Lederteilchen als Griff. Senufo oder Dyula, Sikasso, ca. 1918. H = 6 cm, ∅ = 7 cm.

145
Döschen aus getrockneter Rohhaut. Kreisrunde Form, Deckel leicht spitz zulaufend mit Ritzverzierung. Wahrscheinlich Timbouktou, Mali, 1927. H = ca. 5 cm, ∅ = 7 cm.

146
Döschen aus getrockneter Rohhaut. Ähnlich wie 145. Wahrscheinlich Timbouktou, Mali, 1939. H = ca. 8 cm, ∅ = 7,5 cm.

147
Fliegenwedel, langer, in Leder gewikkelter Stab mit Schlaufe. Am oberen Ende ein rundes Lederteil, in dem Fransen aus gedrillten Pflanzenfasern eingenäht sind. Hausa oder Kanuri, 1950. Stiel und Fransen: H = 85 cm.

148
Schöpfgerät. Eine Kalebasse, an der ein Kreuz aus gebogenem Holz angebracht ist, um ein Zugseil daran zu befestigen. Fulbe, Yalogo, 1978. ∅ = 31 cm.

149
Sack aus einem Ziegenbalg mit Öffnung am Hals. Die anderen Leibesöffnungen durch bemalte Lederflecken verschlossen. Dogon, Bandiagara, Mali, 1978. H = 75 cm.

150
Tontopf zum Wasserholen mit zwei Tüllen, Mittelhenkel und Standring. Auf dem ganzen Körper des Gefäßes Abdruck eines Fruchtkolbens. Sarakolé, Kayes, 1978. H = 39 cm.

151
Beutel aus Leder. Aus mehreren Partien, schwarz oder hellbraun gefärbt, zusammengenäht, oben schmaler als unten. Runder Boden, an dem zur Verzierung schmale und breite Lederstreifen angebracht sind. Bemalt mit schwarzen Mustern. Am oberen Rand Schlaufe. Mosi, Ouagadougou, Bourkina Faso, 1928. H = 40 cm, (ohne Fransen), ∅ (am Boden) = 17 cm.

152
Kamm aus Holz. Togo 1978. L = 21,5 cm.

153
Teller aus den Blättern der Dumpalme, spiralig geflochten. Schwarz, rot, grün und gelb gefärbt. Kanuri, Zinder, Niger, 1978. ∅ = 33 cm.

154
Fläschchen aus getrockneter Rohhaut für Antimonit, mit verziertem Leder überzogen. Am unteren Rand Troddel aus Lederfransen. An Lederband befestigter Deckel zum Überstülpen. Hausa (Sammlung Thorbeke 1906). H = 8 cm ohne Fransen.

155
Büchse aus Knochen zur Aufbewahrung von Nadeln. Lange, schmale Röhre, die am Ende mit Leder umkleidet ist. Troddel aus langen Lederstreifen als Verzierung angehängt. Manding, 1928. H = 12 cm, ∅ = 1 cm.

Körbchen aus Stroh, mit Kaurischnecken verziert. Mosi, Ouagadougou, Bourkina Faso. 3.03.06

156
Gefäß aus getrockneter Rohhaut für Antimonit. Mit Leder umkleidet. Deckel zum Überstülpen, mit schwarzer Bemalung verziert. Mit Lederschlaufe. In dem Gefäß befindet sich noch das Antimonit. Hausa, 1928. H = 9 cm.

157
Gefäß aus getrockneter Rohhaut für Antimonit. Mit Leder überzogen. Breite Lederstreifen und Fransen am Boden als Verzierung, mit Schäldekor versehen. Deckel zum Überstülpen, Lederschlaufe. Hausa, 1926. H = 8 cm.

158
Gefäß aus getrockneter Rohhaut für Antimonit. Gerundeter Boden mit Leder umkleidet, Deckel zum Überstülpen. Hausa, 1927. H = 12 cm.

159
Gefäß aus getrockneter Rohhaut für Antimonit. Bauchiger Unterteil und Hals, teilweise mit Fell bezogen. Deckel zum Überstülpen. Hausa, 1927. H = 7 cm.

160
Tierhorn als Behälter. Boden mit Leder umkleidet und abgeschlossen. Am oberen Teil Schlaufe aus Leder. Entweder Gefäß für Schnupftabak oder Antimonit. Hausa, 1924. H = 11 cm, unterer Boden: ∅ = 5 cm.

161
Korb aus Stroh, in Spiralwulsttechnik geflochten. Außenseite mit Leder bespannt, teilweise schwarz bemalt. Kanuri? 1918. H = 11 cm, oberer Rand: ∅ = 23,5 cm.

162
Körbchen aus Stroh. Außenseite völlig mit Leder (teilweise mit Grünleder) verziert. Deckel ebenfalls außen mit Leder bezogen, teilweise schwarz bemalt. Kanuri? 1928. H = 7 cm, oberer Rand: ∅ = 13,5 cm.

163
Korb aus Stroh, in Spiralwulsttechnik geflochten. Runder Boden, flach, mit niedrigem Rand. Mit Kaurischnecken benähter Lederbesatz an Rand und Boden. Ouagadougou, Bourkina Faso, 1978. H = 7 cm, ∅ = 28 cm.

164
Zwei Körbe aus Stroh, in diagonaler Flechttechnik. Bei beiden Körben oberer Rand mit Leder umkleidet, einer der Körbe außen mit grünem, schwarzem und rotem Leder umkleidet. Körbe mit breitem Lederband mit Schäldekor verbunden. Hausa, 1927. H = 19 cm, ∅ = 36 cm. Abb.

165
Tasche aus Leder und Stroh für den Marktbesuch. Geformt wie eine Schüssel, mit flachem Boden, vier kurzen Füßen und einem Deckel. Bügel zum Tragen der Tasche. Gurma, Fada'n Gurma, 1978. H = 16 cm, ∅ = 8,5 cm.

166
Fahrradkorb. Aus Pergament und gebogenem Holz, rechteckige Form, dem neuen Verkehrsmittel angepaßt. In viereckiger Form ursprünglich paarweise den Eseln als Transportmittel übergehängt. Mosi, Kongoussi, 1978. L = 74/63 cm, B = 31/36 cm.

167
Korb, viereckiger Boden, kreisförmiger Rand, der mit schwarzem und rotem Leder umkleidet ist. Helles Stroh mit roten und schwarzen Lederstreifen verflochten. Boden und Rand mit schwarzem Leder besetzt. Ouagadougou, Bourkina Faso, 1978. H = 28,5 cm, ∅ = 45,5 cm.

168
Beutelchen aus Leder für den Marktbesuch. Verbindung des runden Bodens und der Seiten mit grüner Biesennaht. Bemalung schwarz-rotes Gittermuster. Mosi, Kaya, 1978. H = 17 cm, B = 13 cm.

169
Flasche aus einem abgeschnittenen Flaschenkürbis. Keine Verzierung. Fulbe, Dori, 1978. H = 24 cm.

175
Hut aus feinem Stroh in Diagonalflechttechnik geflochten, für Männer. Breite Krempe, Kopfteil spitz zulaufend, innen durch Wülste verstärkt. Spitze mit lederverziertem, rundem Ende. Außenseite durch aufgenähte Lederteile (z. T. Grünleder) verziert. Lange Lederstreifen zum Befestigen des Hutes. Malinke, aber auch Hausa, 1952. ∅ = 46 cm.

Strohteller, auch zum Abdecken von Schüsseln: a) Hausa aus Zinder, Niger, b) Kanuri aus Zinder, Niger, c) und d) Mopti, Mali, e) Fulbe aus Djibo, Bourkina Faso, f) Bella aus Gorom-Gorom, Bourkina Faso.

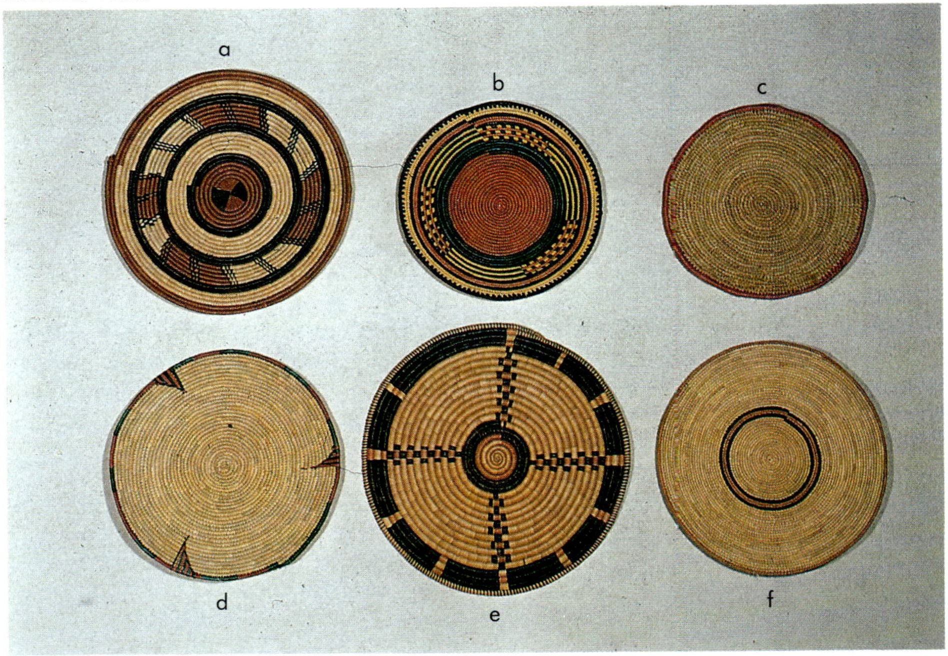

Löffel aus Kalebassenkürbis.
3.01.185

176
Hut aus feinem Stroh geflochten, für Männer. Sehr breite Krempe, Kopfteil extrem spitz zulaufend. Spitze mit lederverziertem Ende. Am Außenrand mit feinen Lederstreifen benäht. Lederstreifen zum Befestigen des Hutes. Diese Hutform scheint ursprünglich von den Kanuri zu stammen, da die Hausa den Hut *malfa Beriberi* nennen (Beriberi = Kanuri). Hausa, Fulbe, 1919. ∅ = 50 cm.

179
Amulett aus Leder, Stoff und Plastik mit Spiegel. Vom *Marabut* (Korangelehrter) geschriebener und in Leder eingenähter Koranspruch wird vom Lederhandwerker auf Bestellung zu einem Halsschmuck verarbeitet. Fulbe, Djenné, Mali, 1978. H = 41 cm.

181
Sack aus einem Tierbalg. Getragen wird der Sack an einem Bündel fein geflochtener, langer Lederschnüre, die unten in einem großen, dicken Lederknopf zusammenlaufen. Manding, ca. 1925. L = 60 cm.

182
Kalebasse, kreisrunde Form mit Brandverzierung. Hausa, Maradi, Niger. ∅ = 24,5 cm.

183
Fläschchen aus rotgefärbtem Kalebassenkürbis, mit engem Hals und Deckelchen mit Lederschlaufe. Muster eingeschnitten, so daß das helle Naturmaterial sichtbar wird. Hausa, Niamey, Niger, 1978. H = 15 cm.

184
Zwei Fläschchen aus rotgefärbtem Kalebassenkürbis. Schnitzdekor. Mit Deckel und Lederschlaufe. Hausa, Niamey, Niger, 1978. H = 10 cm, 16 cm.

185
Vier Schöpflöffel aus Kalebassenkürbis mit kurzem Stiel. ∅ = 14,5, 13, 12, ca. 9 cm, Stiel: L = 9 cm. Abb.

186
Kochtopf mit Deckel. Schwarzer Ton, runder Boden. Topf und Deckel mit Henkeln. Hausa, Mirriah, Niger, 1978. ∅ = 16,5 cm.

187
Drei Wasserkrüge aus rotbraunem Ton. Enger Hals und Henkel. Für die tägliche, rituelle Waschung. Hausa, Maradi, Niger, 1978. H = 18 cm.

188
Kanne. Roter Ton, mit Henkel und rundem Boden. Auf der Schulter zu tragen. Band mit Ritzdekor. Hausa, Mirriah, Niger, 1978. H = 24 cm.

189
Standring für Töpfe aus Palmbast. Schnur naturfarben. Hausa, Gundumawa, 1978. ∅ = 14 cm.

192
Kissen aus Leder, kreisrund. Unterseite rot, Oberseite schwarzbraun gefärbt, auf der Oberseite sind mit farbigen Lederstreifchen kreisförmige Lederteile aufgenäht, die wieder mit Lederstreifchen bestickt sind. Hausa, Liberia, 1937. ∅ = 42 cm.

194
Amulett aus Leder, Muscheln und Federn. Mosi, Ouagadougou, Bourkina Faso, 1978. L = 60 cm.

195
Amulett. Armreifen aus schwarzgefärbtem Leder. Mosi, Ouagadougou, Bourkina Faso, 1978. H = 21 cm.

200
Wickeltuch. Indigoblau gefärbte Baumwolle. Aus breiten Bändern zusammengenäht. Ségou, Mali, 1978. L = 170 cm, B = 103 cm.

201
Ring aus Silber. Fulbe, 1978. ∅ = 3,5 cm.

202
Haarring aus Silber. Djerma, Niamey, Niger, 1978. ∅ = 4 cm.

203
Armband aus schwarzem Leder, schmal, an Außenseite mit Kaurischnecken besetzt. Mosi, Ouagadougou, Bourkina Faso, 1978. L = 20 cm.

204
Haarschmuck aus zwei durchlöcherten Kugeln aus Kupfer. Fulbe, Dori, Bourkina Faso, 1978. ∅ = 3,5 cm.

205
Halsschmuck. Abgeflachte Kugel aus künstlichem Bernstein an schwarzen Lederschnüren. Bozo, Mopti, Mali, 1978. L = 68 cm.

206
Fußringe aus Messing. Fulbe, 1978. ∅ = 9,5 cm.

207
Fußringe aus Messing, gepunzt. Fulbe, Markoy, Niger, 1978. ∅ = 11 cm.

210
Mütze für Männer. Aus weiß, schwarz und rot gefärbter Schafwolle gewebt. Aus einem 48 cm breiten Streifen zusammengenäht. Fulbe, Yalogo, Bourkina Faso, 1978. H = 24 cm, ∅ = 16 cm.

Aus Baumwollgarn gehäkelte und bestickte Mützen für Männer: a) und b) Hausa aus Zinder, Niger (89), c) und d) Djerma aus Niamey, Niger (224, 226).

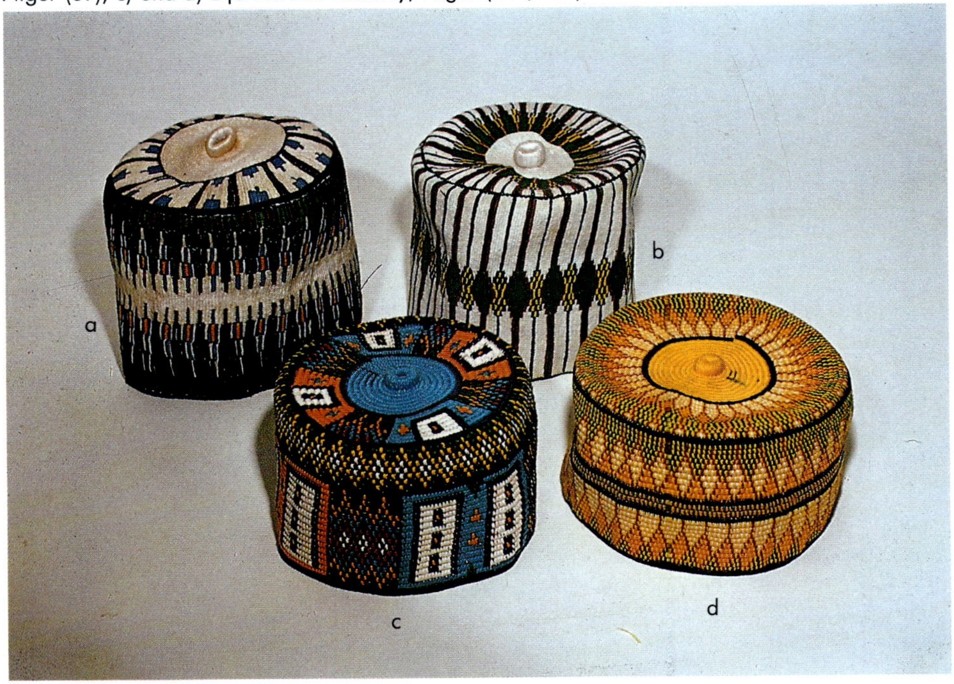

211
Poncho aus schwarzgefärbter Schafwolle, für Männer. Aus vier Streifen (20 cm) zusammengesetzt. Gelb-weiß-rote Wollstickerei auf Brust, Rücken und an den Seiten. Fulbe, Mopti, Mali, 1978. H = 138 cm, B = 83 cm.

212
Sandalen mit Y-Bindung (→ 6.72), rot gefärbt. Fulbe, Djibo, Ouagadougou, Bourkina Faso, 1978. L = 28 cm.

213
Webkamm. Aus vier unterschiedlichen Holzarten, Bindung des seitlichen Rahmens mit Rinderfellstreifen. Mosi, Ouahigouya, Bourkina Faso, 1978. H = 33 cm, B = 25 cm.

214
Weberschiffchen aus Holz, mit aufgewickeltem Baumwollfaden. Lamang, Nordostnigeria, 1969. L = 21,5 cm, B = 4,5 cm.

215
Decke aus Schafwolle, zusammengesetzt aus sechs 20 cm breiten Streifen, die weiß, schwarz und rot gefärbt sind. Schwarze Teile mit weißen Baumwollfäden sowie gelbem und rotem Wollfaden bestickt. Fulbe, Mopti, Mali, 1978. L = 240 cm, B = 120 cm.

216
Körbchen zum Trocknen der Baumwolle. Wie ein Sieb gearbeitet. Fester Rand aus gespleißtem Holz, mit Bast umwickelt. Ouagadougou, Bourkina Faso, 1978. H = 11,5 cm, ∅ = 23 cm.

217
Baumwollstreifen, gewebt, weiß, zu einer Rolle aufgewickelt. Bana, Mandara-Gebirge, Nordkamerun, 1969. Streifen B = 6 cm.

218
Baumwollspindeln. Im Gegensatz zum Weben ist Spinnen Frauenarbeit. Ouagadougou, Bourkina Faso, 1978. L = 40 cm u. 42 cm.

219
Decke aus weißer Baumwolle gewebt, aus verschiedenen Streifen zusammengesetzt, schwarz, rot, orange und grün bestickt. Songhai, Gao, Niger, 1957. B = 200 cm.

220
Täschchen aus Leder für Männer. Mit Schuber. An langen Riemen vor der Brust getragen. Verzierung durch eine Ledertroddel, die mit Kaurischnecken und Perlen sowie einem Metallstück verziert ist. Die eigentliche Tasche besteht aus 5 Fächern, die eine Lasche zum Verschließen haben. Unterschiedliche Verzierung durch Punzen und Bemalung. Am unteren Rand der Tasche dicke Ledertroddel. Manding oder maurisch (?), 1939. H = 21 cm, B = 12,5 cm.

221
Gewand für Frauen *(boubou)* mit passendem Kopftuch. Hellblauer Baumwolldamast mit grauer Maschinenstikkerei rund um den Halsausschnitt und auf dem Kopftuch. Mopti, Mali, 1978. L = 134 cm, B = 159 cm.

222
Sandalen mit Y-Bindung. Mit roten Seidenbommeln auf Bindung. Von Alhadji Dodo Makama. Hausa, Zinder, Niger, 1978. L = 26 cm. (→ 6.72.)

223
Tasche aus Leder. Doppeltasche. Verzierung in feinster Schältechnik, nach unten hin gerundet, mit schmalem Keil. Entlang der Ränder geflochtene Schnüre, die in Quasten auslaufen. Rechts und links an den Rändern geflochtene Schlaufen zum Befestigen eines Lederbandes zum Umhängen der Tasche. Kamerun, 1923. H = 25 cm, B = 38 cm. Abb.

224
Mütze aus bunten, überwiegend gelben Baumwollgarnen gehäkelt, für Männer. Djerma, Niamey, Niger, 1978. H = 11 cm, ∅ = 16 cm. Abb.

225
Mütze aus Baumwolle, bestickt und gefüttert, für Männer. Hausa, Maradi, Niger, 1978. H = 15 cm, ∅ = 16,5 cm.

226
Mütze aus bunten, überwiegend gelben Baumwollgarnen gehäkelt, für Männer. Form wie ein orientalischer Fez. Niamey, Niger, 1978. H = 10 cm, ∅ = 16 cm. Abb.

Tasche aus Kamerun, mit sehr feiner Schältechnik verziert.
3.01.223

227
Wickeltuch, aus indigoblau gefärbten Baumwollbändern (14 cm) zusammengenäht. Von der Frau eines Lederhandwerkers überwiegend rot, aber auch hellblau und gelb bestickt. Lange Fransen. Dogon, Sangha, 1978. L = 155 cm, B = 100 cm.

228
Decke aus 7 Bahnen zusammengenäht. Kette aus Baumwollfäden, Schuß aus Wollfäden. Schmale, rote, weiße, schwarze und gelbe Querstreifen. Wird zum Trennen der Bettnischen verwendet. Fulbe, Dori, Bourkina Faso, 1978. L = 240 cm, B = 120 cm.

229
Webgerät. Vorrichtung für die Fäden und Webrollenhalter aus Holz. Webkamm aus Holz, teilweise mit Lederstreifen verbunden. Lamang, Nordostnigeria, 1969. B = 16 cm.

230
Kalebasse, halbkugelförmig. Mit eingebrannten Mustern, die u. a. Fische und Schlangen darstellen. Bamako, Mali, 1978. ∅ = 33 cm.

231
Sack aus Leder. Zylinderförmig, nicht zuziehbar. Verzierung durch zickzackartige Bemalung und feine Blindlinien. Manding, 1917. H = 18 cm, B = 21 cm, ∅ = 13 cm.

240
Grünleder (→ S. 23). Hausa, Zinder, Niger, 1977. L = 120 cm, B = 80 cm.

241
Grünleder. Bonkoukou, Niger, 1978.

242
Zügel. Auf jeder Seite drei Zierdreiecke aus mit Grünleder bezogenem Karton. Hausa, Maradi, Niger, 1978. L = 225 cm.

243
Halfter mit Scheuledern und Nasenzier. Dient zur Befestigung der Kandare. Hausa, Maradi, Niger, 1978. L = 70 cm.

244
Korantasche aus Leder, innen mit Stoff gefüttert. Viereckiger Überschlag als Verschluß, mit kleinen Knöpfen und Lederschlaufen verschließbar. Dekoration mit Grünleder und Applikationen aus Samt, die mit Baumwollfäden aufgestickt sind. Nähte umstickt. Benin (früher Dahome), 1918. B = 17 cm, H = 16 cm, T = 4 cm.

245
Sandale mit Y-Bindung und stark eingezogenem Gelenk. Sehr ungewöhnlich und kostbar durch die üppige Verwendung des teuren Grünleders und die reiche Stickerei auf der Innensohle. Niamey, Niger, 1978. L = 29 cm. (→ 6.72.13.)

246
Rotgefärbtes Ziegenleder. Angefertigt von den Hausa-Gerbern, die während der Trockenzeit in dem Ort Abalak arbeiten. 1977. L = 84 cm, B = 60 cm.

247
Reitstiefel aus rotgefärbtem Ziegenleder mit mehrschichtiger harter Sohle aus Ochsenleder; genagelter Absatz. Der Schaft ist gepunzt. Die Form des Stiefels orientiert sich an europäischen Modellen. Maradi, Niger, 1978. L = 28,5 cm, Schaft: H = 36 cm.

248
Sandalen mit Y-Bindung aus rotgefärbtem Leder. Fulbe, Djibo, Bourkina Faso, 1978. L = 28 cm. (→ 6.72)

249
Täschchen aus Leder von länglichovaler Form. Rot mit schwarzer Einfassung. Sparsame Bemalung, Blindlinien- und Punzdekor auf dem Überschlag, der mit einem Zugverschluß zu schließen ist. Niamey, Niger, 1978. L = 21 cm, B = 17 cm.

250
Kissen aus Leder, kreisrund, auf der oberen Seite runde Lederapplikationen in verschiedenen Farben. Manding, 1927. ∅ = 41 cm.

251
Beutel aus Leder zum Zuziehen. Wahrscheinlich Tabaksbeutel. Am oberen Rand in dreieckige Teile auslaufend und mit Troddel aus Lederstreifen verbunden, schwarz bemalt und punziert. Am Beutel zu Quasten zusammengefügte Lederstreifchen als Verzierung. Zusätzlich mit rotem Stoff überzogene Knöpfe an beiden Seiten. Manding, 1935. H = 31 cm (mit Fransen 56 cm).

252
Täschchen aus Leder, vor der Brust zu tragen (Schlaufe zum Umhängen fehlt). Zwei viereckige Überschläge zum Schließen der Tasche, jeweils mit unterschiedlichen Mustern. Verzierung durch Punzen, schwarze Bemalung und Schältechnik. Manding, 1927. H = 17 cm, B = 11 cm.

253
Täschchen aus Leder, am unteren Rand gerundet. Mit großer, ebenfalls gerundeter Klappe zum Schließen. An den Seiten der Tasche viele Lederstreifen und breite Lederteile, durch feinste Schältechnik verziert. Täschchen außerdem mit geflochtenen Lederknöpfen versehen. An einem der Knöpfe lange Troddel mit herabhängenden Lederstreifen. Troddel selbst mit Flechtarbeit verziert, die aus schmalen Grasstreifchen hergestellt ist. Tasche trägt Schäldekor. Lange, gedrehte Lederschnur zum Umhängen des Täschchens. Manding, 1926. H = 52 cm.

255
Tasche aus Leder für Rasiermesser des Friseurs. Zylinderförmig, mit Schuber. Oberer Teil mit Grünlederapplikationen und Punzierung sowie schwarzer Bemalung verziert. Die Tasche wird an einer langen, geflochtenen Lederschnur um den Hals gehängt getragen. Dieser Taschentyp wurde noch bis 1954 in Zaria hergestellt, dann jedoch durch große Überschlagtaschen ersetzt. Hausa, Nigeria, 1934. L = 19 cm, ∅ = 5 cm.

256
Schminkfläschchen. Kleines, rundes Holzfläschchen mit Holzstöpsel, das in Leder eingefaßt ist und an geflochtenen Lederschnüren, die in Lederknöpfen enden, getragen wird. Verschluß durch Lederteil, das über das Fläschchen gestülpt wird. Verzierung durch Blindlinien, Schwarzfärbung und Lederflechtarbeit. Dyula, Sikasso oder Senufo, Mali, 1918. (Die Senufo standen unter der Herrschaft des Reiches von Sikasso.) H = 12,5 cm, ∅ = 2 cm.

257
Täschchen aus Leder, gerundete Form, mit zwei Fächern, die jeweils mit einem ebenfalls gerundeten Überschlag zu verschließen sind. An einer Stelle fein geflochtener Lederknopf. Ein Überschlag mit schwarzer Bemalung verziert, der andere punziert. An einer Seite Lederstreifchen zu einer Quaste gebunden. Manding, 1926. L = 13,5 cm (mit Quaste L = 38 cm). Abb.

258
Täschchen aus Leder, rechteckige Form mit mehreren Fächern und Schuber zum Verschließen. An langen, gedrillten Lederschnüren vor der Brust zu tragen. Manding, 1931. H = 25 cm, B = 12 cm.

259
Tasche aus sackartigem Stoff, rechteckige Form mit gerundetem Überschlag, über dessen gesamte Außenseite Leder genäht ist. Applikationen aus weißem, grünem und braunem Leder auf schwarzem Grund. Kleine Quasten aus Lederstreifchen am rechten und linken, unteren Rand. Manding, 1936. H = 29 cm, B = 31 cm.

260
Kissenhülle aus Leder, rechteckige Form, Grundfarbe helles Gelb (chemischer Farbstoff), mit geometrischen Mustern bemalt. Fulbe, Dori, Bourkina Faso, 1978. H = 68 cm, B = 24 cm.

261
Kissen aus Leder, rechteckige Form. Verzierung durch Unterlegen von Stoff und Applikation von Lederteilchen, die zusätzlich bestickt sind. Grundfarben: Weiß, Schwarz, Rot und Cognac. Benin (Dahome), 1929. L = 32 cm, B = 48 cm. Abb.

Kissen aus Benin.
3.01.261

262
Tasche in Form eines Beutels aus Leder, oben nicht zuziehbar. Vorder- und Rückseite verziert durch verschiedenfarbige Leder und Schältechnik. Farben: Beige, Rostbraun, Schwarz. Nupe, Nigeria, um 1912. H = 35 cm, B = 14 cm.

263
Tasche, quadratische Form, aus verschiedenen Lederteilen zusammengenäht. Großer Überschlag, am unteren Rand in Dreiecke, die zu Lederfransen verlängert sind, auslaufend. Die Verzierung sowohl auf dem Überschlag als auch an der Vorderfront durch Applikationen, unterlegt mit rotem und schwarzem Stoff sowie mit Leder und Lederstreifchenstickerei. Der vordere Teil der Tasche ist außerdem mit Stoff bezogen. Angeschnitten an die Tasche breiter, langer Riemen zum Umhängen der Tasche. Wahrscheinlich Tasche eines religiösen Würdenträgers. Yoruba, Nigeria, 1957. H = 50 cm, B = 50 cm. Abb.

264
Ein Paar Satteltaschen, an der Basis breiter als oben. Vorderseite roter Stoff mit bestickten Lederapplikationen. Rückseite ganz aus Leder. Beide Taschen durch breite Riemen miteinander verbunden. Vorn Behang aus schwarz-gelben Fransen. Dogon, Somadougou, Bourkina Faso, 1978. L = 35 cm, B = 38 cm (an Basis).

Tasche eines religiösen Würdenträgers, Yoruba, Südnigeria.
3.01.263

265
Körbchen aus buntgefärbtem Gras, in Spiralwulsttechnik. Farben: Naturgrasfarbe, Rot, Rotbraun, Schwarz. Am Boden und an den Rändern mit Leder verziert. Durch einen breiten Lederstreifen mit dem Deckel, der in der gleichen Form, nur mit anderen Mustern hergestellt ist, verbunden. Kanuri ?, Nigeria, 1928. H = 5,5 cm, ∅ = 15,5 cm (ohne Deckel).

266
Körbchen aus buntgefärbtem Gras in Spiralwulsttechnik. Farben: Naturgrasfarbe, Schwarz, Rostrot. Der Boden sowie der Rand zur Verstärkung mit Leder bezogen. Leder teilweise schwarz bemalt. Am Rand mit vier Reihen Kaurischnecken besetzt. Hausa, Nigeria, 1927. H= 8,9 cm, ∅ = 25 cm.

267
Deckel aus Stroh, in Spiralwulsttechnik geflochten, mit Leder verstärkt. Manding, 1928. ∅ = 18 cm.

268
Körbchen mit Deckel aus Stroh, in Spiralwulsttechnik geflochten. Farben naturfarbenes Gras und Schwarz. Schachbrettmusterartig verziert. Boden und oberes Drittel des Korbes mit schwarz bemaltem Leder verkleidet. Deckel aus Stroh, oberer Teil mit Leder überzogen, ebenfalls schwarz bemalt. Breite Lederlasche als Griff. Wahrscheinlich Anyang, Oberer Cross River, Südwestkamerun, 1920. H = 13,5 cm, ∅ = 18/20 cm. Abb.

269
Maßkörbchen (mehrere Größen, die zusammen einen Satz bilden). Aus Stroh geflochten und mit Leder verstärkt. Lobi?, Bourkina Faso, 1978. H = 25 cm, ∅ = 26 cm (und kleiner).

270
Häuptlingsstuhl aus einem Stück Holz geschnitzt. Die Sitzplatte wird von einem Reiter und zwei Figurenreihen getragen, die in Gelb, Blau, Schwarz und Weiß bemalt sind. Auf der runden Sitzplatte kreisrundes Lederkissen mit Durchbrucharbeit und unterlegtem Stoff. Benin (Dahome), 1927. H = 45 cm. Abb.

271
Schwert mit Kreuzgriff und spitzzulaufender Eisenklinge. Knauf dreiteilig, mit kleinen Verdickungen am Ende. Scheide teilweise mit Grünleder (→ S. 23) überzogen. An der Spitze und am oberen Rand mit punziertem Gelbgußblech überzogen. Am oberen Drittel ein Ring aus Leder, der mit grünem und schwarzem Leder sowie Kupfernägeln verziert ist. In diesem Ring steckt eine mit Leder überzogene Glasflasche. Manding, 1954. L = 64 cm.

272
Peitsche aus Rochenleder, oben wie ein Spazierstock mit einem Griff versehen, der als Vogelkopf gestaltet ist. Teilweise mit Leder überzogen und bemalt. Zur Verzierung Lederfransen am Griff. Manding, 1927. L = 86 cm.

Häuptlingsstuhl aus geschnitztem und bemaltem Holz mit Lederkissen, Benin.
3.01.270

273
Korb mit Deckel, Form rund und bauchig. Aus Stroh in Spiralwulsttechnik. Außen völlig mit Leder umkleidet. Deckel ebenfalls an Außenseite mit Leder überzogen. Verzierung des Korbes durch Verwendung hellen und dunklen Leders sowie Besticken mit Lederstreifen. Nupe, Nigeria, 1928. H = 34 cm, ∅ = 50 cm.

Körbchen mit Deckel aus Stroh und Leder. Anyang, Oberer Cross River, Südwestkamerun.
3.01.268

274
Hut aus sehr fein geflochtenem Gras, für Männer. Runder Kopfteil, am Übergang zur Krempe und auf dem gerundeten Kopfteil mit Leder bedeckt, außerdem andere Teile mit feinen Lederstreifchen bestickt. Am Hinterkopf ein breiter Lederlappen, durch Schältechnik verziert. Innen mit Leder abgefüttert,drei breite, parallellaufende Lederstreifen zum Befestigen des Hutes. Hausa, Nigeria, 1934. ∅ = 41 cm. Abb.

275
Schwert mit Lederscheide. Geschwungene, unten sich verbreiternde, spitzzulaufende Eisenklinge. An der stumpfen Seite zwei Blutrinnen. Griff aus punziertem Messing. Schwert wahrscheinlich nordafrikanischer Import. Scheide teilweise aus Rohleder, auf der Vorderseite mit Grünleder (→ S. 23) und reichhaltiger Lederstreifchenstickerei sowie Applikationen mit schwarzem Leder verziert. Motive: stark stilisierte Dreiecke, Eidechsen und Vögel. Aufgesetzte Kupfernägel. Manding, 1928. Schwert: H = 60 cm, B = 12 cm.

276
Tasche aus Leder für Männer. Gerundete Form, mit Keil und halbkreisförmigem Überschlag. An den Rändern des Überschlags kleine Lederstreifen, die zu Troddeln zusammengefaßt sind. Vorderseite der Tasche mit grünen, schwarzen und rostroten Lederstreifchen bestickt und mit Kupfernägeln besetzt. Geflochtene Lederschnur, an breiten Lederschlaufen befestigt, dient zum Umhängen der Tasche. Manding ? ca. 1950. H = 18,5 cm, B = 19 cm. Abb.

277
Schwert mit nach unten hin gerundeter und breiterwerdender Eisenklinge. Am oberen Teil drei Blutrinnen. Griff mit Leder bezogen und Flechtarbeiten versehen. Lederscheide mit Blindlinien, schwarzer Bemalung verziert und mehrfarbigen Lederstreifchen umwickelt. An einer Seite der Scheide rechteckige Amulettpäckchen sowie zu Troddeln zusammengefügte Lederstreifchen. Togo, 1936. L = 51 cm. Abb.

280
Tasche aus Leder, mit dreieckigem Überschlag. An der Basis breiter als oben. Kreisförmige Lederapplikationen, reicher Fransenbehang. Dogon, Mopti, Mali, 1978. H = 22 cm, B = 23 cm.

281
Tasche eines „Erdherrn" (→ S. 18; *Bogo*-Tasche) aus schwarzem und gelbem Leder. Nach unten hin gerundete Form, mit großer, dreieckig geformter Klappe. Verzierung durch Lederstreifchenstickerei, Durchbrucharbeit und Bemalung; zusätzlich dicke Ledertroddeln. Mosi, Bourkina Faso, 1978. H = 35 cm, B = 35 cm.

Schwert aus Togo.
3.01.277

282
Tasche aus Leder für Männer. Mit zwei Fächern. Gerundete Form mit Keil und halbgerundetem Überschlag mit Punzdekor auf Vorder- und Rückseite. Am unteren Rand großer, geflochtener Lederknopf und dicke Lederquaste. Am oberen Rand rechts und links aus Lederstreifen geflochtene Quaste, verbunden mit langen, geflochtenen Lederschnüren und Knöpfen. Manding, 1927. H = 20 cm, B = 18 cm.

283
Tasche aus Leder für Männer. Gerundete Form mit Keil und halbrundem Überschlag, mit geflochtenem, großen Lederknopf. Am Keil Schlaufen, an denen zwei geflochtene, parallel geführte Lederriemen zum Umhängen der Tasche befestigt sind. Hinterer Teil und Überschlag braun-schwarz gefärbt, mit Blindlinien und Punzdekor versehen. Vorderseite der Tasche Pergament. Manding, 1927. H = 16 cm, B = 19 cm.

289
Hocker aus einem Stück Holz geschnitzt, kreisrunde Sitzfläche, Brandverzierung. Von Frauen benutzt. Hausa, Zinder, Niger, 1978. H = 18,5 cm, ∅ = 24 cm.

296
Aktentasche aus Schlangenleder (*Python Molurus Bivittatus*; Ursprungsland Thailand). Tasche mit zwei Riemen verschließbar, die durch Schnalle gesteckt werden. Fester Griff, vorn zwei aufgenähte Taschen, innen mehrere Fächer. Für Touristen in den 60er und 70er Jahren nach europäischem Vorbild hergestellt. Nigeria, 1958. H = 31 cm, B = 40 cm. Abb.

297
Briefmappe aus Leder mit zwei Fächern. Innen in mehrere Fächer aufgeteilt. Außenseite durch sehr feine Lederstreifchenstickerei verziert. In der Mitte Patchworkdekoration: zu braunem Leder sind schwarze, blattförmige Lederteilchen eingesetzt. Hausa ?, Nigeria, 1919. H = 28,5 cm, B = 40 cm. Abb.

298
Briefmappe aus Leder mit zwei Fächern. Auf der Außenseite mit Lederapplikationen aus schwarzem, weißem und braunem Leder verziert. Die Ränder mit Lederstreifchen umflochten. Hausa?, Nigeria, 1929. H = 34 cm, B = 45 cm.

299
Aktentasche aus Rindsleder, nach europäischem Vorbild. Überschlag mit Riemen, die durch Schnallen gezogen werden. Fester Griff. Auf der Oberseite zwei aufgenähte Taschen. Innen mit rotgefärbtem Leder ausgekleidet, mehrere Fächer, mit Reißverschlüssen zu schließen. Fulbe und Mosi, Kaya, 1979. H = 35 cm, B = 46 cm.

300
Handtasche aus rohbelassenem Krokodilleder, nach europäischem Vorbild aus den 40er Jahren gestaltet. (vgl. europäische Handtasche in der Vitrine). Dreieckiger, versteifter Keil, zwei parallellaufende Griffe, Reißverschluß. Für Touristen hergestellt. Nigeria, 1958. H = 15,5 cm, B = 24 cm.

301
Handtasche aus rotgefärbtem Ziegenleder, mit versteiftem, dreieckigem Keil und halbgerundetem Überschlag, der durch einen Riegel geschoben wird. Beide Seiten der Tasche mit Applikationen und Lederstreifchenstickerei in Weiß, Grün, Gelb und Schwarz verziert. Langer Riemen zum Umhängen der Tasche. Für Touristen hergestellt. Hausa, Kamerun, 1958. H = 22 cm, B = 30 cm.

302
Handtasche aus rotgefärbtem Ziegenleder. Überschlag mit gerundeter Lasche, die durch einen Riegel geschoben wird. Zwei parallellaufende Griffe. Lederstreifchenstickerei in Dunkelgrün, Weiß und Schwarz. Für Touristen nach europäischem Vorbild hergestellt (vgl. europäische Handtasche in der Vitrine). Nigeria, 1960. H = 25 cm, B = 32 cm. Abb.

303
Beutel aus schwarzem Leder mit Lederschnur zum Zuziehen und kurzer Schlaufe zum Tragen. Punzdekor und Lederstreifchenstickerei. Für Touristen hergestellt (vgl. europäische Handtasche in der Vitrine). Nigeria, um 1958. H = 33 cm.

304
Beutel aus naturfarbenem und überwiegend grünem Leder (mit chemischem Farbstoff gefärbt). Am oberen Rand geflochtenes Band zum Zuziehen. Lederstreifchenstickerei und Lederapplikationen in Weiß, Rot und Gelb. Für Touristen hergestellt. Nigeria, 1958. H = 24 cm, ∅ = 8 cm.

305
Beutel aus Schlangenleder. Lange, schmale Form, am oberen Rand mit geflochtener Lederschnur zum Zuziehen. Kurze Schlaufe zum Anfassen. Für Touristen hergestellt. Nigeria, 1958. H = 36 cm, ∅ = 8 cm (unten).

310
Halsband aus Lederschnur, Lederpäckchen und Bambusabschnitten. Gleichzeitig Amulett. Für Touristen hergestellt. Ouagadougou, Bourkina Faso, 1978. L = 54 cm.

311
Halsband aus Leder und Messing. Gleichzeitig Amulett. Für Touristen hergestellt. Ouagadougou, Bourkina Faso, 1978. L = 56 cm. Auch wer kein Moslem ist, besorgt sich vom *Marabut* (dem Korangelehrten) Amulette und läßt sich einen Halsschmuck daraus anfertigen.

312
Fußringe aus Leder zum Puffern der schweren Metallringe, die die Frauen um die Knöchel tragen. Fulbe und Djerma, Niamey, Niger, 1978. ∅ = 6 bzw. 7 cm.

313
Gürtel aus dreißig gedrehten, schwarzen Lederschnüren. An einem Ende mit Ledergeflecht bezogener Knopf, am anderen eine Schlaufe. Dogon, Sangha, Mali, 1978. L = 109 cm.

315
Fahrradsattelbezug aus Leder, mit chemischen Farben hauptsächlich rotviolett gefärbt. Mosi, Kaya, Bourkina Faso, 1978. L = 28 cm, B = 20 cm.

316
Fahrradsattelbezug, aus Leder, mit chemischen Farben hauptsächlich rotviolett gefärbt. Mosi, Kaya, Bourkina Faso, 1978. L = 30 cm, B = 20 cm.

320
Stichwaffe mit gebogenem Griff und Lederscheide. Dekoration mit Plastik. Boussé, Bourkina Faso, 1978. H = 18 cm.

322
Kehlriemen für Pferd, bestehend aus Ledertroddeln und Verzierungen mit Plastikstreifchen (früher auch aus Leder). Toucouleur, Nioro-du-Sahel, Mali, 1978. L = 58 cm.

325
Marktbeutelchen. Unterteil ein kleiner Korb mit viereckigem Boden und rundem Rand. Oberteil rotes Leder (chemischer Farbstoff), verziert mit Kaurischnecken und Plastikstreifchen. Bassi, Tenkodogo, Bourkina Faso, 1978. H = 26 cm, ∅ = 17 cm.

326
Kissenhülle aus Leder, rechteckig, gelb (chemischer Farbstoff) mit geometrischen Mustern bemalt. An den Rändern breite und schmale Fransen. Fulbe, Bourkina Faso, 1978. H = 35 cm, B = 78 cm.

327
Hafersack für Pferde aus rot- und gelbgefärbtem Leder, gepunzt und bemalt. Unten wesentlich breiter als oben. Toucouleur, Mali, 1978. H = 37 cm, B = 70 cm (unterer Rand).

328
Täschchen aus Leder, für Männer, heute hauptsächlich als Geldtäschchen verwendet. Rechteckige Form mit Schuber und jeweils zwei Fächern, die mit je einem viereckigen Überschlag verschlossen werden. Schuber durch Lederschnitt und Schwarzfärbung verziert. Wird an langen, parallellaufenden, gedrillten Lederschnüren vorn auf der Brust getragen. Hausa, ca. 1927. H = 18 cm, B = 11 cm.

329
Täschchen aus Leder, für Männer, für den Tourismus hergestellt, aus rotgefärbtem Ziegenleder, schwarz bemalt. Schuber zum Verschließen. Hausa, Zaria, Nordnigeria, 1973. H = 19 cm, B = 11,5 cm.

330
Täschchen aus Leder, für Männer, für den Tourismus hergestellt. Ähnlich wie 329. Niger, 1975. H = 16 cm, B = 10,5 cm.

Handtasche aus Nigeria nach europäischem Vorbild.
3.01.302

Strohhaus der Djerma in der Afrika-Abteilung (3.01.340). Im Vordergrund Getreide- und Gewürzmörser (352) und der Wassertopf (346).

340
Djerma-Haus mit Einrichtung. Baumaterial vom Baumarkt Boukoki/Niamey, Akazien-Knüppelholz (ergänzt durch hiesige Weide) für das Gerüst. Matten aus dem Wildgras *Andropogon gayanus* für die Seitenwände. Strohverflechtung aus *Ctenium sp.* für das Dach. Rinde des Baobab-Baumes (*Andansonia*), geflochtene Schnüre und gedrehte Seile aus Palmblatt für die Bindung des Gerüsts und die Befestigung der Matten und der Dachdekkung.

Haus: ∅ = 5 m. Wegen der vorgegebenen Deckenhöhe im Museum wurde das Strohhaus niedriger und damit in der Neigung des Daches schräger aufgebaut, als dies bei den Djerma üblich ist. Abb.
Innen Schlafhütte für die Eltern, aus Matten (→ 343), Feuerstelle (→ 344,345) und Wassertopf (→ 346).

341
Holznadel zum Vernähen der Matten und der Dachdeckung. Djerma, 1978

342
Gegabelter Stock zum Abrollen der Grasbündel der Dachdeckung. Djerma, Niger, 1978.

343
Zelt aus gewebten Matten, aus dem Wildgras *Hyparrhenia* mit Mustern aus gefärbten Palmblättern. Tillabéry, Niger, 1978. Im Innern steht das Elternbett.

344
Feuerstelle mit Kochtopf aus Gußeisen. Angedeutete Henkel. Drei Beine. Vier flache Wülste auf Leibung. Sarakolé, Kayes, Niger, 1978. ∅ = 80 cm; Topf: ∅ = 21 cm, H = 22 cm.

345
Kuskus-Sieb aus Ton, mit Löchern im gerundeten Boden, damit der Dampf durchdringen kann, um die Hirse (den *Kuskus*) zu garen. Djerma, Niger, 1978. H = 21 cm, ∅ = 21 cm.

346
Wassertopf aus Ton. Dient zum Speichern des Trinkwassers. Der im Feuer gebrannte Ton ist nicht wasserdicht und ermöglicht die Verdunstung des Wassers, das durch die Topfwand dringt und auf diese Weise das Wasser relativ kühl hält. Fassungsvermögen 60 l. Zwei angedeutete Henkel, runder Boden. Geometrische Bemalung in Weiß und Braun. Djerma, Niger, 1978. H = 64 cm, ∅ = 34 cm. Abb.

347
Kalebasse. Geschmirgelte Oberfläche mit Brandmalerei verziert. Fische und Schlangen darstellend. Bamako, Mali, 1978. ∅ = 34 cm.

348
Aufhängeschlaufe aus fein gespleißten Dum-Palmblättern geflochten. Ring, an den vier Bahnen angeflochten sind, deren Enden zusammenlaufen und eine Schlaufe bilden. Djerma, Niger, 1978. L = 110 cm.

349
Zwei Körbe mit Deckel aus Palmblattgeflecht, bestehend aus zwei Schalen, die man übereinanderstülpen kann. Auf dem Rand des Deckels bunte Muster. Djerma, Niger, 1978. H = 11 cm für beide Körbe, ∅ = 33 bzw. 38 cm.

350
Hocker aus Holz. Mit Brandmalerei verziert. Gurma, Bourkina Faso, 1978. H = 14,5 cm, ∅ =17 cm.

351
Hocker aus Holz. Bodenring, vier gewinkelte Beine. Mit Brandmalerei verziert. Gorom-Gorom, Bourkina Faso, 1978. H = 15 cm, ∅ = 21 cm. Abb.

352
Getreide- und Gewürzmörser mit Stößeln aus Holz. Die Hirse für die tägliche Mahlzeit wird immer frisch gestampft. So mühsam diese Frauenarbeit ist, so vorteilhaft ist sie für die Ernährung, denn der Vitaminverlust ist gering. In kleinen Mörsern werden die Saucengewürze gestampft. Toucouleur, Kayes, Mali, 1978. H = 46 cm, 23 cm, ∅ = 30,5 cm, 17,5 cm. Abb.

353
Besen aus gespleißten Blattrippen der Dum-Palme und gedrehte, grün gefärbte Schnur aus Baumbast. Mopti, Mali, 1978. L = 72 cm.

354
Schmutzsieb, geflochten aus dem Gras *Panicum turgidum,* mit einem bastumwickelten Reifen. Zinder, Niger, 1978. H = 3 cm, ∅ = 37 cm.

355
Hühnerdach aus Gras geflochten. Djerma, Niger, 1978. H = 120 cm, ∅ = 105 cm.

Hocker aus Holz, mit Brandmustern verziert: a) Bamako, Mali, b) und c) Tahoua, Niger (3.10.30, 31), d) Gurma, Bourkina Faso. (3.01.351).

3.02

Eisen und Schmied

Das Material Leder tritt in weiten Teilen Afrikas auch im Zusammenhang mit Eisen, Kupfer oder Gelbguß auf. Bei Waffen wie Schwertern, Dolchen, Messern, Speeren und Pfeilen oder bei Geräten, bildet das Eisen immer nur einen Teil des Gegenstandes. Der Griff ist oft mit Leder umklebt oder mit Lederstreifen umflochten, die Dolche sind an Lederschlaufen oder Ledergürteln am Körper zu tragen, die Schwerter und Dolche stecken oft in schön verzierten Lederscheiden (48, 49, 51, 96, 103–105, 112, 114–119, 121–124), und Pfeile werden in Ledertaschen bzw. lederumkleideten Köchern (→ 3.01.70; → 3.20.146, 147) aufbewahrt, die Speerspitzen mit Lederhüllen (→ 3.20.141) geschützt. In allen diesen Fällen kann der Schmied das Endprodukt nicht ohne Hilfe des Lederhandwerkers liefern.
Der Schmied ist für die Gesellschaft auch von Bedeutung, weil er Schmuck unterschiedlichster Art herstellen kann. Der Schmuck wird in Afrika überwiegend auf Leder aufgenäht oder an Lederbändern und -schnüren angehängt und getragen (40, 59, 60). Auch an Bekleidungsstücken, wie z. B. Umhängen, treten Schmuckelemente (Perlen) aus Eisen auf (→ 3.50.225,249). Ein weiteres Feld, auf dem sich Schmied und Lederarbeiter treffen, ist z. B. die Sattel- und Zaumzeugherstellung, bei der für Steigbügel (71;

Schlauchblasebalg der Dogon in Mali.
3.02.01

→ 3.01.117) oder Halfter (70; → 3.01.118–120) Leder und Metall gemeinsam verarbeitet werden.
Schließlich ist eines der wichtigsten Arbeitsgeräte des afrikanischen Schmiedes, nämlich der Blasebalg, überwiegend aus Leder. In Afrika kommt der Schlauchblasebalg vor, und zwar vorwiegend im islamischen Afrika (z. B. Mauren), aber auch bei den Dogon (01) und den Zulu; ebenso das Schalengebläse, vorwiegend in Schwarzafrika, so z. B. bei den Ambo (35).
Eisen bedeutete für Afrika eine Revolution. Es entwickelte den Bodenbau, half die Wälder roden und förderte so die Durchdringung des Urwaldes, es beeinflußte die Kriegsführung und gab den Anstoß zur Eroberung und der Zentralisierung von Macht. Es veränderte damit die Gesellschaft und führte zu den Anfängen organisierter Staatswesen.
In großen Teilen Afrikas wurde die Steinzeit direkt von der Eisenzeit abgelöst. Eine Bronzezeit läßt sich außer in Ägypten nur im Maghreb und Mauretanien nachweisen. Herkunft und Zeitpunkt, zu der die Kenntnis von Eisengewinnung und Verarbeitung in Afrika Eingang gefunden hat, ist immer noch ungeklärt. Um 1300 v. Chr. bearbeiteten die Hethiter in Anatolien Eisen. Von dort eroberte es Syrien, Ägypten und Karthago. Daß das später christliche Reich Napata mit der Hauptstadt Meroe am Nil (ca. 300 v.

Schmied bei der Arbeit an einem Tonschalengebläse. Čako, Südäthiopien.

Chr. – 350 n. Chr.) Zentrum antiker Eisengewinnung war, ist widerlegt. Möglich ist, daß die Phönizier und Karthager in Nordafrika Vermittler waren. Auch der indische Subkontinent, der zwischen dem 8. und 6. Jahrhundert v. Chr. eisenzeitlich wurde, könnte in den Jahrhunderten vor Christi Geburt auf Afrika eingewirkt haben.

Um 300 v. Chr. war die Eisenverhüttung in Westafrika bekannt, Ende des 1. Jahrhunderts n. Chr. die Kenntnis bis weit über die Grenzen des Waldgebietes nach Süden hinaus vorgedrungen. Die ungeheuer rasche Ausbreitung dieser Technik ist damit zu erklären, daß Eisenerz in Afrika überall leicht zu erreichen und zu „reduzieren" war, und zwar als schwarzer Sand in den Flüssen (als Magnetit), als Eisenoxyd in den Lateritböden, und außerdem wohl durch wandernde Schmiede weitergetragen wurde. Eine berühmte Kultur der frühesten Eisenzeit Afrikas ist die *Nok*-Kultur in Zentralnigeria, die die bisher frühesten Tonplastiken ans Licht der Welt brachte; sie stammen aus den letzten Jahrhunderten v. Chr. Im südlichen Teil des Kontinents ist die Eisentechnik weitgehend mit einer bestimmten Keramik verbunden, *(dimple-based pottery)*, der Ausbreitung des Hackbaus und der Einwanderung von Stämmen mit Bantu-Sprachen, gelegentlich auch mit dem ersten Auftreten der negroiden Rasse.

Die Gebiete von Sambia und Zimbabwe waren von jeher berühmt wegen ihres Reichtums an Kupfer, Gold und anderen Mineralien. Zwischen dem 4. und 5. Jahrhundert n. Chr. findet sich in Sambia eine frühe Eisenkultur. Die Ausbreitung des Eisens über den Limpopo-Fluß nach Süden erfolgte bis Ende des 4. Jahrhunderts. Die sog. *Kisalian*-Kultur von Katanga im Südosten von Zaire (Kongo) zeigte im 7. und 8. Jahrhundert n. Chr. einen hohen Entwicklungsstand in der Bearbeitung von Eisen wie auch von Kupfer.

Um 900 begann man die Minen von Katanga und Sambia extensiv auszubeuten, um 1500 war die Produktion auf dem Höhepunkt. Als Ende des 15. Jahrhunderts die Portugiesen mit dem Kongo-Reich, das seinerseits mit den Luba im Kongo-Becken Handel trieb, in Berührung kamen, wurde der Kupferhandel neu belebt.

Obwohl seit dem 17. Jahrhundert Eisenbarren aus Europa auf dem Seeweg nach Afrika gelangten und in jüngster Zeit immer häufiger europäisches Alteisen, vorwiegend Auto-

Werkzeug und Produkte eines Schmiedes in Nordkamerun und Nordnigeria: a) Eisenhammer, Lamang, b) Eisenmeißel, Guduf, c) Eisengeld, Lamang, d) Feldhacke, Bana, e) Speerspitze, Lamang, f) Zange, Lamang. Der Schmied formt das Eisen auf Felssteinen. 3.02.24, 25, 30, 10, 12, 26

schrott, von den Schmieden eingeschmolzen wird, waren bis vor kurzem die überlieferten Techniken der Eisenverhüttung aus Erz noch nicht überall in Vergessenheit geraten. Verhüttet wurde im allgemeinen nur einmal im Jahr in der Trockenzeit. In bis zu zwei Meter hohen, aus Lehm errichteten Reduktionsöfen, wurde Holzkohle und Eisenerz (28) aufeinandergeschichtet und in Brand gesetzt. Eingebaute Tonröhren, oft an Blasebälge angeschlossen, erlaubten die notwendige Luftzufuhr. Die erzeugten Temperaturen reichten allerdings nicht aus, das Eisen richtig auszuschmelzen. Das Erz wurde lediglich zu Luppe (29) „reduziert", ein noch stark mit Holzkohle und Schlacke vermischtes Eisen. Die Luppe wurde zertrümmert, und die kirschkern- bis nußgroßen Eisenstücke wurden herausgelesen.
Sind die Verhüttungsspezialisten nicht gleichzeitig Schmiede, was bei einigen Völkern der Fall ist, so kam das Eisen in dieser Form zur Weiterverarbeitung auf die Märkte, wo es manchmal auch heute noch angeboten wird. Meistens waren die Verhüttungsspezialisten jedoch selbst Schmiede und verarbeiteten die aus der Luppe herausgelesenen Eisenbröckchen durch mehrmaliges Erhitzen und Schlagen zu Eisenbarren, die im Laufe des Jahres in Feldbaugeräte, Waffen oder Schmuck verwandelt wurden.
Da der Abbau des Eisenerzes und seine Reduzierung zu Eisen als ein tiefer Eingriff in das Wirken der Naturkräfte angesehen wurde, und die Meisterung des Feuers beim Schmiedevorgang in den Augen der Bevölkerung nur Menschen mit übernatürlichen Eigenschaften möglich sein konnte, nimmt es nicht wunder, daß die Stellung der Schmiede nicht nur bei den politischen Führern, sondern in der ganzen Gesellschaft eine Wertung erfuhr, in der sich Bewunderung, Furcht und Abscheu mischten. Vor diesem Hintergrund ist auch zu verstehen, daß die Schmiede bei fast allen afrikanischen Völkern eine endogame (→ S. 18) Gruppe oder sogar eine Kaste bildeten, unabhängig davon, welches Metall sie verarbeiteten.
Für die Herstellung von Geräten bzw. von Schmuck sind in den meisten Gesellschaften Westafrikas unterschiedliche Spezialisten zuständig. Das größere soziale Ansehen scheint dem Geräteschmied zuzukommen, da er so lebensnotwendige Dinge wie Feldbaugeräte, Jagd- und Kriegswaffen herstellte. Aus diesem Grunde stehen diese Schmiede, die ebenso wie die Feinschmiede in fast allen afrikanischen Gesellschaften – auch in vielen ohne Kastenwesen – endogame Gruppen bilden, häufig in einer besonderen Beziehung zu den politischen Führern. Diese, aus guten Gründen an einem dauerhaften Bündnis mit einer Menschengruppe, von der sie technologisch abhängig waren, interessiert, haben den Schmieden oft soziale Privilegien eingeräumt. Bei den Hausa im Niger z. B. ist die Gegenwart des Schmiedes bei Zeremonien anläßlich von Namensgebung und Hochzeit im Haus des politischen Führers unerläßlich. Jedes Jahr einmal, in der letzten

Sack aus Nordkamerun, Mandara-Gebirge.
3.02.09

Nacht der Fastenzeit, tauschen Schmied und politischer Führer für einige Stunden die Rollen. Bei vielen Völkern sind Schmiede auch Totengräber, Krankenheiler, Wahrsager, Barden, Vermittler bei Streit, Beschneidungsmeister oder auch Königmacher. Manchmal sind sie auch Schnitzer. Ihre Frauen sind häufig Töpferinnen und Hebammen.
Während die Grobschmiede zur Herstellung der Eisengeräte nur die Treibtechnik kennen, wenden die Feinschmiede im transsaharischen Westafrika nahezu ausschließlich ein Gußverfahren an, das als „Guß in verlorener Form" oder „Wachsausschmelzverfahren" bezeichnet wird. Der Schmied verfertigt ein Modell aus Bienenwachs, was bei Armbändern mit einem komplizierten Dekor verschiedenartigster Aufsätze einen erheblichen Aufwand bedeutet. Denn sowohl das Modell wie auch die Form gehen verloren. Das Wachsmodell wird dabei mit feingeschlämmtem Ton umhüllt. Nachdem der Tonmantel getrocknet ist, wird das Ganze über dem Feuer erhitzt, so daß das Wachs ausschmilzt.
Man fängt das Wachs zur Wiederverwendung in einer Schüssel mit kaltem Wasser auf. In die leere Tonform gießt man nun das in einem kleinen Tontiegel geschmolzene Silber, Eisen, Kupfer oder die Gelbgußlegierung aus Kupfer und Zinn oder Kupfer und Zink. Nach dem Zerschlagen des Tonmantels erhält man den Rohling, der mit einer Zitronenlösung blank gebürstet wird, und den man nach dem Abfeilen der Gußzapfen schließlich noch punzen und ziselieren kann (56, 60, 90–92). Lediglich die Schmiede der Tuareg wenden die Treibtechnik auch bei Schmuck an (→ 3.10.100–102, 116–118, 120–127). Bei ihnen liegt allerdings die Herstellung von Schmuck, Feldbau- und sonstigen Arbeitsgeräten meistens in einer Hand. Techniken wie Drahtherstellung, Gelenkverbindung durch Scharniere, Nieten, Bördeln oder Löten sind in Afrika weitgehend unbekannt.

Prunkbeil aus Eisen, der Griff mit Leguanleder überzogen. Songe, Kongo.
3.02.95

01
Schlauchblasebalg aus Ziegenleder und Luftröhren aus Eisen. Zwischenstück aus Holz, das mit einem geschnitzten Kopf verziert ist. Dogon, Mali, ca. 1950. L = 83 cm. Abb.

05
Erntemesser. Klinge und Griffteil aus einem Stück Eisen. Griff mit Lederstreifen umflochten. Bana, Nordkamerun, 1969. Gesamtlänge = 60 cm, Griffteil = 40 cm.

06
Messer zum Grasschneiden. Eisenklinge zur Spitze hin gerundet und beidseitig geschliffen, Eisengriffteil flach und eckig, mit Leder umwickelt. Zulgo, Nordkamerun, 1969. Gesamtlänge = 50 cm.

07
Sichel. Griff und Klinge aus Eisen, an der Spitze kleine Eisenteilchen angehängt. Eisenstiel in Holzgriff eingedornt. Matakam, Nordkamerun, 1969. L = 55 cm.

08
Sack aus Leder für die Schmiede, zum Einsammeln des Eisenerzes. Aus drei Teilen zusammengesetzt. Oberer Rand in unregelmäßige Fransen geschnitten. Wird bis zur Mitte hin nach außen umgekrempelt. Gedrehte Lederschnur als Tragband. Bana, Nordkamerun, 1969. L = 38 cm, B = 32 cm.

09
Sack aus Leder, teilweise mit Glasperlen umkleidet und Kaurischnecken verziert. Tragband ein schmaler Baumwollstreifen. Mandara-Gebirge (?), 1976. L = 20 bzw. bis 30 cm. Abb.

10
Feldhacke mit breitem, getülltem Eisenblatt und Kniestielgriff aus Holz. Bana, Nordkamerun, 1969. Tülle: L = 8,5 cm. Abb.

11
Feldhacke. Langer Eisenstiel mit eingedorntem Holzgriff und spatenförmigem Teil zum Hacken. Sura, Nordnigeria, 1957. Blatt: H = 28 cm, B = 20 cm, Gesamtlänge = 100 cm.

12
Speerspitze aus Eisen, breites, getülltes Blatt mit Ritzverzierung. Lamang, Nordostnigeria, 1969. Blatt: L = 27,5 cm, Tülle: L = 9,5 cm. Abb.

13
Speerspitze aus Eisen, am unteren Rand eingeschnitten. Lamang, Nordostnigeria, 1969. Blatt: L = 8 cm, B = 2,5 cm.

14
Speerspitze aus Eisen mit Widerhaken. Nur zur Jagd verwendet. Guduf, Nordostnigeria, 1969. Länge = 36 cm.

15
Speerspitze aus Eisen mit rundem Durchmesser (Pfriem). Nur zur Jagd und zum Fischfang verwendet. Lamang, Nordostnigeria, 1969. L = 47,5 cm.

16
Speerspitze aus Eisen (Pfriem) mit rückweisenden Widerhaken. Guduf, Nordostnigeria, 1969. L = 27 cm.

17
Drei Pfeilspitzen aus Eisen, unterer Rand eingekerbt. Hausa, Niger, 1977. L = 14 und 17 cm.

18
Sichel aus Eisen mit eingedorntem Blatt in Holzgriff. Hausa, Maradi, Niger, 1979. L = 34 cm.

19
Eisenblatt einer Feldhacke mit Tülle. Guduf, Nordostnigeria, 1969. L = 25 cm.

20
Rechen aus Eisen, mit Tülle. Europäischer Einfluß. Hausa, Niger, 1977. B = 22 cm.

21
Axt mit Kniestielgriff aus Holz und Eisentülle. Zulgo, Nordkamerun, 1969. Klinge: L = 14 cm, Tülle: L = 10,5 cm.

22
Eisenblatt einer Axt mit Tülle. Bana, Nordkamerun, 1969. Klinge: L = 17 cm, Tülle: L = 9 cm. Fl

23
Fischspeer aus Eisen mit drei Zacken. Lamang, Nordostnigeria, 1969. L = 23 cm.

3.02

24
Hammer aus Eisen. Flaches, breites Stück, zum Griff hin schmaler werdend. Lamang, Nordostnigeria, 1969. L = 18,5 cm, B = 6 cm. Abb.

25
Meißel. Kleines, dreieckig geformtes Stück Eisen. Guduf, Nordostnigeria, 1969. L = 7,7 cm. Abb.

26
Schmiedezange aus Eisen. Lamang, Nordostnigeria, 1969. L = 50 cm. Abb.

27
U-förmig geformtes **Eisenteilchen zum Feuerschlagen.** Zulgo, Nordkamerun, 1969. L = 7 cm.

28
Eisenerz. Lamang, Nordostnigeria, 1969.

29
Luppe. Lamang, Nordostnigeria, 1969.

30
Eisengeld, zwei Teile in Form kleiner Hackenblätter mit Schlagspuren versehen. Lamang, Nordostnigeria, 1969. L = 11–14 cm, an Schneidkante B = 5 cm. Abb.

35
Schalenblasebalg aus Holz, das mit Leder abgedeckt ist, sowie Luftröhren aus Antilopenhörnern. Ambo, südwestliches Angola und nördliches Namibia, 1927. L = 56 cm. Abb.

Schalenblasebalg der Ambo in Südangola.
3.02.35

40
Schamschmuck für Mädchen. Breiter, harter Lederhüftgürtel mit angehängten, gekrümmten Eisenteilchen, die Amulettcharakter haben. Zulgo, Nordkamerun, 1969. Eisenteilchen: L = 7 cm.

41
Hüftkette für Frauen aus aufgereihten Eisenperlen. Guduf, Nordostnigeria, 1969. L = 105 cm.

42
Hüftgürtel für Frauen aus Eisenringen. Bana, Nordkamerun, 1969. L = ca. 60 cm.

43
Tanzschurz für Mädchen, aus aufgezogenen Glasperlen und Kettchen, die aus Eisenringen zusammengefügt sind. Wahrscheinlich Higi, Nordostnigeria, 1969. L = 33 cm.

48
Dolch mit Holzgriff und Eisenklinge. Die Lederscheide mit Spondylus-Muschel verziert. Guru und Baule, Elfenbeinküste, 1934. Dolch: L = 22,5 cm, Scheide: 20 cm. Abb.

49
Dolch mit Elfenbeingriff und Eisenklinge. Lederscheide. Azande, nördliches Zaire, 1917. L = 26 cm. Abb.

50
Dolch mit Ringgriff, aus Eisen. Klinge spitz zulaufend und geschwungen. Bali, Grasland, Kamerun, 1941. L = 24 cm. Abb.

51
Dolch, mit spitz zulaufender Eisenklinge und lederumflochtenem Griff. Oben am Knauf ein Eisenring. Griff an beiden Enden mit Leder beklebt. Scheide mit Fell umkleidet. Dolch hängt an langen, geflochtenen Lederschnüren, mit denen die Waffe um den Hals gehängt wird. Manding, Westafrika, 1935. L = 34 cm.

55
Hocker, aus Holz, in einem Stück geschnitzt. Branddekor. Markt Ouagadougou, Bourkina Faso, 1978. H = 16 cm, ∅ = 21,5 cm.

56
17 verschiedene **Armreifen,** hergestellt im Gelbgußverfahren bzw. aus Kupfer. Bana, Nordkamerun, 1969.

Dolche: a) Bali, Grasland, Kamerun, b) Guru und Baule, Elfenbeinküste, c) Azande, Zaire.
3.02.50, 48, 49

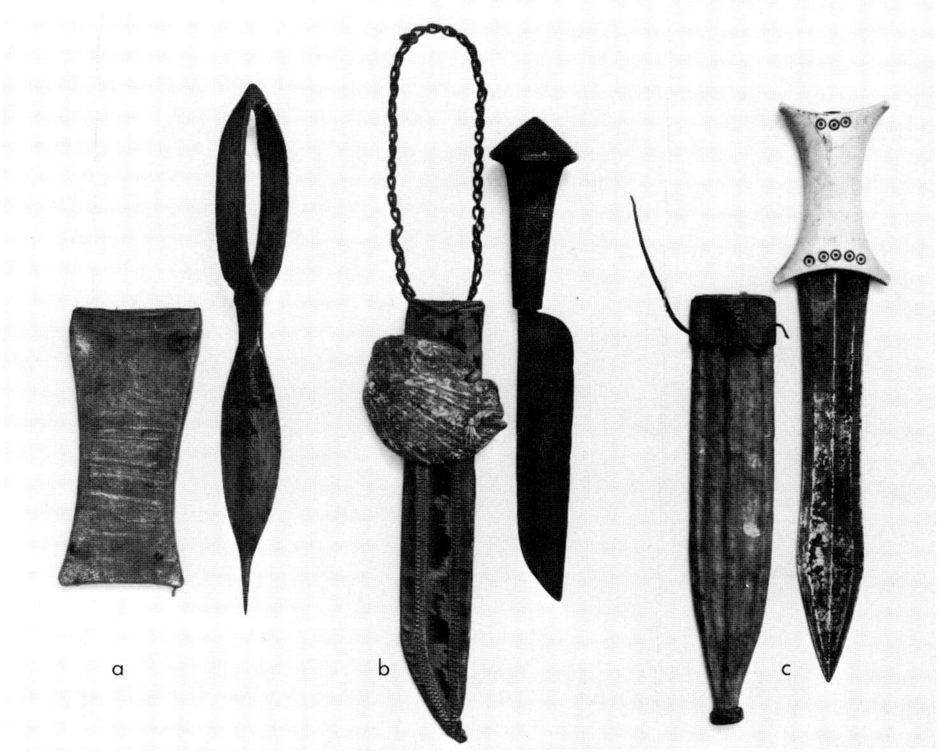

57
Armmanschette für Frauen, in Gelbguß hergestellt. Bana, Nordkamerun, 1969. H = 11 cm, ∅ = 5,5 cm.

58
Doppelspirale aus Eisen. Als Schmuckanhänger verwendet. Nordkamerun, 1969. B = 7 cm.

59
Eisenamulette in Form von Krallen, an Lederschnur aufgereiht. Sie haben Amulettcharakter und werden am Hüftgürtel oder als Kettenanhänger um den Hals getragen. Nordkamerun, 1969. L = zwischen 5 und 16 cm.

60
Halskette aus kleinen, im Gelbgußverfahren hergestellten, gebogenen Anhängern sowie Perlen. Aufgezogen auf einem Lederband. Kapsiki, Nordkamerun, 1969. Anhänger: L = 5,5 cm.

65
Trommel aus Holz. Zylinderförmig, einseitige Pflockbespannung. Nur von den Schmieden zu Totenfeierlichkeiten geschlagen (→ S. 112). Bana, Nordkamerun, 1969. H = 97 cm, ∅ = 18 cm.

70
Halfter. Backen- und Nackenriemen aus steifem, rot und gelb bemaltem Leder in einem Gelbgußring. Nasenstück aus sechs S-förmigen Eisengliedern und Kinnkette zur Befestigung des Martingal. Mosi, Kaya, Bourkina Faso, 1977. L = 55 cm.

71
Steigbügel (Zehensteigbügel) mit Sattelgurtschnallen. In der Technik des Gelbgusses hergestellt. Mosi, Bourkina Faso, 1977. H = 15 cm, ∅ = 10 cm.

72
Dolch aus Eisen für einen Metzger. Hausa, Gundumawa, 1977. L = 43 cm.

73
Gerät für Brandmalerei; lange, dünne und gebogene Eisenspitze in einen geraden Holzgriff eingedornt. Hausa, Maradi, Niger, 1977. L = 34,5 cm.

74
Eisenspitze, die an ihrem oberen Ende in eine Doppelspirale ausläuft. Als Ahle benutzt. Hausa, Maradi, Niger, 1977. L = 23 cm.

75
Ahle aus Eisen, die wie eine kleine Sichel geformt ist, in Spitze auslaufend. Lamang, Nordostnigeria, 1969. L = 14 cm.

76
Ahle aus Eisen, nach oben hin spiralförmig ausgebildet. Nordostnigeria, 1969. L = 18,5 cm.

77
Sack- bzw. Korbmachernadel aus Eisen. Hausa, Gundumawa, 1977. L = 13 cm.

78
Pinzette aus Eisen mit einem Ende, das spitz zuläuft und als Nadel genutzt werden kann. Hausa, Gundumawa, 1977. L = 10 cm.

79
Rasiermesser aus Eisen. Mosi, Kaya, Bourkina Faso, 1978. L = 13 cm.

80
Nagelschere aus Eisen. Europäischer Einfluß. Hausa. Gundumawa, 1977. L = 10 cm.

81
Haushaltsmesser aus Eisen mit Parierstange. Mosi, Kaya, Bourkina Faso, 1978. L = 25,5 cm.

82
Schaber, schmale Eisenklinge, in gerundeten, gleichlangen Holzgriff eingelassen. Hausa, Maradi, Niger, 1977. B = 13 cm.

83
Dolch, gerade, spitzzulaufende Klinge aus Eisen, Griff im Gelbgußverfahren hergestellt. Scheide nicht vorhanden. Bana, Nordkamerun, 1969. L = 52 cm.

84
Schwert, mit gerader Eisenklinge. Griff und Scheide im Gelbgußverfahren hergestellt. Bana, Nordkamerun, 1969. L = 55,5 cm.

85
Löffel aus Eisen. Hausa, Gundumawa, 1977. L = 34,5 cm.

86
Doppellöffel aus Eisen. Zum Wenden der Speisen. Hausa, Gundumawa, 1977. L = 26 cm.

87
Aufhängehaken aus Eisen, vierarmig, für Haushaltsgegenstände. Hausa, Gundumawa, 1977. H = 22 cm.

90
Kette aus blauen Glasperlen und Gelbgußperlen sowie Schellen, im Gelbgußverfahren hergestellt. Bana, Nordkamerun, 1969. L = 60 cm.

91
Schmuckteile, in Gelbguß hergestellt. Bei Tänzen von den Frauen an einer Schnur um die Hüften getragen. Die Teile bestehen aus Ringen und Schellen. Bana, Nordkamerun, 1969. Schellen: L = 7,5 cm.

92
Schmuckteile, in Gelbguß hergestellt. Werden als Anhänger an Ketten und an Gürteln angebracht und haben Amulettcharakter. Bana, Nordkamerun, 1969. L = 11 cm.

95
Prunkbeil aus Eisen. Klinge mit geschwungener Schneidkante und durchbrochen gearbeitet, beiderseits mit einem menschlichen Gesicht verziert. Gerader Griff, mit Leguanleder überzogen. Sorge, Kongo, 1928. H = 36 cm, Klinge: B = 15 cm. Abb.

96
Schwert mit gerader, spitz zulaufender Eisenklinge. Lederscheide verziert mit jungem Krokodil, angehängtem Elfenbeinarmring und Lederfransen. Wahrscheinlich Touristenstück. Beni Amer, NW-Äthiopien und Kordofan, Rep. Sudan, 1954. L = 100 cm.

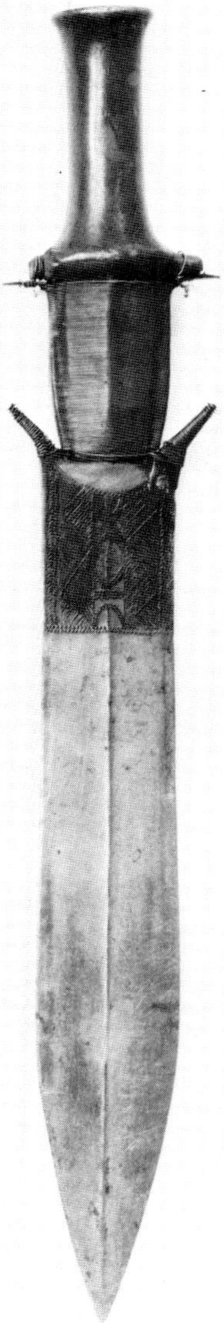

Schwert mit einer Holzscheide, die mit Leguanleder überzogen ist. Bane und Fang, Südkamerun.
3.02.116

97
Speer, mit lanzettförmigem Eisenblatt, das eine gesonderte Lederscheide besitzt. Schaft des Speeres ein 4 cm im Durchmesser betragendes Eisenteil, unten in flaches, spatenförmiges Ende auslaufend. Vorderes Drittel des Schaftes mit Lederstreifen umflochten. Togo, 1927. L = 126 cm.

98
Speer mit lanzettförmigem Eisenblatt, Schaft spitz auslaufend und oben mit Leder umkleidet. Am Übergang zur Spitze mit Haaren verziert. Angola, 1927. L = 150 cm.

99
Speer mit unten eingekerbter Eisenspitze. Schaft dünner Bambusstab, am Übergang zur Eisenspitze mit Pflanzenmaterial umflochten. Schaft am Ende mit Eisen beschwert. Kinga, nördliches Livingstone Gebirge, Tanzania, 1921. L = 121 cm.

100
Speer, aus Eisen, Messing, Kupfer und Holz zusammengesetzt. Ende des Schaftes wie ein Meißel ausgebildet; wird heute zum Beschneiden der Bäume für die Herdentiere verwendet, da die Speere ihre eigentliche Funktion als Waffe verloren haben. Tuareg, Oursi, Bourkina Faso, 1978. L = 188 cm.

101
Speer zur Jagd von Elefanten. Lanzettförmiges Eisenblatt, in Holzschaft eingelassen, der sich zum Ende hin kinderarmdick verbreitert. Am Übergang zur Eisenspitze mit Leder umkleidet. Ushashi?, 1928. L = 182 cm.

Schwert aus dem Grasland von Südkamerun. Tikar oder Bamum.
3.02.113

102
Beil mit Eisenklinge, die sich zur Schneidkante hin verbreitert. Mit Ritzzeichnung versehen und durchlocht. Eingedornt in Holzgriff, der mit Leguanleder umkleidet ist. Tetela, zwischen den Flüssen Sankuru und Lomami, Kongo, 1917. L = 41 cm, Eisenblatt: B = 14,5 cm.

103
Schwert mit einer sich nach unten hin verbreiternden Klinge, deren unterster Rand in der Mitte in einer Spitze ausläuft. Griff mit Echsenleder umkleidet und durch Haarbüschel verziert. Vielleicht Yaunde, Südkamerun, 1952. L = 52 cm.

104
Dolch mit einer Eisenklinge, die im oberen Bereich aufgespalten, an den Seiten stark gerundet und mit einer stumpfen Spitze versehen ist. Griff aus Holz, mit Eisenstreifen umwickelt. Scheide aus Holz, mit Elefantenleder überzogen, unten in zwei Zipfel auslaufend, deren Spitzen aufgebogen sind. Ngbandi, oberer Mongalla, Gebiet entlang des Aruwimi, Kongo, 1917. Dolch: L = 45 cm, Scheide: B = 9,5 cm.

105
Schwert mit Eisenklinge, die sich zur Mitte hin verbreitert, an den Seiten gerundet und am unteren Ende gerade abgeschnitten ist. Griff mit Lederstreifen umflochten. Scheide aus Holz, mit Pergament überzogen und bemalt.

Form rechteckig, am unteren Ende in zwei Spitzen auslaufend. Bali, Bamenda, Südkamerun, 1931. Schwert: L = 54,5 cm, Scheide: L = 48 cm, B = 9,5 cm. Abb.

106
Wurfeisen mit einem mit Leguanleder überzogenen Griff. Wurfeisen sind ursprünglich Waffen der offenen Savannenlandschaften gewesen. Sie kommen dort in schlichten, an ein Wurfholz erinnernde Formen, vor. Von dort sind sie in den Urwald vorgedrungen, wo sie als Wurfwaffe nutzlos waren und deshalb zum Prunkmesser und Würdezeichen, aber auch als Währung verwendet wurden. Azande, NO-Kongo. L = 45 cm.

107
Wurfeisen mit einem vogelkopfähnlichen Ende. Griff mit Lederstreifen umflochten. Als Tanz- und Zeremonialgerät verwendet. Bana, Nordkamerun, 1969. L = 53,5 cm.

108
Wurfeisen, langes, nach oben hin sichelförmig gebogenes Eisen. Am Griff ein spitz zulaufender Seitenarm. Lamang, Nordostnigeria, 1969. L = 63 cm.

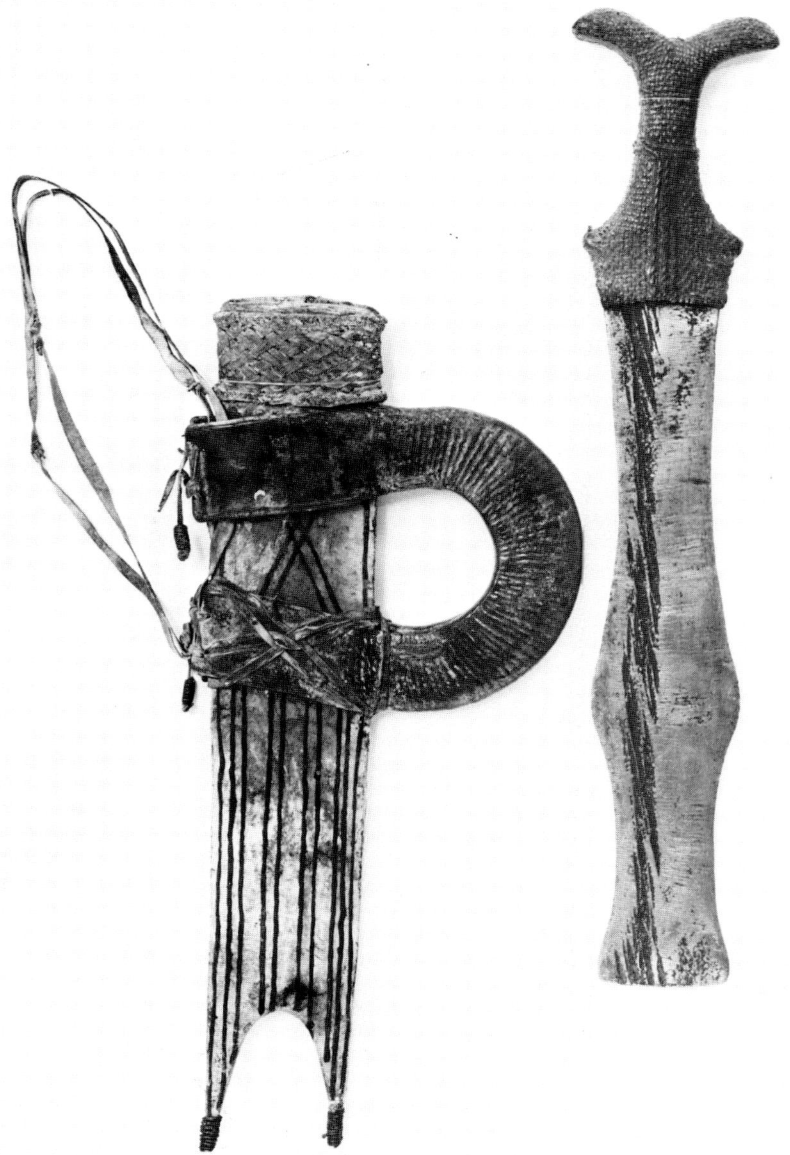

Schwert mit einer Holzscheide, die mit Pergament überzogen ist. Bali, Südkamerun.
3.02.105

112
Schwert mit gerader, spitz zulaufender Eisenklinge. Scheide aus Leder mit gepunzten Mustern und Blindlinien. Liberia, Manding ? 1921. L = 80 cm.

113
Schwert mit fast rechteckiger, großer Scheide aus Holz, die mit Pergament überzogen und reich mit Mustern durch Treibtechnik verziert ist. An den Rändern der Scheide große Schlaufen, an denen geflochtene Kordeln mit großen Quasten angehängt sind, um das Schwert umhängen zu können (Farben Blau, Rot, Natur). Klinge zur Mitte hin eingezogen und an den unteren Ecken wieder breiter; untere Kante geschwungen. Tikar oder Bamum in Foumban, Grasland, Südkamerun, 1930. Scheide: L = 50 cm, B = 15 cm. Abb.

114
Dolch mit breitem, lanzettförmigem Blatt aus Eisen. Holzgriff. Scheide aus Holz mit Leguanleder überzogen. An den Rändern mit Ringen verziert, die in Gelbguß hergestellt sind. Fang (Pangwe), Südkamerun, 1928. Blatt: L = 34 cm, B = 10,5 cm.

115
Dolch mit in der Mitte auf beiden Seiten eingezogener Klinge. Klinge und Griff aus Kupfer. Scheide aus Holz mit Pergament überzogen. Kusu; vielleicht auch benachbarte Songe (Sungu) zwischen den Flüssen Lualaba und Lomami, Kongo, 1935. L = 51 cm.

116
Schwert mit gerader, spitz zulaufender Klinge, deren oberes Ende ziseliert ist. Holzscheide mit Leguanleder überzogen, am unteren Ende auf beiden Seiten in extrem geschwungene Spitzen auslaufend. Mit Messingnägeln und am oberen Rand mit Messingdraht verziert. Großer Griff aus Leder, mit Messingdraht umwickelt zum Befestigen des Schwertes am Körper. Bane (Bene), auch Fang (Pangwe), Südkamerun, 1954. L = 50 cm. Abb.

117
Schwert, geschwungene, vorn spitz zulaufende Eisenklinge, in der Mitte mit einem herausgearbeiteten Wulst. Griff aus Holz, mit Messingnägeln und -draht verziert. Holzscheide mit Leder überzogen. An der vorderen Seite mit Messingblech verziert. Breiter Lederriemen mit Schnalle als Aufhängeschlaufe. An Scheide zusätzlich Täschchen aus Pergament. Nubien, Republik Sudan, 1924. Schwert: L = 50 cm.

118
Schwert mit geschwungener, sich nach unten hin stark verbreiternder Eisenklinge, die teilweise durchbrochen ist. Aus Holz geschnitzter Griff, nach oben und unten hin kugelförmig. Scheide aus Rochenleder, oft mit goldplattierten Griffen versehen. Diese Schwerter wurden bei feierlichen Umzügen vor dem König hergetragen. Ashanti, südliches Ghana, 1928. L = 63 cm, Eisenklinge: B = 12 cm.

119
Dolch mit geschwungener Klinge und eingearbeiteten, arabischen Schriftzeichen. Griff aus Bein. Für zwei Dolche gedachte Scheide (ein Dolch fehlt), die ursprünglich in drei Spitzen auslief (eine fehlt) aus Krokodilleder. Republik Sudan, 1921. Dolch: L = 31 cm, B = 13. Scheide: L = 23 cm.

120
Dolch aus Eisen, wie eine Lanzenspitze geformt. Griff mit Schlangenleder überzogen, am Knauf lange, geflochtene Lederschlaufe. Eisenblatt mit Schriftzeichen versehen. Tülle mit eingelegten Messingstreifen verziert. Republik Sudan? 1959. L = 50 cm, Blatt: B = 8 cm.

121
Drei Dolche mit gerader, spitz zu aufender Eisenklinge mit eingravierten Mustern. Griff mit Krokodilleder überzogen. Dreieckig geformte Lederscheide, die aus dem Schwanz eines Krokodils hergestellt ist. Republik Sudan?, 1920. Dolch: L = 48 cm, Scheide am oberen Ende: B = 13 cm. Abb.

122
Schwert mit langer, schmaler, leicht geschwungener Eisenklinge. Griff mit schmalen Lederstreifen, Silberfäden und Silberdrähten umwickelt. Knauf aus reinem Silber. Lederscheide mit herausgetriebenen Mustern versehen. Zusätzliche Verzierung durch eingravierte Silberteile, die an beiden Enden und in der Mitte der Schwertscheide angebracht sind. Zansibar, Ostafrika, 1929. Schwert: L = 88 cm.

123
Schwert mit kurzer, oben breiter und nach unten hin spitz zulaufender Eisenklinge. Breite, beinahe viereckige Lederscheide mit Holzkern, an deren unterem und oberem Rand Kupfer- bzw. Messingstreifen als Beschläge angebracht sind. Lokele und benachbarte Gheso (auch Topoke genannt) sowie Kusu, Demokratische Republik Kongo, 1927. L = 45 cm, B = ca. 8 cm.

124
Dolch mit geschwungener Eisenklinge und Griff aus Ebenholz. An breitem Ledergürtel getragen, an dem die Lederscheide festgebunden ist. Gürtel mit gepunzten Mustern versehen. Hadendoa (Beni Amer), Äthiopien und Republik Sudan, 1950. L = 35 cm.

Dolche, die in einer gemeinsamen Scheide aus einem Krokodilschwanz stecken. Republik Sudan?
3.02.121

Der Markt

Satteltasche der Mosi aus Bourkina Faso.
3.03

In der westafrikanischen Sahel- und Savannenregion gibt es verschiedene Markttypen: einmal den täglichen Markt, dann einen Markt, der im Rhythmus von drei Tagen stattfindet (sog. rotierender Markt) und schließlich denjenigen Markt, der an einem bestimmten Tag der Siebentage-Woche stattfindet.
Tägliche Märkte findet man vor allem in den Hauptstädten und den Verwaltungszentren, u. a. in Niamey, Ouagadougou, Bamako oder Kano. Solche Märkte haben häufig keine lange Tradition. Oft haben sie feste, ladenähnliche Stände oder sogar richtige Markthallen aus Lehm oder Beton. Hier werden besonders auch europäische Waren angeboten.
Typisch vor allem für die Sahelregion, der Kontaktzone zweier aufeinander angewiesener Wirtschaftssysteme (Bauern und Viehzüchter), ist der alle sieben Tage wiederkehrende Markt. Dieser Markt ist der lebhafteste und vom Warenangebot her gesehen der interessanteste. Unter Reihen von mattengedeckten Sonnendächern, die auf Gestellen von Knüppelholz ruhen, sitzen die Händler und bieten Getreide gegen Vieh, Salz sowie Datteln aus der Wüste im Tauschhandel an, findet der Verkauf von traditionellen Handwerksprodukten statt wie Matten, Körben, Strohtellern, Tontöpfen, Kalebassen, Holzgeräten, Lederartikeln (z. B. Schuhe, Taschen), Zaumzeug und Sätteln sowie Schmiedeerzeugnissen (z. B. Waffen, Werkzeuge, Feldbaugeräte und Schmuck).
Jedoch werden auf diesen Märkten nicht nur fertige Produkte angeboten, sondern typisch sind auch die Werkstätten von Wanderhandwerkern, die auf den Märkten arbeiten, wie etwa Sandalenhersteller oder Schneider.
Neben der Aufgabe, Platz für den Güteraustausch zwischen benachbarten Bauernvölkern einerseits und Bauern und Viehzüchtern andererseits zu

sein, bietet der Markt vor allem auch die Möglichkeit zu gesellschaftlichem Kontakt. Er ist der Ort, wo man Nachrichten austauscht und Heiraten anbahnt.
Der in der Ausstellung aufgebaute Stand zeigt typische Produkte eines westafrikanischen Marktes:
Salzblöcke (01), zum Teil in Schläuche aus den Blättern der Dattelpalme eingenäht; aus Tegguidan-Tessoum, Niger.
Matten (02) aus Gräsern, Schilf oder Dattelpalmblättern, zum Teil mit Rinderfellstreifen verflochten.
Verschiedene Produkte aus Gras bzw. Stroh, wie **Standringe für Töpfe (03), Aufhängeschlaufen für Töpfe oder Kalebassen (04), Kalebassendeckel (05), Körbe (06), Siebe (07), Schreibstifthüllen (08), Hüte (09).**
Produkte aus Holz wie **Schüsseln (10)** und **Löffel (11).**
Decken (12) aus Baumwolle oder **Mäntel (13)** aus Schafwolle.
Lederwaren wie **Taschen (14), Kissenhüllen (15)** oder **Satteltaschen (16)** und Zaumzeug wie **Halfter (17), Brustschmuck (18), Kehlriemen (19), Bauchriemen (20)** und dazugehörige **Metallschnallen (21), Steigbügel (22)** und **Fußfesseln (23)** und außerdem **Sättel (24)** für Pferde und dazugehörige **Satteldecken (25)** aus Stoff.

Gezawa-Frauen auf dem Zaranda-Markt. Bauchi, Nordnigeria, 1962.

Die Tuareg in der zentralen Sahara

Die Tuareg gehören zu jenen Völkern, deren materielle Kultur weitgehend auf dem Werkstoff Leder beruht. Der Grund hierfür liegt in ihrem Wirtschaftssystem, welches von der Viehhaltung bestimmt wird.
Der Name Tuareg (Einzahl: *Targi,* weiblich: *Targia*), kommt wahrscheinlich von *targa,* einem Berberwort, das den Fezzan, eine Landschaft im heutigen Libyen, bezeichnet. Die Tuareg selbst nennen sich *Imushag,* in anderen Regionen *Imuhar* oder *Imajeren.* Die Araber nennen sie *Mulathlamun,* „verschleierte Männer", und wegen ihrer ursprünglich indigoblau gefärbten Baumwollkleidung, die stark auf die Haut abfärbte, erhielten sie auch den Beinamen „Blaue Ritter der Wüste". Die Tuareg zählen ca. 500000 Menschen, die in den Wüsten von Libyen, Algerien, Mali und Niger leben. Ca. 30–60 % davon sind ehemalige schwarze Sklaven *(iklan)*, auch Buzu oder Bella genannt. Sie gehören aufgrund gleicher Sprache und Kultur zu den Tuareg.
In der zentralen Sahara leben höchstens noch 11000 Tuareg. Diese Sahara-Tuareg, die 20 % aller Tuareg ausmachen, leben in den zentralsaharischen Gebirgen – Tassili-n-Ajjer, Hoggar, Air, Adrar-n-Iforas. Zu ihnen zählen die Konföderationen Kel Ajjer (*kel:* „Bewohner", „Leute"), Kel Ahaggar, Kel Air (oder Asben) und Kel Adrar (oder Iforas). Die Masse des Tuareg-Volkes (ca. 80 %) lebt in der südlichen Sahara und im anschließenden Sahel. Zu diesen Sahel-Tuareg gehören die Ullemeden mit zahlreichen Unterstämmen (Dennek, Tademaket, Udalan) und die Kel Gress. Die Kel Gress z. B. gehören zu jenen Tuareg, die nach der verheerenden Dürre von 1971/74 und dem Verlust ihrer Viehbestände zum Feldbau übergegangen sind. Außerdem siedeln die oben erwähnten Buzu (Bella) im Sahel, die wie die Kel Gress Bauern sind.
Der Sahel ist, wie schon erwähnt (→ S. 11), ein Siedlungsraum, der aufgrund seiner geringen Niederschläge nur nomadisierende Viehhaltung erlaubt. Lebensbedrohend aber selbst für dieses Wirtschaftssystem ist die Tatsache, daß die geringen Niederschläge bis zu 60 % schwanken können. So wurden die „normalen" Regenfälle seit 1965 immer weniger. Zum Teil gingen sie auf 50 % zurück und in manchen Gegenden fiel jahrelang überhaupt kein Regen. 1973 kam es zu einer Hungerkatastrophe. Die Gründe hierfür sind nicht allein in den labilen Niederschlagsverhältnissen zu suchen. Auch die Eingriffe der Menschen haben beträchtlichen Anteil daran, daß der Sahel ein regelrechtes Hungergebiet wurde. Ein starker Be-

Sandwüste bei Arlit in Niger. In der Regenzeit nähert sich die Regenfront mit einer Staubwolke.

völkerungszuwachs (2–4 % jährl.) und gleichzeitig die Zunahme des Viehbestandes in den letzten 20 Jahren sind weitere Faktoren. Da sich die Weidefläche nicht vergrößert, kommt es zur Überweidung und damit zu einer Zerstörung der Grasnarbe, was über kurz oder lang zur Erosion führt. Da mehr Tiere auch mehr Wasser brauchen, wurden neue Brunnen gegraben, so daß der Wasserspiegel weiter absank und selbst Bäume und Sträucher mit tiefen Wurzeln verdorrten. Eine rücksichtslose Nutzung der Bäume und Sträucher als Brennholz – da es in Afrika keine anderen Energiequellen gibt – und die alles abfressenden Ziegen (Abb. S. 76), sorgen ständig für eine weitere Zerstörung der Vegetationszone im Sahel.

Die Tuareg sind Abkömmlinge alter berberischer Hirten, die im 7. Jahrhundert durch die Araber, die sich seit der Eroberung und Islamisierung Nordafrikas in Libyen befanden, vertrieben wurden.

Um das Jahr 1000 kamen die Tuareg in das Gebiet nördlich von Agadez und drängten die Hausa aus dem Sahel oder unterwarfen sie. Zwischen dem 17. und 19. Jahrhundert wanderten sie weiter nach Süden – auf das rechte Niger-Ufer, nach Tegazza, Ader, Madaoua, Damergou und Koutous – und setzten sich als Aristokratie über eine schwarze Bevölkerung, die sie kulturell beeinflußten und politisch beherrschten.

Ursprünglich unter einem Sultan, spalteten sie sich im 16. Jahrhundert in die Kel Ahaggar und die Kel Ajjer. Die Ullemeden (Aulliminden) entstanden aus einer Abspaltung von der Herrscherlinie Tademaket; sie siedelten im 17. Jahrhundert im Norden des Nigerknies. Das Air-Massiv war schon zu früher Zeit besiedelt. Zwischen dem 11. bis 16. Jahrhundert wurde die ansässige, schwarze Bevölkerung (Hausa?) durch die aus dem Norden kommenden Tuareg vertrieben. Die Kel Gress (s. oben) sind die südlichsten Tuareg. Sie wurden bereits im 18. Jahrhundert in der Gegend von Madaoua und Tessaoua seßhaft und bildeten mit den Hausa eine enge Gemeinschaft.

Sahellandschaft in Niger, „Barrière de Tigidit".

Bedingt durch ihre Umwelt sind die Tuareg, wie schon erwähnt, zum größten Teil nomadische Viehzüchter. Das Kamel (Abb. S. 77), am Ende des 2. Jahrhunderts v. Chr. in Marokko und Tunesien eingeführt, spielte sowohl im Krieg als Reittier wie auch beim Transport als Lasttier eine große Rolle und ist mit Abstand das Prestigetier. Erst das Kamel ermöglichte die für den Nomadismus nötige Mobilität und so das weitere Vordringen in die Sahara. Selbst bei den Sahel-Tuareg, die Rinder halten, bleibt das Kamel das Prestigetier. Der Wert des Kamels liegt neben seiner wirtschaftlichen Nutzung auch darin, daß es für die Adligen und Vasallen als Brautpreis dient, eben-

falls als Sühnezahlung für Untreue und als Zahlung an die erste Frau bei einer zweiten Heirat. Pferde können die Tuareg aus klimatischen Gründen kaum halten; nur im Air ist die Situation dafür günstig.
Zu den seßhaften Bauern unterhalten die Tuareg engste Beziehungen. Sie erhalten von ihnen im Tausch gegen Salz, Vieh und Datteln das lebenswichtige Getreide, die Hirse. Die Hirse ist, abgesehen von Milchprodukten wie Sauermilch und Käse, ihre Hauptnahrung. In manchen Gegenden wird Brot aus Weizenmehl gebacken. Reis, Mais und Datteln sind sehr beliebt. Wilde Gräser, Beeren und Wurzeln bereichern den Speisezettel. Früher lieferte auch die Jagd einen Anteil zur Ernährung. In den Oasen werden Fruchtbäume, vor allem Datteln, angepflanzt und mit Bewässerungssystemen Gartenwirtschaft betrieben (Weizen, Gerste, Gemüse, Gewürze, Tabak). Die Oasen weisen häufig eine städtische Siedlungsform auf. Sie waren früher wichtige Stützpunkte für den Karawanenhandel und haben auch heute, trotz des motorisierten Verkehrs, diese Bedeutung nicht verloren. Sie sind Märkte und Handelsplätze für den Fernhandel sowie den lokalen Güteraustausch zwischen Seßhaften und Nomaden.
Die Tuareg-Gesellschaft ist geschichtet, d. h. jeder Tuareg, ob Mann oder Frau, ist durch rassische Herkunft, Werthaltung gegenüber Gewalt, wirt-

Die Ziegen klettern in die Bäume, um auch dort die Blätter fressen zu können.

schaftliche Tätigkeit (Kamelzüchter, Kleinviehzüchter, Bauer) und teilweise durch Heiratsregeln einer bestimmten Schicht zugeordnet.
An der Spitze dieser Rangordnung stehen die Adligen. Rassisch sind bei ihnen die europiden Merkmale durch Endogamie (Heirat untereinander) stark ausgeprägt. Vor der Kolonisierung war ihre politische und militärische Führungsrolle unbestritten, obwohl sie eine Minderheit waren. Nur sie durften Kamele besitzen.
Dem Adel gleichgestellt sind die Korangelehrten, die kriegerische Tätigkeiten ablehnen und von Ausnahmen abgesehen keine Vasallen haben. Die Vasallen, *imrad* oder Kel Ulli („Ziegenleute") genannt, bildeten die Masse der Tuareg. Sie stehen in der Rangordnung an dritter Stelle. Durch Ehen mit Negerinnen sind sie dunkelhäutig. Früher durften die Vasallen nur Kleinvieh halten, betreuten jedoch die Kamelherden ihrer Herren, konnten an Karawanen und Raubzügen teilnehmen und sich die Erträge mit den Adligen teilen. Andererseits mußten sie an die Adligen Getreide, Vieh und gegerbte Häute als Tribut zahlen. Schon im 19. Jahrhundert begannen die Vasallen die Tributpflicht abzuschütteln und gelangten im Laufe der Zeit durch Viehzucht und Handel zu Wohlstand, während der Adel verarmte.
Die Sklaven stehen auf der untersten Stufe. Sie sind die Nachkommen un-

Tuareg auf einem Kamel.

terworfener Neger aus den Sudangebieten, die in den Oasen oder im Sahel als Bauern leben. Seit der Unabhängigkeit der früheren Kolonien bilden sie eigene politische Gruppierungen. Die Kel Air und die Sahel-Tuareg haben bereits seit Jahrzehnten kaum noch Haussklaven, die Kel Ahaggar und die Kel Ajjer verloren diese erst 1962.
Die Schmiede (→ 3.02) stehen außerhalb der Gesellschaft. Sie werden verachtet und gleichzeitig gefürchtet. Sie bearbeiten nicht nur das Eisen, sondern auch Holz. Sie sind Spielmann, Preissänger und oftmals auch Geheimnisträger.
Die traditionelle Abstammungsregelung ist matrilinear, d. h. die Erbfolge geht über die Linie der Mutter, so daß der Neffe der Erbe ist und nicht der Sohn. Durch den Einfluß des Islam sind einige Tuareg auch zu einer patrilinearen Regelung übergegangen, d. h., daß die Erbfolge vom Vater auf den Sohn übergeht.
Die Tuareg-Frauen sind die Trägerinnen der Kultur. Sie pflegen die Überlieferungen, sind die großen Dichterinnen und sie sind es, die das *Tifinar*, die Schrift der Tuareg, schreiben können. Die Autorität der Frau ist so groß, daß ein verächtliches Wort von ihr gesprochen, den ganzen Stamm in Aufruhr bringen kann. Die Frauen veranstalten den *ahal*, eine galante Zusammenkunft mit den Männern, dem Minnehof der mittelalterlichen Rittergesellschaft Europas nicht unähnlich. Mit der einsaitigen Violine begleiten sie Kampf- und Liebeslieder, die beim *ahal* vorgetragen werden. In der traditionellen Gesellschaft war eine ihrer Hauptaufgaben der Unterricht der Kinder. Auch die Lederstickerei gehörte dazu. Heute übernehmen die adligen Frauen die gleichen Pflichten wie die übrigen Frauen, nur Holz sammeln, Ziegen hüten, Wasser tragen und Korn mahlen sind nach wie vor Arbeiten der Zeltsklavinnen. Im Gegensatz zu den Jungen dürfen die Mädchen der Adligen die gesamte Jugendzeit hindurch lernen. Ein Junge trägt ungefähr ab seinem sechzehnten Lebensjahr den Tuareg-Schleier und wird dann zum Mann erklärt. Damit übernimmt er die Pflichten eines Viehzüchters und geht wie alle erwachsenen Männer auf Handelsreisen.
Der Stamm, aus mehreren Lagerverbänden bestehend (ca. 2–7 Zelte), wird von einem Oberhaupt, dem *amrar,* angeführt. Jedes Zelt beherbergt eine Kleinfamilie. Die einzelnen Vasallenstämme bilden mit jeweils einem Adelsstamm eine Föderation, deren Oberhaupt der *amenokal* ist. Er ist Richter, Anführer im Krieg, erhebt Schutzzölle und erhält einen Teil der Beute sowie Tribut von den Vasallen. In Agadez kennt man seit 1405 einen *amenokal,* auch Sultan genannt. Auch heute noch wird ein gewählter *amenokal* von allen Stämmen der Kel Air anerkannt.
Die fortschreitende Austrocknung der Sahara, die Einengung des Karawanenhandels, ein neues Straßennetz, Flughäfen, nationale Grenzen von elf Ländern, die sich das Gebiet der Wüste teilen, und die Ausbeutung der Bodenschätze in der Sahara (Petroleum, Uran) bedrohen die Existenz der Nomaden und haben deren Lebensform bereits grundlegend verändert.
Das traditionelle Leben stützte sich einst auf den transsaharischen Salz- und Dattelhandel, die landwirtschaftlichen Erträge auf Sklavenarbeit, auf Zölle und Beraubung von Karawanen. Alles dies ist längst ins Wanken geraten. Noch ist der Salzhandel für Lastwagen zwar verboten, aber Schutzzölle dürfen nicht erhoben werden, und die Tuareg müssen Steuern zahlen. Die Rolle der Adligen ist bis zur Bedeutungslosigkeit herabgesunken, seitdem es offiziell keine Abhängigen und Sklaven mehr gibt.
Es hat den Anschein, als seien die Tuareg im Begriff „ihre Erde zu verlieren". Schon leben 98 % aller Tuareg im Süden, im *Bilad as Sudan,* im „Lande der Schwarzen". Noch weigern sich zwar viele Tuareg, ihre Kinder in Schulen zu schicken, hygienische Maßnahmen zu dulden und sich anderen Wirtschaftsunternehmen anzuschließen. Aber wie lange noch?
Die bedeutende Rolle, die das Material Leder in der Kultur der Tuareg spielt, zeigt sich auch darin, daß eine Reihe von Tuareg-Stämmen in Zelten aus Leder wohnt (01). Das Zelt ist eine ideale Behausung für die Nomaden. In weiten Teilen des Tuareg-Gebietes bestehen die Zelte aus ca. 40 bis 100 zusammengenähten, gegerbten Fellen, im Hoggar und Tassili-n-Ajjer aus denen des Mufflon, im Air und Adrar aus Kalb-, Ziegen- und Gazellenleder. Die Lederteile für das Zelt werden mit Butter gefettet und mit rotem Ocker imprägniert und gefärbt. Von Region zu Region unterscheiden sich die Zelte durch die Anzahl und Anordnung der Stützpfeiler, die dem Zelt entweder eine rechteckige, oder eine halboval

Lederzelt der Dag Rali in Tagmart in Algerien.

gewölbte bzw. halbkreisförmige Form geben. Die Westseite des Zeltes ist den Frauen vorbehalten; dort findet man die Geräte zum Gerben und zur Lederbearbeitung, zum Kochen, Buttern und für die Käsezubereitung. Die Ostseite gehört den Männern. Hier findet man Sättel und alles was mit dem Kamel verbunden ist.
Der Aufbau des Zeltes, der nicht länger als eine halbe Stunde in Anspruch nimmt, war stets die Aufgabe der Sklavenfrauen. Die Frauen stellten das Zelt her, hielten es in Ordnung und reparierten es. Das Zelt gehört immer der Frau und ist ein Teil der Brautausstattung.
Bei den Sahara-Tuareg gibt es keine Betten. Man schläft auf dem Sand oder auf Schlafmatten. Nur im Süden benutzen die Tuareg hölzerne Betten, die mit Matten und Lederkissen gepolstert werden (11). Im Norden besitzt nur der Häuptling *(amenokal)* ein Bett. Die Feuerstelle befindet sich ca. 2 m vor dem Zelt. Die Tuareg kochen in Tontöpfen, die sie auf den Märkten der Bauern kaufen, da sie selbst nicht töpfern können.
Im Sommer errichten die Tuareg in Gebieten, in denen Gräser wachsen, auch einfache Hütten aus Stroh *(ekeber)*. Im gesamten südöstlichen Bereich leben die Tuareg (Kel Ulli, Kel Gress, Kel Air) in Mattenzelten, die aus Dum-Palmwedeln geflochten sind.
Neben dem Zelt sind es aber vor allem die vielen Behältnisse aus Leder, die uns berechtigen, von einer „Lederkultur" zu sprechen. Kleider- (48–50, 92, 98, 135, 170) und Wassersäcke (94), Säcke für Getreide und andere Lebensmittel, zum Buttern und Gerben,

Eine Tuareg-Gerberin reibt Leder mit Butter und Ocker ein. Ouadalan in Mali.

Umhängetäschchen (64, 68, 69) und Beutel, kleine Kisten (151), Döschen (142–145) und Behälter für Teegeschirr (35), alle Gegenstände sind aus Leder hergestellt. Aus Pergamenthaut oder Leder sind auch Seile, Zaumzeug, Sättel (32, 63, 75) und Peitschen (62), Kissen (76, 78, 160, 161), Schilde, Schwerthüllen (72), Dolchscheiden (66) und schließlich verschiedene Sandalentypen. Früher gab es auch Männerhemden (80) und Frauenröcke aus Leder.
Seit ihrem Kontakt mit der islamischen Welt besteht die Kleidung der Männer und Frauen aus langen, kaftanartigen Baumwollhemden, die sie auf den Märkten kaufen, da die Tuareg das Weben niemals selbst ausgeübt haben.
Die Tuareg kennen verschiedene Arten von Sandalen. Es gibt einfache, die jeder Tuareg selbst herstellt, dann rechteckige oder trapezförmige Sandalen mit Fersenbindung, die vor allem im Hoggar seit langem bekannt sind (88). Sandalen mit Zehenschutz und Fersenbindung, eine typische Steppensandale (→ 6.72), und schließlich die bestickte, von den Hausa übernommene Sandale mit Y-Bindung (70, 87), deren Herstellungszentren Tahoua, Tessaoua und Kano sind („Deutsches Schuhmuseum" 6.72.08–13).

Eines der auffälligsten Merkmale in der Erscheinung des Tuareg-Mannes ist die Sitte, einen Turban, verbunden mit einem Gesichtsschleier, zu tragen. Heute ist dieser weiß oder schwarz, früher indigoblau, und die mindestens 6 Meter langen und 1 Meter breiten Stoffbahnen werden derart um den Kopf und das Gesicht gewickelt, daß nur noch die Augen sichtbar sind. Die Sitte geht vielleicht auf ein Tabu des Mundes zurück. Als Schutz vor Sandstürmen ist der Mundschleier jedenfalls nicht gedacht.

Den Tuareg steht eine große Zahl von Tieren zur Lederherstellung zur Verfügung. Es sind dies vorwiegend die Ziege, das Schaf, das Wildschaf (Mufflon) sowie die Gazelle. Die Haut des Esels wird nie genommen. Die Haut des prestigeträchtigsten Tieres, des Kamels, wird nur in konserviertem Zustand verarbeitet. Nur alte Tiere werden geschlachtet. Das Schlachten ist in der Regel Männerarbeit.

Dort, wo die Tuareg Rinder halten können, wird auch diese Haut gegerbt.

Das Gerben, wie auch die weitere Verarbeitung des Leders, ist Aufgabe vor allem der Schmiedefrauen, sowie der Frauen von Sklavengruppen. Die Frauen der Adligen widmeten sich früher ausschließlich der Stickerei, insbesondere der Lederstickerei.

Zum Gerben dienen die unterschiedlichsten Akazientypen (z. B. *Acacia scorpioides, Acacia seyal*), wonach das Leder stets eine rote Färbung erhält. Auch mit Galläpfeln des Tamarisken-Baumes *(Tamarix aphylla)* wird gegerbt, was dem Leder eine hellgelbe Färbung verleiht. Zusätzlich werden die Leder zum Imprägnieren und Weichmachen mit Butter eingerieben, in manchen Fällen auch mit Gehirnmasse.

Auch eine Paste aus Datteln und Hirse kann den gleichen Zweck erfüllen. Nach diesen Prozessen werden die Leder in den nassen Sand eingegraben, getrocknet und schließlich gewalkt; letzteres ist Männersache.

Das Gerben eines Wassersackes *(gerber)* erfordert eine andere Methode. Der Hautsack wird mit einer Mixtur aus Wasser und Rinde der *Acacia seyal* gefüllt und die Öffnungen mit Sisalschnur zugebunden. Im Schatten des Zeltes wird er für 7–10 Tage täglich geschüttelt. Nach gründlichem Auswaschen reibt man ihn innen mit Butter ein. Die Wasserbehälter werden meist aus Fell hergestellt. Im Air werden nur haarlose Wassersäcke verwendet. Man löst die Haare mittels der Pflanze *Pergularia tomentosa* oder auch mittels Salz. Die Frauen zupfen dann die Haare mit den Fingern ab oder nehmen dazu ein Messer oder einen Stein. Die Air-Tuareg füllen das Innere ihrer Säcke mit Asche und decken dann die Haut mit feuchtem Sand zu.

Im Gegensatz zu denen der Mauren (→ S. 102) sind die von den Tuareg benutzten Farben weniger von euro-

Eine Lederarbeiterin der Tuareg – Kel Dinnik aus Tahoua in Niger bearbeitet ein Lederteil auf dem Holztischchen.

päischen Anilinfarben beeinflußt. Allerdings tauchen auf den großen Märkten des Südens – Gao, Tahoua, Maradi, Zinder, Agadez – sowie des Nordens – Tamanrasset, In Salah, Ouargla, Touggourt, Ghat, Ghadames – schon seit längerem Pulversäckchen mit Anilin auf. Eine der charakteristischsten Farben ist das sog. „Kano-Grün", welches die Hausa z. B. auch in Sokoto, wie Kano im nördlichen Nigeria gelegen, herstellen (→ S. 23; 3.01.240,241). Ursprünglich kam es nur im Air vor, also jener großen Kontaktzone zwischen den Tuareg und den Hausa. Es handelt sich um ein Präparat auf Eisenoxydbasis, mit Zitrone, Ziegenhaar, Erdnußöl und Zusatz von Kupfervitriol. Ein anderes Rezept schreibt Kupfervitriol, Buttermilch und Ammoniaksalz vor. Für die Tuareg ist Grün die edelste Farbe. Sie verleiht Schutz. Ein dunkleres Grün entsteht aus Salzerde, einem Ätz- und einem vegetabilen Färbemittel.
Schwarze Farbe entsteht, außer aus rostigem Eisen (Eisenoxyd), auch durch Einweichen von ausgeglühten Knochen und vornehmlich Antimonitpulver (→ S. 41). Dunkles Blau, welches die Tuareg als Schwarz ansehen, erhält man mittels eines kristallisierten Sulfats. Indigoblau wird in Bällchenform im Süden gekauft. Dieses Blau ziert fast immer die Fleischseite der Zierfransen aller Lederarbeiten, seltener ist es dunkelgrün.
Weiße Leder erhalten die Tuareg mit Hilfe von zerstoßenem Reis und Buttermilch oder Salz und Buttermilch. Gelb entsteht u. a. durch Kupferspäne oder Kupferstaub, welcher mit Salz und Buttermilch vermischt wird, eine Färbemethode, die nur für feine Leder angewendet wird. Rot entsteht aus einer Mischung der Blumenscheiden von „Mohrenhirse" (Sorghum), Natron und Wasser, eine leider nicht sehr lichtbeständige Farbe.
Alle genannten Färbemethoden der Tuareg sollen ursprünglich aus dem Norden oder dem Süden gekommen sein. Nur das Färben mit rotem Ocker ist alt und wird bei den Tuareg des Ahaggar und des Air z. B. zum Färben des Lederzeltes verwendet.
Eine Verzierung der Lederarbeiten erreichen die Tuareg-Lederarbeiterinnen durch Lederschnitt auf der Oberfläche, welcher bei ihnen immer nur rot-weiß ist, durch Ausschneiden (Exzision), durch Aufnähen von zusätzlichen Lederteilchen (Applikation), durch Besticken mit Baumwollfäden, Anbringen und Annähen von Quasten und Fransen. Das Ausschneiden von Lederteilchen wird mit einem speziellen Messer für Lederarbeiten gemacht. Blindlinienverzierungen werden mit der Reißfeder ausgeführt (158). Als Unterlage dient ein einfaches Holzbänkchen. Punzierung erfolgt mit erhitzten Eisenpunzen.
Genäht werden die Lederteile mit Lederstreifchen und einer Ahle. Typisch für die Lederarbeiten der Tuareg ist die Kappnaht.
Ein immer wieder erscheinendes Motiv in der Lederverzierung der Tuareg von Agadez ist das Kreisornament. Dieses Ornament, welches auf das Leder mit Baumwollfäden aufgestickt wird, stammt von den Hausa, ihren südlichen Nachbarn, die es *tundu* nennen (50, 76–78). In Agadez treffen die Tuareg auf die Hausa, denn alle Tuareg besuchen den Markt von Agadez, der ein wichtiger Schnittpunkt der Pisten aus dem Ahaggar (Hoggar) ist und gleichzeitig das Ende der Salzstraße aus Amadror sowie der Pisten von Fachi und Bilma, von wo aus das Salz nach Süden gelangt. Auch die Pisten aus den Hausa-Gebieten, aus Maradi oder Kano, enden in Agadez. Obwohl die Frauen der Hirten-Tuareg in den nördlichen Gebieten ausgezeichnete Lederarbeiterinnen sind, werden sie dennoch von den Schmiede- und den Hausa-Frauen von Agadez übertroffen. Die seßhaften, negroiden Frauenhandwerkerinnen versorgen die Tuareg mit Ledergegenständen wie Schwerthüllen, Amulettkästen, Ledergeldbörsen, großen Satteltaschen (50, 77) und Kissen (11).

Gefäß aus getrockneter Rohhaut. Agadez, Niger. 3.10.143

01
Zelt. Zeltdecke aus 66 gegerbten Ziegenhäuten zusammengesetzt (sechs Längsreihen mit elf Häuten). Durch die vier Löcher des T-förmigen Mittelpfosten (Kopie) laufen zwei Spannseile zu zwei Paaren geschnitzter Pfosten an den beiden Schmalseiten. Die vier Pfosten bilden zusammen mit dem Mittelpfosten die tragende Konstruktion des Zeltes. An unverzierten Pfosten, die rundum in den Boden gerammt werden, ist die Zeltdecke angebunden, in der heißen Jahreszeit in größerem Abstand vom Boden als in kalten, stürmischen Wintermonaten. **Drei Matten** (Tahoua und Markoy, 1978) aus *Panicum turgidum* und Leder formen die Wand des Zeltes. Der Eingang liegt an einer der Breitseiten. Tuareg, Markoy, Niger, 1978. Zeltdecke: L = 650 cm, B = 450 cm; Matten: L = 500 cm, 580 cm und 600 cm, B = 100 cm, 100 cm, 100 cm.

02
Zeltdekoration. Matte aus *afezu*-Gras mit eingeknüpften, verschiedenfarbigen Lederstreifen. Geometrisches Muster. Vom Stand eines Bamilike, nach dessen Angaben das Stück aus der Gegend von In-Gall stammen soll. Tuareg, Niamey, Niger, 1977. H = 92 cm, B = 41 cm.

03
Matte als Zeltwand. Tuareg, Barmou, Niger, 1978.

Satteltasche der Tuareg im Air-Gebirge in Niger.
3.10.77

Matte der Tuareg, aus *afezu*-Gras und Lederstreifen geflochten.
3.10.175

04
Ein Paar geschnittene **Zeltpfosten.** Tamarindenholz. Aufwendige Schnitzereien dieser Art sind selten und stellen einen kunsthandwerklichen Höhepunkt dar. Tuareg, Tinakoff, Niger, 1978. H = 120 cm, L = 120 cm, B = 17 cm.

05
Matte für Zelt. Tuareg, Niamey, Niger, 1978.

06
Matte als Zeltwand. Aus Lederstreifen und *afezu*-Gras. Tuareg, Tahoua, Niger, 1978.

07
Matte als Zeltwand. Aus Lederstreifen und *afezu*-Gras. Tuareg, Tahoua, Niger, 1978.

08
Matte als Zeltwand. Aus Lederstreifen und *afezu*-Gras. Bella, Markoy, Bourkina Faso, 1978.

09
Matte. *Panicum turgidum* mit Leder verknüpft. Hinsichtlich der zierenden Wirkung gibt es bei diesen Matten ebenso wie bei den Matten, die die Wände des Tuareg-Zeltes bilden, keine Vorder- und Rückseite. Diese bunten Lederstreifen, mit denen die *Panicum*-Stengel verknüpft sind und die auf der Vorderseite das Muster bilden, läßt man zur Zierde in dicken Büscheln auf der Rückseite hängen. Bella, Markoy, Bourkina Faso, 1978. L = 83 cm, B = 48 cm.

10
Matte. Lederstreifen und *afezu*-Gras. Bella, Markoy, Bourkina Faso, 1978. H = 96 cm, B = 49 cm.

11
Bett. Zwei Querhölzer mit Kerben für die acht Längshölzer. Geschnitzte Knäufe an den Enden aller Hölzer. Die zwei Querhölzer ruhen auf vier brandverzierten, gegabelten Beinen, die in Gorom-Gorom angefertigt wurden. Auf das Bett gehören drei unterschiedlich fein gewebte Matten aus Gras und Leder. Davon nur die unterste, gröbste, vorhanden. Auf dem Bett **Lederkissen,** von Hausa angefertigt. Bella, Markoy, Bourkina Faso, 1978. L = 170 cm, B = 120 cm, H = 38 cm.

12
4 Bettbeine aus Holz. Gorom-Gorom, Bourkina Faso, 1978.

13
Matte für Bett. Tuareg, Tahoua, Niger, 1978.

14
Zwei Matten. Ovale Form in einem schmalen „Endlos"-Streifen aus den Blättern der Dum-Palme geflochten und spiralig zusammengenäht. Rohmaterial mit synthetischen Farben gefärbt. Tuareg, Tanout, Niger, 1978. L = 195 cm.

15
Schüsselhalter, in Form eines Korbes, ohne Fransen. Aus Holzstäbchen, mit Lederboden und Lederrand. Bella, Markoy, Bourkina Faso, 1978. H = 16 cm, ∅ = 37 cm.

16
Schüssel aus Holz. Tulpenform, mit linearer Ritzverzierung. Tuareg, Tahoua, Niger, 1978. ∅ = 33,5 cm.

20
Ständer für Holzschüsseln. Aus Holz und Leder. In den Boden gerammter Holzstab, an dessen oberes Ende fünf nach außen gebogene dünne Stäbe gebunden sind, deren Enden durch einen lederumwickelten Ring gehalten werden. Darin gerußte Holzschüssel mit rundem Boden und linearem Schnittdekor unterhalb des Randes auf der Außenseite. Strohdeckel für Schüssel mit Knauf aus fein umwickeltem Gras, spiralförmig geflochten mit violettem und grünem Dekor. Niamey, Niger, 1978. Schüsselhalter: H = 110 cm, ∅ = 29 cm, Schüssel: H = 18 cm, ∅ = 31 cm. Deckel: ∅ = 38 cm.

23
Hängekorb. Dünne Holzstäbe sind durch eine Vernähung mit Lederstreifen in einem oberen und einem unteren Reifen befestigt. Boden aus Leder, mit üppigem Fransenbehang aus Leder. Die Körbe dienen zur Aufbewahrung von Lebensmitteln außerhalb der Reichweite der Tiere. Tuareg, Markoy, Bourkina Faso, 1978. ∅ = 39 cm, B = 19 cm.

24
Schüssel aus Holz. (→ 152). Buzu, Niger, 1978. ∅ = 29 cm.

25
Schüssel aus Holz. (→ 152). Buzu, Niger, 1978. ∅ = 35 cm.

26
Kalebassendeckel aus Gras in Spiralwulsttechnik geflochten. Bella, Bourkina Faso, 1978.

27
Kalebassendeckel aus Gras *(Juncus maritimus),* in Spiralwulsttechnik geflochten. Teller dienen als Tablett zum Worfeln von Getreide und zum Abdecken von Milchgefäßen. Bella, Koyrazena, Bourkina Faso, 1978. ∅ = 37 cm.

28
Korb aus Stroh in Spiralwulsttechnik geflochten. Rand sowie Boden mit Leder verstärkt. Dag-Rali-Tuareg, Ahaggar, Algerien, 1983. Oberer Rand: ∅ = 19 cm, ∅ = 42 cm. Abb.

Korb aus Stroh und Leder der Dag-Rali-Tuareg im Ahaggar-Gebirge, Algerien. 3.10.28

30
Bänkchen. Rechteckig, aus einem Stück Holz geschnitzt. Geometrischer Dekor durch Brandmalerei. Buzu, Tahoua, Niger, 1978. H = 10 cm, B = 14,5 cm, L = 29 cm. Abb.

31
Hocker aus Holz. Runde Sitzfläche, drei gebogene Beine, Bodenplatte mit Brandverzierungen. Tahoua, Niger, 1978. H = 25 cm, ∅ = 20 cm. Abb.

32
Kamelsattel. Rückenlehne und Vorderzwiesel mit gelb, rot und schwarz bemaltem Leder bezogen. Tuareg, Markoy, Bourkina Faso, 1978. L = 54 cm, B = 30 cm, H = 63 cm.

Ledersack der Tuareg für den Transport von Teegläsern und Teekanne.
3.10.35

34
Teestövchen. Angeblich von den Hausa, Kano, Nigeria. Aus Draht geflochten mit Fuß und Henkel. Maradi, Niger, 1978. H = 18 cm, ∅ = 20 cm. (→ 3.11.28).

35
Korb für Teegeschirr. Der Boden besteht aus einem lederbezogenen Körbchen. Ausschnittdekor, schwarzgefärbte Blindlinien, Baumwollstickerei. Reicher Fransenbehang rund um den Boden. In solchen Säcken werden die aus Nordafrika importierten Teegläser transportiert. Feinere, ältere Arbeit. Tuareg. H = 41 cm, ∅ = 24 cm. (→ 3.11.27,28). Abb.

36
Teegläser, in Form von Schnapsgläsern, einfaches Glas. Markoy, Bourkina Faso, 1978.

38
Teekännchen. Emaille, türkisblau. Nordafrikanischer Import. Markoy, Bourkina Faso, 1978. H = 11 cm.

39
Teekännchen. Emaille, blau, Import aus Marokko. Kayes, Mali, 1978. H = 19 cm, B = 14 cm.

40
Zwei Pakete grüner Tee. Import aus der Volksrepublik China. Markoy, Bourkina Faso, 1978. H = 10 cm, ∅ = 6 cm.

41
Zuckerhut in Papier, Originalverpakkung. Zum Süßen von Tee in der Sahara benutzt. Import aus Marokko. Ein sehr starker Tee wird als nahezu gesättigte Lösung mit Zucker in dem kleinen Kännchen in der Holzkohle des Stövchens nach arabischer Sitte bis zu fünfmal aufgekocht. Markoy, Bourkina Faso, 1978. H = 26 cm.

45
Vier Gabelpfosten mit Querbalken zum Lagern von aufgerollten Matten. Tuareg für die Fulbe. Tinakoff, 1978. H = 160 cm, B = 54 cm, 61 cm.

48
Kleidersack aus Leder für Frauen, ähnlich wie 170. Tuareg-Schmiede, Markoy, Bourkina Faso, 1978. H = 140 cm, B = 36 cm.

49
Packsack aus Leder von Männern verwendet. Wird auf die Kamele geladen. Ähnlich wie 92. Artisanat Bonkoukou, Niger, 1978. H = 54 cm, B = 45 cm.

50
Satteltasche aus Leder, für den Transport auf Kamelen (→ 77). Von den Hausa angefertigt. Agadez, für Tuareg im Air, 1929.

60
Dolch. Griff aus Holz und Kupfer, mit blauen, roten und schwarzen Emaileinlagen. Spitze der Scheide mit Messingverkleidung, deren Ausschnitte mit Grünleder unterlegt sind. Auf der Rückseite Signatur des Schmiedes in der *Tifinar*-Schrift der Tuareg. Scheide mit blau-weißem Baumwollband umwickelt, das durch zwei Ringe auf der Rückseite führt. Tuareg, Tahoua, Niger, 1978. H = 39 cm, L = 39,5 cm.

61
Kamelpeitsche. Griff mit schwarzem Leder umwickelt. Zweifache Reihe aus bunten Lederfransen. Spiralig gedrehter Kamelpelz. Tuareg, Markoy, Bourkina Faso, 1978. L = 94 cm.

62
Kamelsattel, Typ *tamzak*. Holzgestell mit Rohhautschnüren, ohne Verwendung von Nägeln, zusammengebunden und mit rotem, grünem und schwarzem Leder überzogen. Tuareg, Tanout, Niger, 1978. Hergestellt in Agadez, Air. L = 88 cm, B = 28 cm, H = 68 cm. Abb.

63
Sattelriemen, für Kamelsättel mit Ziergehänge. Langer, geflochtener Riemen, der unter dem Bauch des Kamels durchgeführt wird. An Riemen angefügt grün, gelb und weinrot gefärbte Lederstreifen, die zu großen Troddeln zusammengefügt sind. Tuareg, 1983. B = 5,5 cm.

64
Brusttäschchen aus Leder. Über das Innenteil mit vier Fächern wird der Schuber, durch den das Halsband läuft, gezogen. Der Schuber mit ausgeschnittenem, rot unterlegtem und schwarzbesticktem Grünleder appliziert unter Verwendung von weißen Plastikfäden. Die Laschen, die die inneren Fächer verschließen, gelb oder rot gefärbt und vollständig gepunzt. Ein dichter Flor schwarz und blau gefärbter Fransen umgibt die Unterseite des Brustbeutels, an dem eine geflochtene Lasche hängt. Rückseite in der Schrift der Tuareg, im *Tifinar,* signiert. Tuareg, Tahoua, Niger, 1978. L = 17 cm, B = 12 cm. Abb.

Kamelsattel der Tuareg aus Tanout in Niger. 3.10.62

65
Drei Kamelfesseln aus Kamelpelz geflochten. Tuareg, Bonkoukou, Niger, 1978. L = 95 cm.

66
Messer, Scheide aus Leder mit Beschlägen aus graviertem und gepunztem Messingblech. Wird um den Hals gehängt. Tuareg, Tinakoff, Bourkina Faso, 1978. L = 18 cm.

67
Speer aus Eisen, Holz, Messing und Kupfer. Speere werden seit der Befriedung nur noch als Erinnerung an die glorreiche Vergangenheit der Raubkriege mitgeführt. Das hintere Ende des Speers ist wie ein Meißel verbreitert und hat eine Schneide zum Beschneiden der Bäume für die Herdentiere. Tuareg, Oursi und Tinakoff, Bourkina Faso, 1978. L = 171 cm, 178 cm.

68
Tasche, braunes Leder, gerundete Form mit großem Überschlag. Blindliniendekor. Tuareg, 1927. H = 25 cm, B = 14 cm. Abb.

69
Täschchen aus rotgefärbtem Leder und Pelz. Am unteren Rand Lederfransen, zu Troddeln zusammengefaßt. Ahaggar-Tuareg, 1983. L = 26 cm. Abb.

70
Sandale aus Leder, mit Y-Bindung und eingezogenem Gelenk. Hausa, hergestellt in Bouza, Niger; gekauft bei Schuster Halilou, Tahoua, Niger, 1978. L = 30 cm.

71
Glöckchen aus Gelbguß. Werden Kamelen um den Hals gehängt. Tuareg, Markoy, Bourkina Faso, 1978.

72
Schwert. Gerade, unten spitz zulaufende, gepunzte Klinge mit Blutrinne. Kreuzgriff. Scheide aus Leder mit kräftigem Längsrelief und tiefen Punzungen. Älteres Stück. Artisanat Musée National Niamey, Niger, 1978. L = 95 cm.

75
Kamelsattel, Typ *tekokeyt*. Lederbezogenes Holzgestell ohne Nägel gearbeitet. Hohe, spitze Rückenlehne. Kreuzförmiger Vorderzwiesel. Tuareg, Air, Niger, 1915. L = 55 cm, B = 35 cm, H = 60 cm.

76
Sattelkissen. Hülle aus Leder, für Frauen zum Reiten auf dem Kamelsattelgestell. Schwarzes Mittelstück, die beiden Schauseiten rot mit applizierten Grünlederstücken, die mit Kreismotiven (*tundu,* → S. 82), aus roten Baumwollfäden bestickt sind. Hergestellt in Agadez für Tuareg im Air, Niger, 1978.

77
Satteltasche aus Leder, für Transport auf Kamelen. Nach unten hin gerundet, ockergelb gefärbt, mit roter und schwarzer Bemalung. Großer Überschlag als Verschluß, am Rand in drei lange, fingerartige Laschen übergehend. Auf Überschlag Verzierung mit Grünleder, Lederstreifenstickerei in Weiß und Baumwollfadenstickerei in Rot, meist Kreismotive *(tundu)*. Von den „Imeggedezen" in Agadez für Tuareg im Air hergestellt. Niger, 1978. Abb.

78
Kissenhülle aus Leder, kreisrund, mit schmalen sowie breiten Lederfransen, mit Schäldekor an vier Stellen des Randes verziert. Schauseite der Kissenhülle mit schmalen, weißen Lederstreifen (ehemals grün?) bestickt sowie mit Schäldekor verziert. Im Zentrum ein *tundu*-Motiv aufgestickt. Agadez, Niger, 1934. ∅ = 40 cm.

85
Hirtenstab aus Holz, mit dem der Hirte die Tiere antreibt. Bella, Oursi, Bourkina Faso, 1978. H = 125 cm.

86
Hosenstrick aus Lederstreifen geflochten. Tuareg, Agadez, Niger, 1978. L = 136 cm.

87
Sandale aus Leder, mit Y-Bindung und stark eingezogenem Gelenk. Oberleder dunkel- und hellbraun mit feinster Lederstreifenstickerei in Grün und Hellbraun. Blindlinien auf Riemen. Angenähte Laufsohle aus Haut. Hausa, Nigeria, 1918. L = 30 cm, B = 13 cm. (→ 6.72.09,10).

90
Ziermatte aus *afezu*-Gras und Lederstreifen geflochten. Als Bettzier benutzt. Ullemeden-Tuareg, Tillabery, Artisanat Niamey, Niger, 1978. H = 107 cm, B = 58 cm.

Brusttäschchen der Tuareg aus Tahoua in Niger.
3.10.64

Tasche der Tuareg.
3.10.68

Täschchen der Ahaggar-Tuareg in Algerien.
3.10.69

92
Packsack aus Leder. Wird auf Kamele geladen. Aus zwei Teilen zusammengenähter, oben offener Sack, unten, in der Mitte, spitz zulaufend. Eine Seite hellgelb, andere rot. Rote Seite schwarz bemalt, mit Grünleder verziert, auf der Fleischseite blau gefärbt. An den Seiten sowie in der Mitte am Boden des Sackes dicke Troddeln aus Lederstreifen. Buzu, Bonkoukou, Niger, 1978. L = 54 cm, B = 45 cm.

93
Flasche zum Aufbewahren von flüssiger Butter. Mit Leder überzogenes Holz. Holzstöpsel. Gebuttert wird in Ledersäcken. Tuareg, 1925. H = 52 cm. Abb.

94
Wassersack aus Leder. Steifer Tierbalg, der zusammengefaltet aufbewahrt wird. Bei Benutzung wird er naß gemacht, so daß das Leder seine alte Geschmeidigkeit zurückerhält. Tuareg, 1983. L = 60 cm.

95
Schöpfgefäß aus Leder. An einem rindenumwickelten Reifen befestigt. Fassungsvermögen vier bis fünf Liter. Bei den Tuareg ist der „Ledereimer" *(aga)* ein großes Stück Leder, das an einem Eisenring befestigt ist. Hausa, Maradi, Niger, 1977. ∅ = 26 cm. Abb.

98
Packsack für Frauen. Wird auf die Kamele geladen. Großer, brauner Lederbeutel mit breiten, langen Fransen und schwarzer Bemalung. Tuareg, ca.1929. L = 68 cm.

Wasserschöpfgefäß aus Leder. Hausa, Niger.
3.10.95

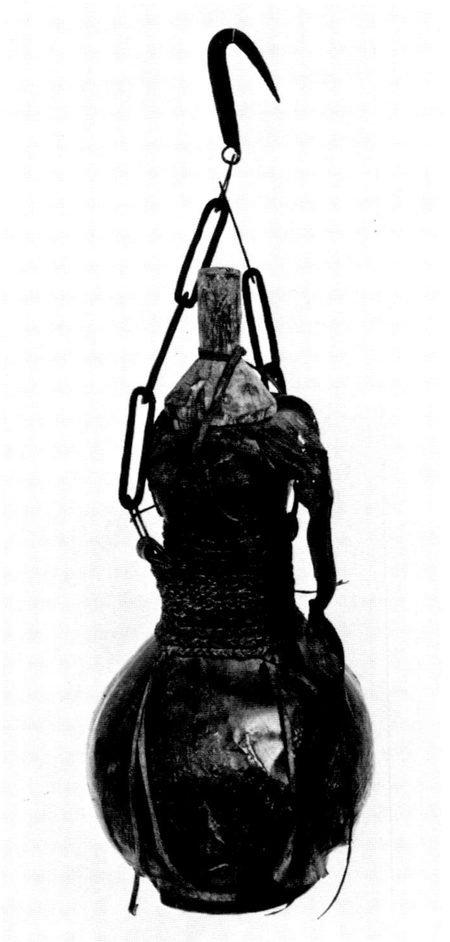

Flasche für flüssige Butter. Tuareg.
3.10.93

99
Hemd aus Leder. Im Poncho-Schnitt mit Ärmeln. Bei den Ahaggar-Tuareg *takerbast* genannt. Solche Lederhemden waren im Ahaggar noch zu Beginn des 20. Jahrhunderts weit verbreitet. Um 1963 soll es noch in den Regionen nördlich und östlich der Kudia benutzt worden sein, wo es die Isekkemaren herstellten. Dabei wurden Mufflon- oder Schaffelle verwendet, für die oberen Partien weiches Ziegenleder oder sogar Gazellen- oder Zickleinleder. Schon seit langem ist den Tuareg indigogefärbter Baumwollstoff aus den Sudanländern bekannt und hat in der Bekleidung das Leder verdrängt. Der arabische Einfluß hat sich besonders in der Baumwollkleidung niedergeschlagen, so daß der Schnitt der arabischen *gandura,* des Kaftans, das lederne Poncho-Hemd verdrängt hat. Auch der arabische Turban verdrängt den Tuareg-Schleier. Lederröcke für Frauen gibt es bei den Kel Ataram, Ullemeden, den Tuareg des Südwestens (z.B. Tengerregif) und den Bella um Timbuktu, sowie den Kel Inteser. Tuareg, 1979. L = 80 cm, B = ca. 45 cm. Abb.

100
Halskette *(guru)*, aus einem quadratisch geformten Silberanhänger mit eingravierten Mustern sowie einer Kette, die aus einer Anzahl von Silberstäbchen gebildet wird. Kel Air-Tuareg, Niger, 1978.

Lederhemd der Tuareg.
3.10.99

101
Sandale aus Leder. Sohle aus drei Schichten, an der Spitze und Ferse gerade, vorn breiter als hinten. Zur Mitte hin leicht eingezogen. Zwischen die Sohlenschichten an den Seiten der Sohle breite Lederschlaufen eingenäht, durch die schmale Lederriemen gezogen sind; die Riemen verlaufen um die Ferse und trennen den großen Zeh von den übrigen Zehen. Die Oberseite der Sohle mit grünen, weinroten und gelben Lederstreifchen bestickt, die unterhalb der Sohle vernäht sind. Dieser Sandalentyp ist charakteristisch für das Hoggar-Gebirge. Die Sandalen wurden 1987 im Dorf Terhehanet, ca. 60 km nördlich von Tamanrasset, an den Ausläufern des Illemane gelegen (2910 m hoch), von der Tuareg-Frau Mana nach traditionellem Vorbild angefertigt. L = 26 cm.

102
Anhänger aus Silber in Kreuzform *(guru)*. An Kette aus aufgezogenen Silberstäbchen. Zwei miteinander verlötete Silberblechteile, angelötete Eck-Kegel. Kel Air-Tuareg, Niger, ca. 1960. B = 8 cm, L = 7 cm.

103
Stirnschmuck. Sehr fein ziseliertes, knopfähnliches Silberteil mit Durchbrucharbeit, an mehreren feinen, braunen Lederschnüren befestigt, die über den Kopf gezogen werden, so daß der Silberschmuck auf der Stirn liegt. Tuareg, Niger, 1983. H = 3 cm, ∅ = 2,3 cm.

104
Spiegel in Lederhülle. Leder mit schwarzer Bemalung und gepunzten Mustern. Tuareg, 1983. L = 8 cm, B = 6 cm.

105
Amulett aus Leder, rechteckiges Päckchen, am Hinterkopf getragen. Leder mit Blindliniendekor. Tuareg, 1983. H = 4,2 cm, B = 5,3 cm.

106
Amulett aus Leder, rechteckiges Päckchen. Von den Männern am Oberarm getragen. Auf dem Leder Blindliniendekor. Ring aus gedrehter Lederschnur. Tuareg, 1983. H = 8 cm, B = 3 cm.

107
Amulett aus Leder, rechteckiges Päckchen, mit Ring aus gedrehter Lederschnur. Von Männern am Oberarm getragen. Auf dem Leder Blindliniendekor. Tuareg, 1983. H = 8,5 cm, B = 4,8 cm.

108
Zwei Armreifen für Männer. Häufig aus Serpentingestein; werden von den Schmieden hergestellt. Tuareg, Tanout, Niger, 1978. ∅ = 10 cm.

109
Haarschmuck („Libelle") aus Messing, Aluminium und Lederschlaufe. Nur von den Frauen der Bella, den ehemaligen Sklaven der Tuareg, getragen. Niger und Mali, 1983. H = 3 cm ohne Anhängevorrichtung, B = 5,5 cm.

110
Armring aus Leder, für Frauen, außen mit farbigen Glasperlen verziert. Tuareg, Niger, 1978. ∅ = 6 cm.

113
Schloß aus Messing, zum Abschließen der großen Packsäcke. Tuareg, Tahoua, Niger, 1978. L = 8 cm.

115
Kopfschmuck für Männer *(korkoro)*. Röhrenförmig (∅ = 1,7 cm) mit an beiden Enden angelöteten Spitzen. Ein Teil wie ein Deckel abziehbar. Äußere Verkleidung an den Enden Messingblech, in der Mitte gepunztes Kupfer. Zwei Halteösen in Ringform. Tuareg, 1978. H = 7,5 cm, B = 6 cm.

116
Ohrring aus Silber, tordiert. Tuareg, Niamey, Niger, 1978. ∅ = 2 cm.

117
Ein Paar Ohrringe aus gepunztem Silber. Tuareg, Tahoua, Niger, 1978. ∅ = 5 cm.

118
Amulettbehälter *(schirot)* aus Silberblech, quadratisch mit leicht konkaven Seiten. An schwarzen Schnüren aufgehängt. Tuareg (Ullemeden), Tahoua, Niger, 1978. ∅ = 6 cm.

119
Halsschmuck *(chemeissa)*. Viereckig geformtes, flaches Aluminiumteil, mit durchbrochenen Mustern. An einer kurzen Baumwollschnur mit aufgefädelten, bunten Glasperlen. Tuareg, 1983. H = 6 cm, B = 5 cm.

Amulett aus Leder und einem Silberkreuz, wird von den Männern um den Hals getragen. Tuareg, Bilma, Niger.
3.10.127

120
Halsschmuck *(chemeissa* oder *tandukat)* für Frauen. Silberblech auf Leder montiert. Fünf Einzelrauten mit Ziernieten befestigt. An schwarzer Glasperlenschnur um den Hals getragen. Dag Rali-Tuareg, Hoggar, Algerien, 1983. B = 9 cm. Abb.

121
Halsschmuck *(talassa)*. Anhänger aus Silberblech, Kette aus Silberstäbchen und schwarzen Glasperlen. Tuareg (Ullemeden), Niger, 1978. L = 45,5 cm.

122
Halsschmuck aus Silber. „Kreuz aus Timia", an Lederschnüren. Tuareg, Agadez, Niger, 1978. L = 31 cm.

123
Halsschmuck aus Silber. „Kreuz von Zinder" und „Kreuz von In-Gall" an einem Bündel feiner, schwarzer, gedrehter Lederschnüre. Tuareg, Agadez, Niger, 1978. L = 62 cm, B = 5,5 cm, ∅ = 2,5 cm.

124
Kreuz aus Silber. Tuareg, Tahoua, Niger, 1983. H = 6 cm.

125
Kreuz aus Silber an Lederschnüren. Als Halsschmuck von Frauen getragen. Tuareg, Agadez, Niger, 1983. H = 9 cm.

126
Ohrschmuck. Silberkreuz an Glasperlensträngen, für Frauen. Tuareg (Ullemeden), Niger, 1983. Kreuz: L = 4 cm.

Halsschmuck aus Leder und Silberblech, wird von den Frauen an einer schwarzen Glasperlenschnur getragen. Dag-Rali-Tuareg, Hoggar, Algerien.
3.10.120

Korb aus Holzstäben, die mit farbigen Lederfransen vernäht sind. Bella, Markoy, Bourkina Faso.
3.10.150

127
Amulett aus Leder mit Silberkreuz. An Lederschnüren von Männern um den Hals getragen. Tuareg, Bilma, Niger, 1983. H = 10,5 cm, B = 7 cm. Abb.

140
Ziermatte aus Gras und Lederstreifen geflochten. Tuareg, Markoy, Bourkina Faso, 1978. H = 88 cm, B = 44 cm.

141
Tonkern zum Modellieren eines Gefäßes aus getrockneter Rohhaut (→ 142; S. 24). Tuareg, Agadez, Niger, 1978. H = 15 cm, ∅ = 10,5 cm.

142
Gefäß mit Deckel aus getrockneter Rohhaut, unverziert, eiförmig. (→ S. 24). Tuareg, Agadez, Niger, 1978. H = 15 cm, ∅ = 10,5 cm.

143
Gefäß mit Deckel aus getrockneter Rohhaut. Dreiteilig mit je einer Gefäßabteilung im Boden und im Deckel. Mit Henkel am Deckel und an der Leibung. Rot gefärbt durch Reservetechnik mit Wachs. Agadez, Niger oder Hausa, 1930. H = 27 cm, B = 25 cm.

144
Gefäß mit Deckel aus getrockneter Rohhaut, eiförmig. Zum Aufbewahren von Schmuck. Tuareg, 1978. H = 19,5 cm, ∅ = 14,5 cm.

145
Gefäß mit Deckel aus getrockneter Rohhaut, runde Form. Zum Aufbewahren von Schmuck. Tuareg, Agadez, Niger, 1978. H = 9 cm, ∅ = 14 cm.

150
Korb. Dünne Holzstäbe sind durch Vernähung mit Lederstreifen in einem oberen und einem unteren Reifen befestigt. Boden aus Leder. Üppiger Behang aus Lederfransen am Rand des Bodens. Der Korb wird im Zelt an einen Pfosten gehängt. Bella, Markoy, 1978. H = 16 cm, ∅ = 37 cm. Abb.

151
Kistchen mit Deckel, aus Holz. Mit schwarzgefärbtem Leder überzogen. Reliefverzierungen und Punzierungen. Tuareg, 1983. L = 28 cm, H = 9 cm, B = 14 cm.

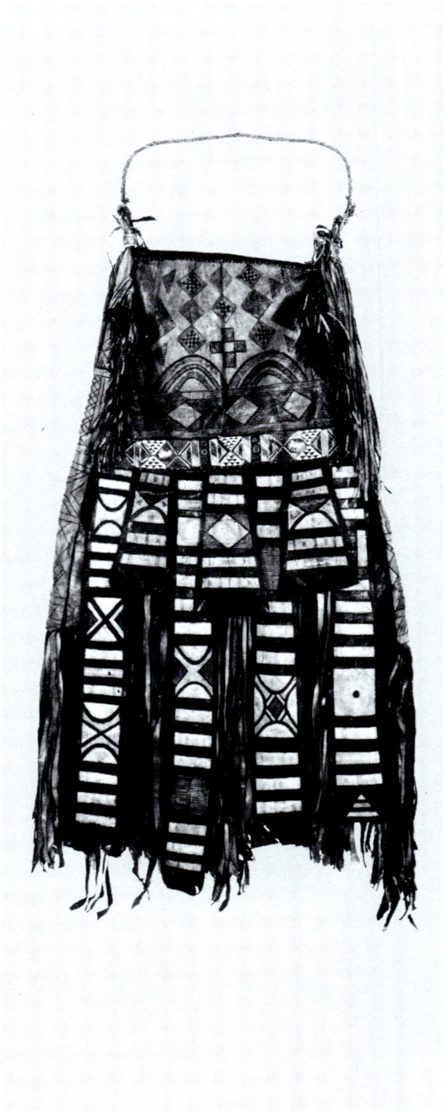

Packsack aus Leder, oberer Teil schwarz bemalt und mit Lederstreifchen bestickt, breite Fransen mit Schäldekor verziert. Ajjer Tuareg, Algerien. 3.10

152
Schüssel aus Holz. Dünnwandig, wie Kalebasse geformt. Gesägter und gekerbter Dekor unterhalb des Randes auf der Außenseite. Durch Ruß geschwärzt. Das Ankohlen solcher Schüsseln hat den Zweck, das frische Holz künstlich zu altern. Abgelagertes Holz ist mit den einfachen Werkzeugen der Schnitzer schwer zu bearbeiten. Buzu, Bonkoukou, Niger, 1978. H = 18 cm, ∅ = 35 cm.

155
Schöpflöffel aus Holz. Auf der Schauseite Brandmalerei. Von Hausa für Tuareg geschnitzt. Tahoua, Niger, 1978. L = 36 cm, ∅ = 12,5 cm.

156
Schöpflöffel aus Holz. Mit tiefem, tulpenförmigem Schöpfteil und breitem, flachem, geschwungenem Griff. Mit Ritzverzierung. Buzu, Niger, 1978. L = 30 cm.

157
Packsack aus Leder für Frauen. Schlauchartige Öffnung an der Breitseite. Schlaufen zum Verschließen mit einem handgeschmiedeten Schloß. Leder- und Baumwollstickerei, Bemalung, reicher Fransenbehang und Zierbänder mit Schäldekor sind die charakteristischen Zierelemente dieses farbenprächtigen, überwiegend roten und blauen Sackes. Tuareg, Agadez, Niger, 1978. H = 70 cm, B = 83 cm.

Packsack aus besticktem Leder für Frauen. Tuareg, Agadez, Niger.
3.10.157

158
Gewürzmörser aus Holz (Stößel fehlen). Brandverzierung mit zusätzlich rotem und grünem Dekor. Mörser werden im Tuareg-Gebiet überall benutzt, hauptsächlich zum Zerstampfen von Hirse, aber auch von Wildsamen, Datteln, Käse, Fleisch, Heuschrecken usw. Kleine Mörser werden zum Zerstampfen von Salz, getrockneten Tomaten, Kautabak und anderen Pflanzen benutzt. Von den Schmieden der südlichen Tuareg (inkl. Air) angefertigt. Tuareg, Bonkoukou, Niger, 1978. H = 35,5 cm, ∅ = 23,5 cm; 13,5 cm.

160
Kissen. Rechteckig mit rotem Mittelteil. An beiden Seiten ein 20 cm breiter, gelber Rand mit bestickten und ausgeschnittenen Applikationen aus Grünleder. Dichter Behang aus dunkelblauen Lederfransen. Tuareg, In-Gall, Niger, 1978. L = 118 cm, B = 45 cm.

161
Kissen für Puppen. Bella, Markoy, Bourkina Faso, 1978. L = 27 cm, B = 9,5 cm.

162
Kissen. Rechteckig, gelb und bemalt. Tuareg, Niger, 1978. L (ohne Fransen) = 68 cm, B = 25 cm.

163
Tabaksbeutel. Rot und gelb gefärbtes Leder mit schwarzer, roter und grüner Bemalung. Zugverschluß mit Ring aus feinem Plastikgeflecht. Tuareg, Tinakoff, Bourkina Faso, 1978. L = 22 cm.

168
Messer zur Bearbeitung von Leder. Griff aus Holz, gerundete Klinge aus Eisen, beidseitig geschliffen, Heft aus Kupfer und Messing. L = 27 cm.
Zum Werkzeug einer Schmiedefrau der Tuareg, die gleichzeitig Leder bearbeitet, gehört ein Bänkchen, das der am Boden sitzenden Handwerkerin als Arbeitsunterlage dient, und zwei verschiedene Ledermesser. Eine Schere wird in der Lederbearbeitung der Tuareg nicht benutzt. Bemalung und Blindprägung erfolgen mit einer hölzernen **Reißfeder** (L = 16 cm). Tuareg 1978. Abb.

170
Kleidersack aus Leder für Frauen (→ 48). Quersack mit der Öffnung auf der linken Schmalseite. Schlaufen zur Befestigung am Kamelsattel oder an den Zeltpfosten auf der Breitseite. Obwohl der Sack aus drei Ziegenhäuten hergestellt wird, ahmt seine Form einen Tierkörper nach. Rot und gelb gefärbtes Leder, grüne und schwarze Bemalung. Auf der Vorderseite gestickter Dekor auf Grünleder, reicher Fransenbehang und Lederstreifen mit Schälmotiven. Tuareg-Schmiede, Gorom-Gorom, 1978. L = 122 cm, B = 36 cm.

Werkzeug einer Tuareg-Lederarbeiterin:
a) zwei Messer, b) ein Holzbänkchen, das als Arbeitsunterlage dient, c) eine Reißfeder aus Holz.
3.10.168

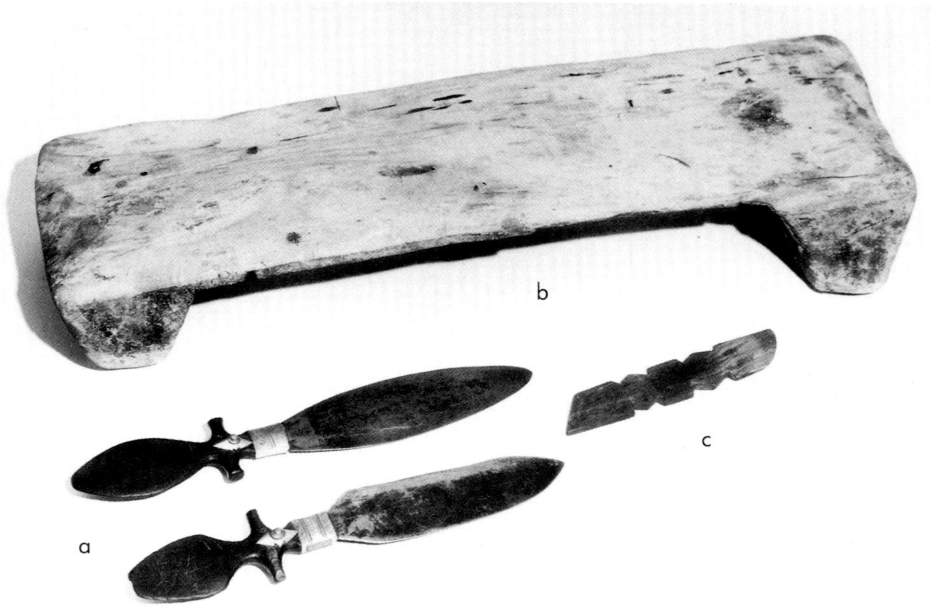

Straußenei mit Lederverzierung. Es dient als Schmuck im Zelt. Tuareg.
3.10.173

173
Straußenei mit Lederverzierung, zum Aufhängen im Zelt. Tuareg, 1978. H = 30 cm. Abb.
Der Strauß ist in abgelegenen Gebieten des Air einschließlich der nördlichen Randgebiete der Berge in Gruppen von mehr als 20 Exemplaren verbreitet. Straußeneier finden sich in Afrika als Schmuck- oder Kultgegenstände in Häusern, auf Dächern oder Gräbern. Sie können Symbole von Macht und Reichtum sein oder eine kultische Rolle spielen. Vor allem in den Häusern von Reichen, Häuptlingen, Priestern oder in Kulthäusern (Moscheen) sind Straußeneier in der westafrikanischen Savanne (bei Dogon, Nunua) anzutreffen. Von Bornu ist bekannt, daß das Straußenei Fruchtbarkeitssymbol ist. Als Symbol für die Lebens- und Schöpfungskraft findet man es bis an den Nigerbogen in Westafrika. Es scheint, als habe vor allem der Islam in den Steppen- und Wüstenlandschaften Afrikas die Verwendung von Straußeneiern verbreitet, eine Sitte, die z. B. auch aus Nordafrika, dem Alten Ägypten, dem Vorderen Orient, Usbekistan, Persien und Indien bekannt geworden ist.

175
Matte aus *afezu*-Gras und Lederstreifen geflochten. Als Bettzier benutzt. Tuareg, 1978. H = 49 cm, B = 105 cm. Abb.

Tuareg-Frauen beim Besticken von Leder. Markoy, Bourkina Faso.

Ausbreitung der Mauren

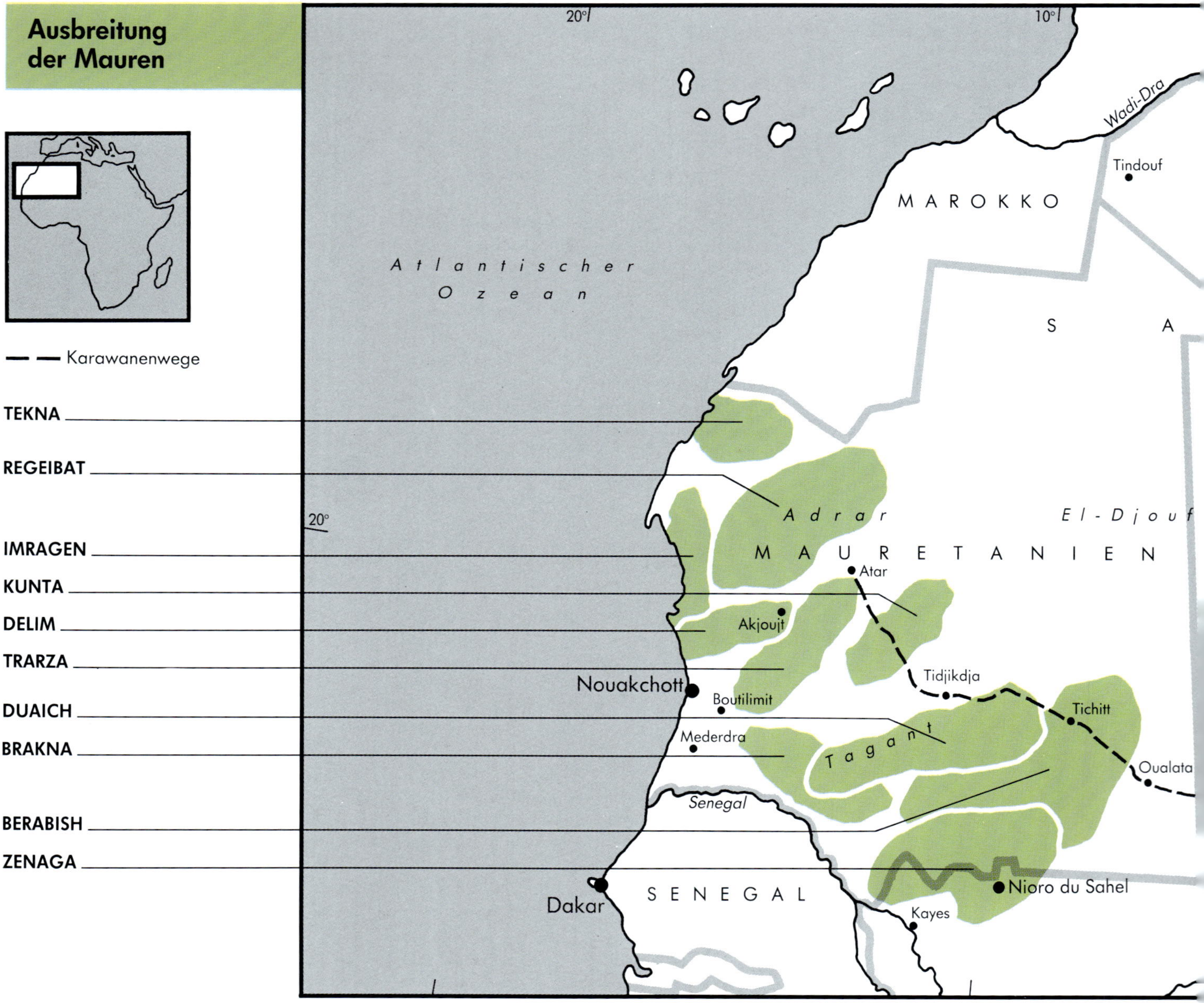

Ausbreitung der Tuareg

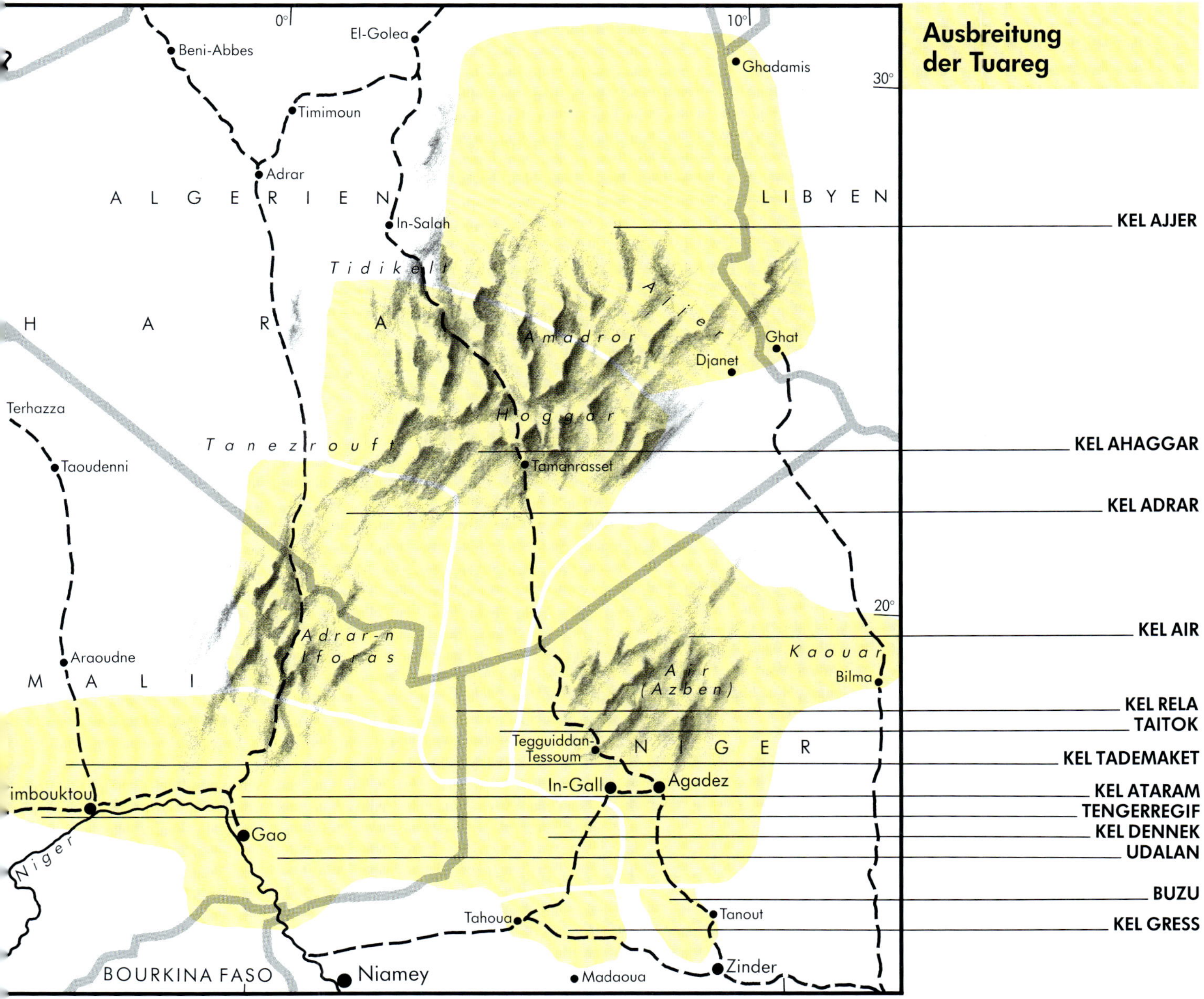

Die Mauren in der westlichen Sahara

Die Mauren leben in der westlichen Sahara, hauptsächlich in Mauretanien, vom Senegal bis zur Grenze Marokkos. Sie zählen schätzungsweise 625000 bis 800000. Ihre Kultur ist geprägt von arabischen und berberischen Elementen. Die wichtigsten Stämme in der West-Sahara sind die Tekna und Ulad Delim am Atlantischen Ozean. Die Ulad bu Saba leben im Wadi Atwi, die Regeibat, große Kamelzüchter, im nördlichen Obermauretanien, die Berabis südlich der Regeibat. Die Kunta, Islamgelehrte und Händler, sind in der gesamten westlichen und mittleren Wüste zu finden, die Senaga nördlich des Senegal-Flusses, die Trarza und Brakna gegen die Länder Niger und Senegal. Hier stehen die Mauren im wirtschaftlichen und kulturellen Kontakt mit den Wolof, Tuculor, Fulbe (Peul), Songhai, Tuareg und Hausa (→ Karte).

Große Gebiete der westlichen Sahara waren wahrscheinlich ursprünglich von Negern bewohnt. Ihre Nachkommen sind die heute im Senegal- bzw. Nigergebiet lebenden Soninke, Tuculor, Serer und Songhai. Ein großer berberischer Stammesverband, die Senaga, drangen von Marokko kommend nach Süden vor und vertrieben oder versklavten die alteingesessene Negerbevölkerung. Die Senaga besetzten die wichtigen Salinen von Teghassa, stießen bis in die Grenzgebiete der westafrikanischen Savanne vor, wo sie Staaten und Städte gründeten, u. a. Gana. Im 9. Jahrhundert fiel im Zuge der Islamisierung Nordafrikas der Stamm der arabischen Berabish in Mauretanien ein und unterwarf die Berber. Im 11. Jahrhundert war das Gebiet der Sanhadja-Berber Ausgangspunkt großer militärischer Unternehmungen, deren Motive islamisch-religiöser Natur waren. Bereits 1062 gab es zwei unabhängige Berber-Reiche, das der sog. Almoraviden im Norden und das der Murabitun, unter dem Führer Abu Bakr, im Süden. Seit dem 14. Jahrhundert fanden Einwanderungen der arabischen Beni Hassan, Ulad Delim u. a. statt. Im 15. Jahrhundert kamen aus Tunesien die Vorfahren der Kunta. Sie waren Araber, die heute mit Berbern und Negern stark gemischt sind. Die kriegerische Expansion des Islam war der Beginn der Islamisierung der gesamten Savanne bis hin zum Tschadsee und blieb der bestimmende geschichtliche Faktor Westafrikas während der folgenden Jahrhunderte.

Die Gesellschaft der Mauren ist geschichtet. Die Rangordnung ist aus den geschichtlichen Ereignissen zu erklären. Es gibt „Weiße Mauren", die sich selbst *beidan* „Weiße" nennen, und „Schwarze Mauren". Nicht so sehr die Hautfarbe bestimmt die Zugehörigkeit zu einer dieser Gruppen, sondern die Abstammung, Familientradition und Sprache. Die Weißen Mauren sprechen das Hassanya, einen arabischen Dialekt, die schwarze Bevölkerung in den Oasen das Aseir, eine Mischung aus den Sprachen Sarakolle (Soninke) und Hassanya. Der Adel, meist arabischer Herkunft, stellt die Krieger, ihnen fast gleichgestellt sind die islamischen Korangelehrten, die *Marabut* (französisch: *marabouts),* die auch Händler sind. Die Vasallen sind dem Adel tributpflichtig, was heute jedoch offiziell verboten ist. Sie sind von den Arabern unterworfene Berberstämme. Die freigelassenen Bauern bewirtschaften die Oasen und zahlen Steuern an die Adligen. Sie gelten als Schwarze. Die Zeltsklaven und mit ihnen die Handwerker, z. B. die Schmiede und die Sängerkaste (französisch: *griots),* stehen auf der untersten gesellschaftlichen Stufe.

Die Wirtschaft der Mauren basiert auf der Viehhaltung. Die Aufzucht von Kamelen und Ziegen im Norden, von Rindern im Süden, ist die Lebensaufgabe eines jeden Mannes. So wurde auch das Leder zum wichtigsten Werkstoff für die gesamte bewegliche Habe. Vielfältig sind die Formen und zahlreich die Funktionen ihrer Gegenstände aus Leder.

Die bedeutendsten Zentren für die Lederverarbeitung sind die Gegenden von Tagant und Assaba. Die Haut- bzw. Lederverarbeitung liegt bei den Mauren in den Händen der Schmiede-Frauen, das Schlachten und Enthäuten ist Männerarbeit. Damit stehen die Mauren im Gegensatz zu ihren nördlichen und südlichen Nachbarn, denn sowohl in Marokko als auch im Savannen-Gebiet sind die lederverarbeitenden Berufe Männersache.

Mauren unterwegs mit ihren Kamelen.

Das Reinigen der Häute und die Haarentfernung wird nur von wenigen Frauen der unteren Schichten, z. B. von den Schmiedefrauen, durchgeführt. Gerberin ist jedoch auch ein eigenständiger Beruf. Frauen der oberen Klassen beteiligen sich nur in Ausnahmefällen an der Lederherstellung.
In der Westsahara wird sowohl die Fett- als auch die Lohgerbung angewendet. Bei der Fettgerbung werden die Haare mittels Urin aus der Haut gelöst. Der Urin wird in Ledereimern, heute auch in Metallschüsseln, gesammelt. In einen Rahmen aus biegsamen Stöcken gespannt, wird die Haut zwei bis drei Tage mit Urin getränkt, danach gründlich ausgewaschen und schließlich mit Kamel- oder Hammelfett eingerieben. Bei Wassermangel wird die Haut auch direkt nach dem Lösen der Haare und einer Oberflächenreinigung eingefettet. Das endgültige Entfernen der Haare wird meist von den Berufsgerberinnen mit speziellen Schabmessern aus Eisen durchgeführt.
Neben der Fettgerbung ist aus Mauretanien eine Gerbung mit einem Pulver bekannt, das man aus dem Strauch *Ricinus communis* herstellt, welcher im Adrar und in Tagant wächst, sowie salziger Milch. Darüber hinaus kennen die Mauren verschiedene Lohgerbverfahren. So werden u. a. die Schoten der *Acacia arabica* oder der *Acacia nilotica* zu Pulver zerrieben, mit Wasser vermischt und dann auf die Blöße der Haut gerieben. Auch die Gallen der Tamariske dienen als Gerbstoff. Diese werden ebenfalls zu Pulver zerstampft und mit Wasser und Öl vermischt. Die damit eingeriebene Haut bleibt im Sommer einige Tage, während der kühleren Jahreszeit zwei bis vier Wochen, liegen.
Je nach den verwendeten Gerbverfahren erhalten die Leder einen entsprechenden Farbgrundton. So erhalten z. B. Leder, die mit der gleichen Menge Tamarisken-Gallen und Akazienschoten und geringer Beigabe von Akazienblättern gegerbt werden, einen rötlichen Grundton.
Soll die Haut für einen Wassersack *(gerba)* aus einem Ziegenbalg gegerbt werden, so wird zerstoßene Rinde des Baumes *Commiphora africana (= Balsamodendron africanum)* oder der *Acacia flava* mit Wasser vermischt und in die Ziegenhaut gefüllt, diese dann zugebunden und kräftig geschüttelt. Der Gerbstoff muß eine Woche in dem Hautsack verbleiben und immer wieder geschüttelt werden. So bleibt das Haarkleid erhalten. Vor dem Gebrauch wird der Ledersack gründlich gewaschen.
In den nördlichen Teilen der Westsahara werden die Wassersäcke auf ihrer Fleischseite mit Butter und auch Teer behandelt, was auf den Geschmack des Wassers einen starken Einfluß hat. Das Teeren von Wassersäcken ist offensichtlich charakteristisch für Algerien und Marokko, wurde aber auch aus Chinguetti in Mauretanien bekannt. Das Teeren ist wohl überall dort zu finden, wo sich in Mauretanien arabischer, städtischer Einfluß bemerkbar macht.
Zur Herstellung von Lederwaren verwenden die Mauren der Westsahara vorwiegend die Leder von Ziege, Schaf bzw. Hammel und dem Wildschaf (Mufflon). Schaf- und Ziegenhäute werden auch verhandelt, und bereits aus dem letzten Jahrhundert ist bekannt, daß die Hirten Häute in die Städte verkauften. Das ziemlich dicke Kamelleder, aber auch Rindleder, nutzen die Mauren, um daraus Truhen, Sandalensohlen, Sattelüberzüge für den Männersattel *(rahl)* anzufertigen, Kamelhaut dient u. a. zum Verbinden der Frauensattelgestelle. Auch die Tränkeimer für das Vieh werden entweder aus Kamel- oder Kuhleder hergestellt. Antilopen- oder Gazellenleder benutzen vorwiegend die Nemadi der Westsahara, eine auf Jagd spezialisierte Bevölkerungsgruppe, die aus diesen Ledern Wassersäcke macht.
Das Zurichten eines geschmeidigen Leders geschieht mit Rizinussamen oder durch Polieren mit meist prähistorischen Steinen oder anderen Glätteinstrumenten wie Harthölzern, Falzbeilen oder Knochen. Das Glätten ist eine Vorbereitung für das Bemalen des Leders.
Hat man die Leder gründlich mit Butter gefettet, die schnell einzieht, können sie bemalt werden. Die wichtigsten der von den Mauren verwendeten Farben sind Gelb, Weiß, Rot, Blau und Schwarz. Es existiert aber auch Grün und Violett. Letzteres wird aus Schultinte hergestellt. Die Farben werden entweder aus Pflanzen oder aus Mineralien gewonnen: Rot z. B. aus den Blattscheiden der Färberhirse vermischt mit Natron und Wasser, Blau aus dem Indigostrauch, Schwarz aus Rost oder Eisenspänen und den Blättern der *Acacia flava,* Weiß aus geronnener Milch, möglichst der des Kamels. Gelb-weiß kann allerdings auch

schon die Grundfarbe des gegerbten Leders sein. Grün entsteht z. B. aus am frühen Morgen gesammelten Akazientrieben, also nicht wie bei den Tuareg, auf einer Kupfersalzbasis. Eine Ausnahme hiervon bilden nur die Lederarbeiten aus Oualata. Heute haben die Anilinfarben die Naturfarben verdrängt.

Die Mauren wenden eine Vielzahl von Verzierungstechniken an, die man allerdings nur auf Ziegen- und Schafleder findet. Dünne Linien werden mit angespitzten Hölzchen bzw. dicken Gräsern gemalt, und auch Ziegenhaarpinsel werden benutzt. Die Ornamente werden meist frei aufgemalt. Bei modernen Lederarbeiten benutzen die Frauen auch schon Kugelschreiber, mit dem Linien und Farbauftragen in einem Vorgang ausgeführt werden. Außer dem Bemalen gehören zu den Verzierungstechniken Blindlinienprägung mit einem Prägeholz oder einem Metallwerkzeug. Ferner Punzen mit Stahlstempeln und Lederschnitt, der meist mit einer Rasierklinge ausgeführt wird. Applizieren, also Aufnähen von Lederteilchen auf einen farbigen, jedoch undekorierten Untergrund, sowie schließlich Durchbrucharbeiten, die man mit einem Locheisen ausführt, mit gleichzeitigem Unterlegen von Stoff oder Leder. Das Zusammenfügen verschiedener Lederteile geschieht, außer durch Nähen, vor allem durch Kleben. Als Klebstoff verwenden die maurischen Lederhandwerkerinnen Gummiarabicum, ein Pflanzenprodukt, das aus dem Saft der Gummiakazie gewonnen wird.

Die Nähfäden stellen die Frauen selbst her, indem sie ein Lederstück vom Rand

Lederarbeiterin bei ihrer Tätigkeit am Lederbänkchen. Auf dem Brett sind Glättesteine und ein Stichel zu sehen, wichtige Werkzeuge für das Lederhandwerk. Mauretanien.

her abschälen, also mit dem Messer spiralförmig aufschneiden. Genäht wird mit der Ahle und einer Zugnadel, die an der Spitze eine Öse hat.
Eines der wichtigsten Gebrauchsgüter der Mauren ist der schon erwähnte Sack für Wasser *(gerba)*, der aus dem Balg des Hammels hergestellt wird, und ca. 20 bis 25 Liter faßt. Ein aus Steppenkuh- oder Antilopenleder hergestellter Sack faßt sogar 40 bis 50 Liter. Ähnliche Säcke *(sekwa)* gibt es für Milch, zum Lagern flüssiger Butter *(ekke)* – er wird mit einer Paste aus gekochten Datteln und Akazienschoten gegerbt (→ S. 136) – ferner für den Transport von Kleidern (01–05), sowie von Datteln, Tee (38) und Zucker. Diese Ledersäcke, die als *tasufra* (Pl.: *tasufren*) bezeichnet werden, sind in fast jedem maurischen Haushalt anzutreffen. Je nach dem Grad der Wohlhabenheit des Besitzers sind diese Säcke sparsam oder reich verziert. Berühmte Zentren der *tasufra*-Herstellung sind die Gegend von Trarza mit dem Marktzentrum Boutilimit, Tagant, die Saguila el Hamra und an diese nördlich daran anschließende Gebiete. In jeder dieser Gegenden sind Dekor und Farbgebung anders.
Die von den Mauren als Armlehne im Zelt oder als Polsterung für die Frauensättel benutzten Kissen werden immer aus Schaf- oder Ziegenleder hergestellt. In den Häusern ihrer Oasensiedlungen verwenden die Mauren ihre Kissen auch zum Sitzen, d. h. als Rückenlehne oder als Kopfkissen. Die Form maurischer Kissen ist entweder rechteckig (13) bis quadratisch mit abgerundeten Ecken, aber auch rund oder länglich mit abgerundeten Ecken

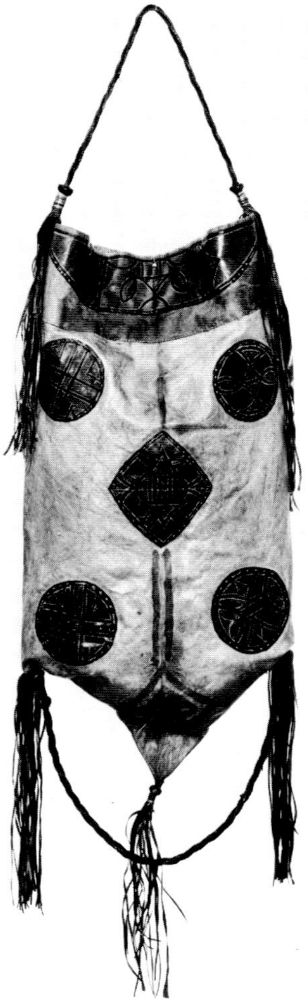

Kleidersack aus Leder, Mauren.
3.11.01

und in der Mitte tailliert (14–16); letzteres ist eine Spezialität von Boutilimit. Die Nähte maurischer Kissen liegen innen und sind in der Regel mit einer einfachen Vorstichnaht genäht. Baumwollflocken, Wolle, Kapok, Erdnußschalen, Stroh, Zweige, Kamelkotbällchen oder Sand können als Füllmaterial dienen.
Ferner fertigen die Mauren eine Art Lederkoffer *(tazaye)* an, außerdem mit Leder bezogene Körbe für das Teegeschirr (27), Dosen aus getrockneter Rohhaut, sowie Eimer aus Leder zum Tränken der Tiere und zum Gerben des Leders.
Aus Leder sind auch die Blasebälge der Schmiede (s. Foto in der Vitrine „Eisen und Schmied"). Für Tee, Zucker, Tabak und Silber oder Bernstein tragen die Mauren kleine Ledersäckchen. Die Frauen aus der Gegend von Oualata tragen Umhängetaschen auf der Brust, die einen Schuber als Verschluß haben, sowie mehrere Innentäschchen aufweisen, also die gleichen sind, die wir in Westafrika, bei den Tuareg, und auch in Marokko finden.
Zu den typischen Gegenständen, die jeder Mann in der Brusttasche seines Gewandes oder an einer Schlaufe um den Hals trägt, gehört die Pfeifentasche (20).
Lederriemen dienen, gedrillt, fast ausschließlich zur Herstellung von Schnüren, Stricken und Seilen. Lederschnüre benutzen die Mauren für jegliche Art von Halsschmuck. Es gibt Stricke und Seile als Halteseile von Säcken, als Kamelleitseile oder als Brunnenseile zum Wasserschöpfen. Rundgeflechte werden z. B. als Hosengürtel für die

Teilansicht eines fein bemalten Lederkissens. Nouakchott, Mauretanien.
3.11.16

Männer benutzt (35), ebenso Flechtbänder. Ein einfacher, rundgeflochtener Strick, meist dunkel gefärbt, wird *tikrit* genannt und in ganz Mauretanien vom Adrar bis nach Hodh getragen. In Trarza wird häufiger ein ebenfalls rundgeflochtener, aber dreiteiliger Gürtel getragen. Der eigentliche Gürtel hat an seinen Enden zwei Anhängsel, die bei gegürteter Hose etwa vom Bauchnabel an nach unten hängen. Diese Zierriemen haben reine Dekorfunktion und sind mit Knoten, Quasten und Verzweigungen versehen. Der eigentliche Gürtelteil bei diesem *hzama* genannten Typus kann auch aus einem breiteren Flechtband bestehen. Kombinierte Flach-/Rundgeflechte findet man als Zaumzeug. Rundgeflochtene Seile von 2 bis 2½ m Länge und 2 cm Durchmesser verwenden die Tekna-Mauren zum Fixieren ihrer Zeltpfosten.
Amulette für Kinder wie auch für Erwachsene beiderlei Geschlechts bestehen aus einem rechteckigen Stück Leder, in das zusammengefaltete Schriftstücke (Koransprüche) eingenäht sind, die der Islamgelehrte angefertigt hat. Solche Amulette können am Kopf, um den Hals oder am Oberarm getragen werden. Auch Gebetsunterlagen für den gläubigen Moslem können aus Leder sein (40).

Gebetsteppich aus Leder und einem aufgeklebten Schaffell. Boutilimit, Mauretanien. 3.11.40

01
Kleidersack aus Leder *(tasufra)*. Aus einem Tierbalg, ockergelb gefärbt. Verzierung durch Applikation runder bzw. viereckiger, rot- und braungefärbter Lederteile. Leder des Sackes zusätzlich schwarzgefärbt und mit eingeschnittenen Mustern verziert. Rückseite durch Rotfärben und Blindlinien verziert. Am oberen Rand Schlaufen aus gedrehten Lederschnüren und zu Quasten gebundene Lederstreifen. Sie können mittels eines Steckschlosses *(gfel)* verschlossen werden (→ 30). Die Säcke haben immer eine ausgeprägte Schauseite. Mauren, 1950. H = 65 cm, B = 44 cm. Abb.

02
Kleidersack aus Leder. Tierbalg, ockergelb gefärbt. Eine Seite rot eingefärbt mit Blindliniendekor. Rand verziert durch Schwarzfärben, eingeschnittene Muster und Applikationen von Lederteilen. An oberen und unteren Rändern Schlaufen aus gedrehten Lederschnüren und zu Quasten gebundene Lederstreifen. Mauren, 1938. H = 70 cm, B = 50 cm.

03
Kleidersack aus Leder. Dekoration wie 01. Mauren, 1958. H = 48 cm, B = 28 cm.

04
Kleidersack aus Leder *(tasufra)*. Tierbalg mit der Fleischseite nach außen. Verzierung durch Applikation großer, weinrotgefärbter Lederteile, verziert durch Punzierung, Schwarzfärben, Blindlinien, Abschälen, Benähen mit kleinen Lederstreifchen und Perforieren. Sack am oberen Rand zum Aufhängen am Sattel mit dicken, geflochtenen Lederschnüren versehen. Am unteren Rand schmale und breite Lederstreifen zu Quasten zusammengefaßt. Mauren, Akjoujt, Mauretanien, 1980. H = 88 cm, B = 38 cm. Abb.

Ledersack der Mauren aus der Gegend von Boutilimit.
3.11.33

05
Kleidersack aus braunem Leder *(tasufra)*. Verzierung durch Applizieren großer Lederteile am oberen Rand. In der Mitte und am unteren Teil verziert durch Schwarzfärben, Abschälen und Einritzen. Lange Schlaufen zum Aufhängen des Sackes aus gedrehten Lederschnüren, Quasten aus schmalen Lederstreifen. Mauren, 1941. H = 54 cm, B = 28 cm.

06
Kissen aus braunrotem Leder. Zwei an den Ecken abgerundete Rechtecke, deren Narbenseite nach außen gekehrt ist, durch schmale Seitenstreifen (Fleischseite nach außen) verbunden. Beide Kissenseiten mit geometrischen, durch Einschneiden und Bemalen entstandenen Mustern, verziert. 1929. H = 33 cm, B = 43 cm. – Älteste Kissenform der Mauren. Typisch vor allem für die östlichen Gebiete (Region Timbouktou). Von der Mitte des 19. Jh. bis ca. 1920 belegt.

07
Kissen aus Leder für Spielzeug-Kamelsattel. An den Enden rund, in der Mitte schmaler werdend. Auf der Oberseite Verzierung durch Bemalen mit Schwarz und Rot sowie Blindliniendekor. Feine Lederfransen und breitere Lederstreifen an den Rändern, die durch Einschneiden, Färben und Schälen verziert sind. Nouakchott, Mauretanien, 1980. L = 31 cm, B = 14 cm (breiteste Stelle).

10
Dolch mit Lederscheide. Geschwungene, spitz zulaufende Klinge. Mauren, südliche Westsahara, vor 1938. L = 46 cm.

15
Kissenplatte aus Leder. Weinrot gefärbt und mit geometrischen Mustern bemalt in Ockergelb, Grün und Schwarz. Form der Kissenplatte an den Seiten rund, in der Mitte eingezogen. Tidjikdja, Mauretanien, 1980. L = 67 cm, B = 33 cm (breiteste Stelle).

16
Kissen, gerundete Seiten und eingezogene Mitte. Verzierung auf der Oberseite durch Bemalen mit Schwarz, Ockergelb und Grün. Zusätzliche Verzierung des sonst weinroten Kissens durch Fransen und breite Lederstreifen, durch Schälen, Einritzen und Bemalen mit Grün, Schwarz, Ockergelb und Rot verziert. Nouakchott, Mauretanien, 1980. L = 70 cm, B = 34 cm. Abb.

23
Hut aus geflochtenem Stroh, am Rand mit Leder eingefaßt, mit ockergelben und grüngefärbten Lederstreifen verziert. Breite Lederstreifen mit Schälarbeit. Auf der Spitze des Hutes ein aus farbigem Stroh geflochtener, großer Knopf (Grün, Natur, Schwarz und Rot). Zum Zubinden unter dem Kinn hat der Hut einen mit Troddeln verzierten Lederstreifen. Nouakchott, Mauretanien, 1980. Sog. Wolof-Hut, der nicht nur von den Wolof im Senegal, sondern auch von den afrikanischen Stämmen in Südmauretanien und anderen Völkern im Senegal getragen wird. B = 31 cm.

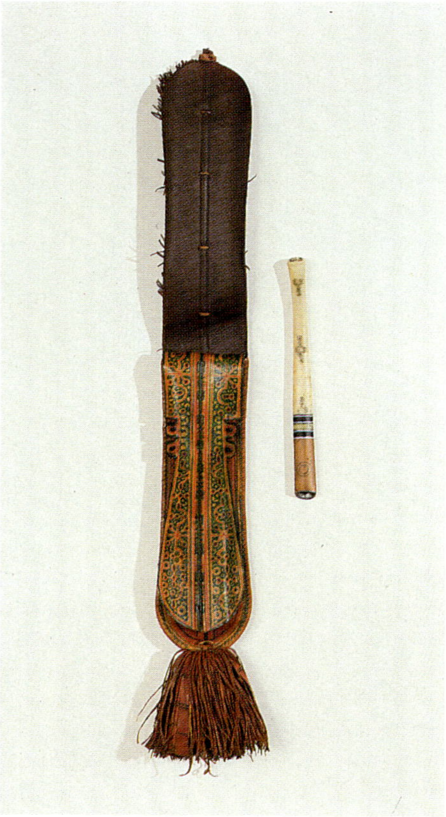

Pfeifentasche aus Leder mit Tabakspfeife. Nouakchott, Mauretanien.
3.11.25

24
Zwei kleine **Matten** zum Abdecken von Holzschüsseln. Die Matten bestehen aus Hirsestengeln bzw. schmalen Hölzchen, die mit buntgefärbten Lederstreifen zusammengefügt sind. Südwestmauretanien, 1980. H = 27,5 cm; 30,5 cm, B = 40 cm; 50 cm.

25
Pfeifentasche aus Leder mit Tabakspfeife. Lange, schmale, unten gerundete Form mit 4 Fächern, deren Überschläge zum Schließen der Tasche jeweils unterschiedliche Muster tragen. Die Muster sind in Hellgrün, Ockergelb, Rot oder Schwarz auf das Leder gemalt, außerdem ist das Leder punziert. Auf dem obersten Überschlag 4 Troddeln, die aus feinen Lederstreifchen gebildet werden. Am unteren Rand der Pfeifentasche eine ebenfalls aus feinen Lederstreifen zusammengebundene Troddel. Lange, schmale, röhrenförmige Pfeife aus Horn, unten mit Metallende. Nouakchott, Mauretanien, 1980. Pfeifentasche: L = 19 cm, B = 6 cm, Pfeife: L = 15,5 cm, B = 1,5 cm. Abb.
Dazugehörige Pfeifenreiniger sind ein Stück Draht, das Feuerzeug ein Feuerstein mit einem Stückchen Stahl. Solche Pfeifenetuis sind entweder aus Lamm- oder Ziegenleder und werden von spezialisierten Handwerkerinnen gemacht. Mederda ist eines der bekanntesten Herstellungszentren für Pfeifentäschchen. Im ehemaligen Spanisch-Sahara wurde auch Eidechsenleder verarbeitet.

26
Schüsseln aus marmoriertem, hell- und dunkelbraunem Holz, für Milch. Am Boden eingeritzte, kreisrunde Muster sowie zu Halbkreisen zusammengesetzte Linien. Am Rand mehrere tief eingekerbte Linien. Bei der großen Schüssel an zwei Seiten viereckige, eingekerbte Muster, teilweise in Form von Blättern. An beschnitzten Holzschüsseln werden zur weiteren Verzie-

rung Punzen benutzt, die sonst nur bei Leder- oder Metallbearbeitung verwendet werden. Das sog. „Kreuz von Trarza" findet sich auf Holzschalen als „Kalebassen-Amulett" wieder. Mauren, Akjoujt, Mauretanien, 1980. H = 3,8 cm, B = 8 cm; H = 11 cm, B = 23,5 cm.

27
Korb für Teegeschirr *(kuntie)*. In Spiralwulsttechnik geflochten, bauchige Form, außen mit Leder umkleidet. Am oberen Rand des Körbchens ist ein Lederschlauch angenäht. Dieser wird nach innen eingeschlagen und verhindert auf diese Weise, daß die Gläser herausfallen oder aufeinanderschlagen. Ist noch Platz im Korb, wird auch die Teekanne mit hineingestellt. Das Leder ist mit geometrischen Mustern in den Farben Weinrot, Ockergelb, Schwarz und Grün bemalt. Das Leder wird in nassem Zustand vor dem Bemalen auf den Korb geklebt. Die Ränder sind mit Lederstreifchen umstickt. Rosso, Mauretanien, 1980. H = 30 cm, B = 21 cm. (→ 3.10.35) Abb.

Korb für Teegeschirr. Rosso, Mauretanien. 3.11.27

28
Teekännchen aus blauer Emaille mit geschwungener Tülle. Mauretanien, 1978. H = 15 cm.
Während in Marokko die Sitte des Teetrinkens offenbar schon im 18. Jh. eingeführt wurde und über die Handelswege zu Beginn des 19. Jh. auch nach Timbouktou und Jenne (Mali) gelangte, soll sich das Teetrinken bei den Mauren erst Ende des 19. Jh. verbreitet haben. In der gesamten Sahara ist der grüne Tee, der mit Minze gemischt wird, üblich, die birnenförmige Teekanne wurde aus dem England des 18. Jh. übernommen. Die Mauren gestalteten die Kanne nach ihrem Geschmack um. Zucker wird als Zuckerhut gehandelt, dessen Form ursprünglich in Persien entstand. Heute liegen die Raffinerien in Casablanca, Marseille und Belgien. Die Gläser sind meist Importe aus Frankreich.

30
Schloß mit Schlüssel für Kleidersäcke aus Eisen und Gelbguß. Als Schlüsselanhänger dient eine schwarze, schmale, aus Rundgeflecht hergestellte Lederschnur, die mit kleinen Troddeln und Knöpfchen verziert ist, gebildet aus grünen, blauen, roten und gelben Lederstreifchen. Die Schlösser der Mauren sind komplizierter als die der Tuareg (→ 3.10.113). Zum üblichen System von Schaft und Feder kommt das Festmachen durch Anschrauben. Das Eisenskelett ist mit Kupfer oder Messingplättchen besetzt und weist manchmal Silberinkrustationen auf. Mauren. B = 18 cm, H = 4,5 cm.

33
Sack aus Leder in Form eines Tierbalges, der am oberen Rand einen Zug hat. Grundfarbe Ockergelb, Verzierung durch Applikation großer Lederteile, die ihrerseits weinrot-, grün- und schwarzgefärbt sind und Schäldekor tragen. Weitere Verzierung durch lange, gebündelte Lederstreifen, grün-, gelb- und rotgefärbt. Am unteren Rand drei große Quasten aus vielen, dünnen Lederstreifen. Nouakchott, vermutlich aber aus der Gegend von Boutilimit, Mauretanien, 1980. H = 45 cm. Abb.

35
Hosengürtel für Männer. Geflochtene, schwarzgefärbte Lederschnur, die mit aus Leder geflochtenen Knöpfen und zum Teil parallel geführten Lederschnüren, die in geflochtene Lederfransen auslaufen, verlängert ist. Farben Grün, Ockergelb und Rot. Rosso, Mauretanien, 1980. L = 205 cm.

38
Sack aus Leder, angeblich für Tee und Tabak. Lange, schmale, sich nach unten hin verbreiternde Form. Am Boden ein Einsatz, so daß drei Zipfel entstehen. Rand des Sackes sorgfältig umstickt. Grundfarbe Weinrot, Verzierung mit Ockergelb, Schwarz und Grün. Nouakchott, Mauretanien, 1980. L = 50 cm, B = 25 cm (oberer Rand).

40
Gebetsteppich *(illuisch, iliwis).* Aus mehreren Lederteilen zusammengesetzt. Fleischseite nach oben, lila eingefärbt. In der Mitte weißes, aufgeklebtes Schaffell. Verzierung durch Applikation großer Partien Leder, die durch Schältechnik, Einfärben und Ausstanzen von Löchern verziert sind. Grundfarben der Applikation: Schwarz, Rot, Grün. Die runden, augenähnlichen Motive sollen Schutz gegen den bösen Blick gewähren. Außer solchen Lederteppichen werden auch geflochtene Grasmatten verwendet. Boutilimit, Mauretanien, 1980. L = 160 cm, B = 118 cm. Abb.

45
Kissen aus Leder. Enden gerundet, in der Mitte eingezogen. Grundfarbe Ockergelb, an den Rändern Weinrot, Bemalung in Grün, Weinrot und Schwarz. Die Bemalung stellt Halb-

Kleidersack aus Leder. Mauren, Akjoujt.
3.11.04

monde dar. Kreisrunde, eingepunzte Muster über Kissenplatte verteilt. Gegend von Boutilimit, Mauretanien, 1980. L = 90 cm, B = 43 cm. Abb.

48
Harfe *(hardine* oder *ardin).* 9 Saiten aus Perlonfäden, halbseitig, offene Kalebasse als Resonanzboden mit Pergament überzogen. Getrocknet wirkt das Pergament als Membran. Die Einzelteile der Harfe werden mit Pergamentstreifen fixiert und miteinander verbunden. Pergament mit Halbmonden, Sternen, Punkten und Strichen bemalt. Auf der Bespannung ein aus Eisen geschmiedeter Vibrator. Früher bestanden die Saiten aus Schafsdarm. Während die Violine *(tidinit)* und die einsaitige Violine *(rbab)* Männerinstrumente sind, ist die *ardin* ein Fraueninstrument. Vermutlich aus Boutilimit, Mauretanien, 1980. ∅ = 34 cm.

51
Sandalen aus Holz. Außer Ledersandalen werden in Südmauretanien Holzsandalen *(Nail sedar)* getragen, die aus leichtem, hellem Holz *(adres* oder *turga)* geschnitzt sind. Ritzbrandornamente und Bemalungen auf der Lauffläche im Mittelteil in Grün und Rot. Der Außenrand 1–1,5 cm breit, schwarzgebrannt und anschließend mit parallel verlaufenden Linien dekoriert. Durch drei Löcher werden die Lederriemen gezogen und unten auf der Sohle mittels Knoten fixiert. Hauptsächlich in Trarza von Frauen getragen. Südmauretanien, 1980. L = 31 cm.

55
Kleidersack aus Leder *(tasufra).* In Form eines Tierbalges, der durch einen schlauchartigen Teil, der die Öffnung bildet, verlängert ist. Unten und in der Mitte des Sackes große, aus Leder geflochtene Riemen. Verzierung durch Bemalung mit schwarzer Farbe. Mauretanien, 1917. H = 110 cm, B = ca. 43 cm.

Lederkissen aus Boutilimit, Mauretanien.
3.11.45

Bergbauern in Nordkamerun

Zurückgezogen in den Mandara-Bergen, einer vegetationsarmen und unwirtlichen Gebirgslandschaft im äußersten Norden von Kamerun und dem Nordosten Nigerias leben seit Jahrtausenden zahlreiche kleine und kleinste Bauernvölker, die vom Hirseanbau leben. Sie werden „Kirdi", d. h. „Ungläubige", „Heiden" genannt, weil sie sich bis in die jüngste Zeit erfolgreich der Islamisierung widersetzten und immer noch ihre Ahnen verehren. Von politisch und militärisch mächtigeren, in großen Reichen organisierten Nachbarvölkern in ihrer traditionellen Lebensweise bedroht, waren die „Kirdi" in der Vergangenheit gezwungen, in die unwegsamen Berge zu flüchten, um zu überleben.
Mit der Besiedlung der Gebirge durch die „Kirdi" begann vor vielen Generationen auch die Umgestaltung der Landschaft. Der Hirseanbau, Grundlage ihrer Wirtschaft, konnte nicht auf großen Feldern vorgenommen werden. Auf kleinsten Terrassenfeldern, die vom Fuße bis zu den Spitzen der Berge reichen, versuchen die Bauern seit Generationen der Bodenerosion entgegenzuwirken, die durch die jährlichen Regen, die von Mai bis September den Boden durchtränken, entsteht.
Kern des sozialen Gefüges der „Kirdi" ist die Kleinfamilie. Sie bewohnt das Gehöft. Die Kleinfamilie bildet auch die wirtschaftliche Einheit. Große Dörfer, denen ein Häuptling vorsteht, gibt es nur vereinzelt; in der Regel liegen die Gehöfte weit voneinander entfernt über die Gebirge verstreut. Wie eine einsame Burg trotzt jedes Gehöft der unwirtlichen und feindlichen Umwelt. Zu einem Kreis angeordnet, oft von Dornenhecken oder Steinmauern umgeben, die Häusermauern ohne Fenster und die Türöffnung auf das Innere des Gehöftes gerichtet, so reihen sich eng aneinander das Haus des Familienvaters, ein oder mehrere Schlafhäuser für die Frau bzw. Frauen und ihre Kinder, ein Kochhaus, ein Stall für Ziegen und Schafe und vor allem der heilige Hirsespeicher. Ein Stall für den heiligen Stier, den man vier Jahre im Dunkeln verborgen hält, um ihn dann rituell zu schlachten, ist immer außen an das Gehöft angebaut. So ist das Gehöft Spiegel der sozialen Struktur.
Der tägliche Kult dreht sich um die Ahnen. Mit ihnen sind alle Feste des Jahres verbunden, wie Neujahrs-, Ernte- oder Ahnengedenkfeste. Die Toten wickelt man in Ziegenhäute, bedeutende Männer auch in Rinderfelle. Einfache Töpfe (175, 176) oder auch Tonfiguren sind die Altäre, an denen Bier, Hühner, Ziegen oder auch Schafe als Opfer dargebracht werden.
Unter dem Schattendach, geschützt gegen die Glut der Sonne, die unerbittlich vom Himmel brennt, verbringen die Bewohner ihre Mußestunden beim Trinken von Hirsebier, oder man verrichtet handwerkliche Arbeiten wie z. B. Seile herstellen, Knüpfen, Flechten, Gerben, Töpfern, gelegentlich auch Spinnen und Weben; das Schmieden findet in eigenen Schmiedehäusern statt (→ 3.02).
Die „Kirdi" sind ein Beispiel für altafrikanische Völker, bei denen der Werkstoff Leder zur Herstellung ihrer Gebrauchsgegenstände einen wichtigen Platz einnimmt, obwohl ihnen ihre Umwelt auch andere Materialien anbietet und sie technisch dazu in der Lage sind, zu töpfern und zu schmieden. Die Felle zur Herstellung von Dingen aus Leder liefern den Bauern ihre Ziegen und Schafe.
Bis zum Kontakt mit den Kolonialmächten kannten die „Kirdi" keine Kleidung im europäischen Sinne. Trotz ihrer Nachbarschaft zu den islamischen Völkern übernahmen sie nicht die Weberei oder deren Baumwollkleidung. Der Wandel zugunsten der Vollkleidung kam erst Ende der 50er Jahre, und heute tragen auch die „Kirdi" die islamische Vollkleidung (85) oder die europäische Kleidung wie Hemd, Hose bzw. Kleid oder das umgeschlungene, bedruckte Baumwolltuch.
In der traditionellen Kultur war das einzige als Kleidung anzusehende Attribut für die Männer das Ziegenleder, entweder als Durchziehschurz oder am Rücken lose herunterhängend getragen (99, 135). Seit Beginn des 20. Jahrhunderts trugen die Männer auch ein einfaches Baumwolltuch lose über die Schulter gehängt.
Bei einigen Gruppen gingen die Männer bis auf den Schmuck, den sie trugen, völlig nackt. Die verheirateten Frauen wirkten weniger nackt, da z. B. Babytragen aus Ziegenleder (93) und Schmuckgegenstände, die vor der Scham getragen wurden (110–107),

Von weitem für das Auge fast unsichtbar, liegen die Gehöfte der Mofu zwischen den Felsen, umgeben von terrassierten Feldern, auf denen Hirse angebaut wird. Mandara-Gebirge, Nordkamerun.

Gürtel und Ketten, an denen Amulette aus Leder oder Metall hingen, den Körper teilweise bedeckten (→ 3.02.40–42, 59, 90–92). Während die kleinen Kinder ganz nackt waren, trugen die unverheirateten Mädchen durchweg Schamschürzen, die entweder aus Lederfransen oder aus gedrehten Pflanzenfasern bestanden (103, 106).

Die „Kirdi" stellen auch Taschen und Feuerzeugtäschchen aus Leder her (70, 79, 80), die nur die Männer benutzen, während die Frauen und Mädchen aus Pflanzenfasern geknüpfte Säcke und Netze zum Transport verwenden (02, 03).

Schuhe waren unbekannt. Heute sieht man bei den Männern und der Jugend neben europäischen Lederschuhen vor allem Turnschuhe und Plastiksandalen. Aus Leder sind auch Kappen, die bei manchen Gruppen von den älteren Männern getragen wurden (138), ebenso Helme, die die Knaben bei Tänzen anläßlich ihrer Initiationsfeiern (Reifefeiern) aufsetzten (151). Vor allem aber wird Leder auch zur Herstellung der Angriffs- und Verteidigungswaffen verwendet, so bei Dolchen (170–173) und Schwertern, für die Scheiden aus Leder gefertigt werden, ebenfalls bei Kriegshelmen (150), Schilden (149) und Köchern (146, 147). Bei den „Kirdi" ist auch die Sehne des Bogens aus Leder (148) und oft die Saiten der Harfe. Bei den Musikinstrumenten sind es u. a. die Trommeln, für die die Tierhaut, zu Pergament verarbeitet, als Membran dient (165, 166).

Matakam-Mädchen auf dem Markt, Nordkamerun, 1958. → 3.20.98

Bergbauern in Nordkamerun

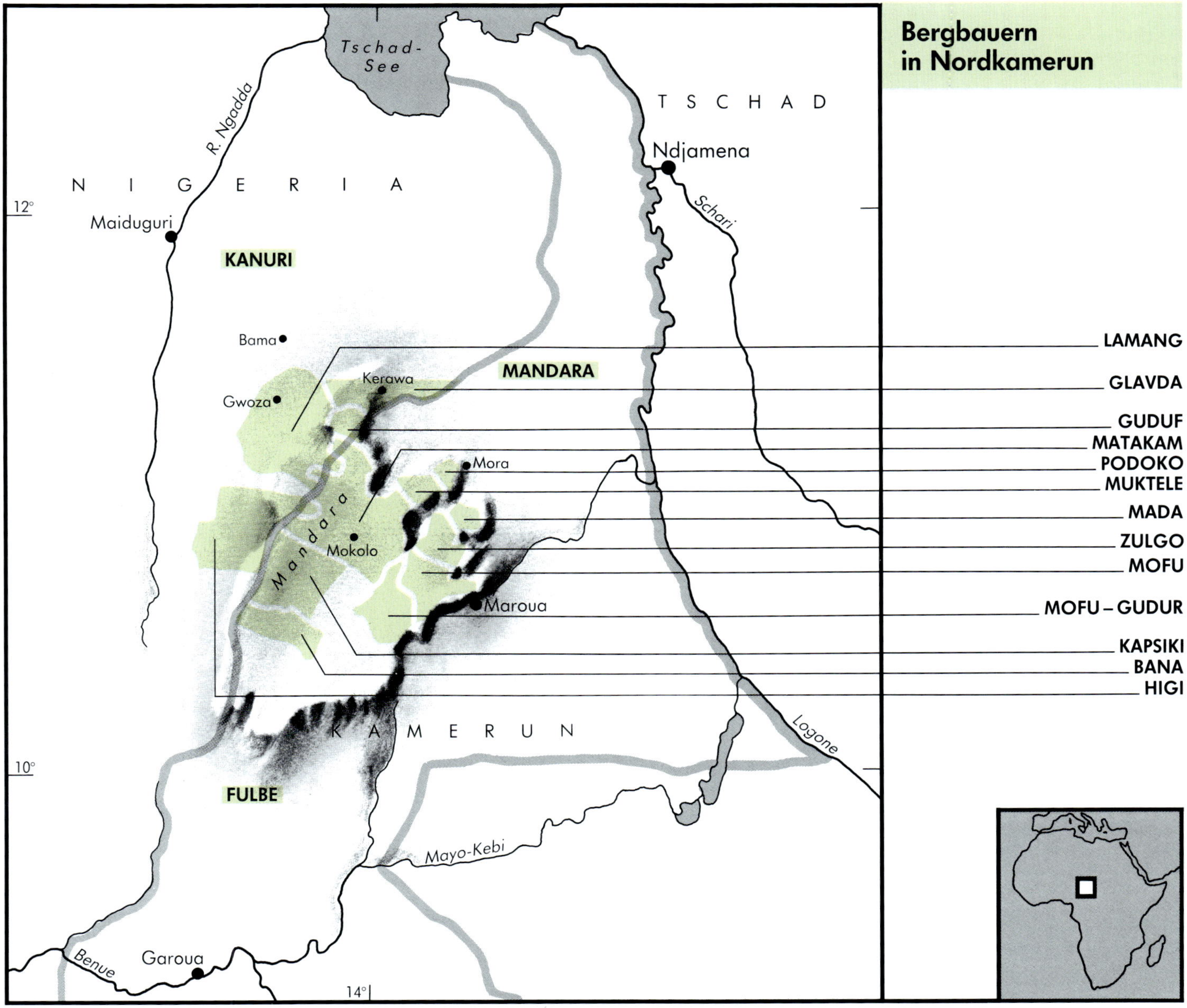

01
Tasche aus Pflanzenfasern für Männer. Quadratische Form, zwei Fächer, dreieckig geformte Verschlußkappe; Rückseite und Klappe in einem Stück geflochten. Zwirnbindetechnik. Die Schnurenden des passiven Fadensystems hängen als Fransen herab. Tragriemen der Tasche ein Lederstreifen. Bana, Nordkamerun, 1969. B = 32 cm, H = 32 cm.

02
Sack aus Pflanzenfasern für Mädchen und Frauen. In der Technik des Schnurverschlingens, weitmaschig. Zum Transport von Erdnüssen und ähnl. Zulgo, Nordkamerun, 1969. L = 88 cm, B = 26 cm.

03
Sack aus Pflanzenfasern für Mädchen und Frauen. Wie 02, nur engmaschig. Charakteristisch die sehr langen Tragriemen. Zulgo, Nordkamerun, 1969. H = 80 cm, B = 40 cm.

06
Topf aus schwarzem, poliertem Ton; halbkugelige Schale mit nach außen gerichtetem Rand. Für Suppen. Zulgo, Nordkamerun, 1969. H = 14 cm, ∅ = 16 cm.

07
Topf aus rotem, poliertem Ton, mit Anstrich versehen; kugelförmiger Bauch mit mittelgroßer Öffnung, trichterförmiger Hals, dreieckiger Henkel, Ritzverzierungen. Für Suppe. Bana, Nordkamerun, 1969. ∅ = 11 cm.

08
Kalebasse, leicht ovale Form. Als Schöpf- und Trinkgefäß verwendet. Ritzverzierungen in Dreiecksform. Lamang, Nordostnigeria, 1969. L = 19 cm, B = 17 cm.

09
Schöpflöffel aus Kalebassenkürbis, in Form einer kleinen Gurke, die in einem geraden, dünnen Stiel ausläuft. Werden bei Hochzeiten zum Biertrinken verwendet und sind deshalb mit bunten Glasperlen verziert. Guduf, Gwoza-Berge, Nordostnigeria, 1969. L = 16 cm.

15
Topf aus rotem, poliertem Ton, kugelförmiger Bauch, große Öffnung, verdickter Rand, als Eßschale verwendet. Bana, Nordkamerun, 1969. H = 12 cm, ∅ = 15,5 cm.

16
Topf zum Wasserholen. Unpolierter, grober, rot-brauner Ton. Runde, kugelige Form. Aufwärts gebogener Henkel. Eingedrücktes Motiv. Zulgo, Nordkamerun, 1969. H = 23 cm, ∅ = 11 cm.

18
Drei Löffel aus Kalebassenkürbis, gestielt und bis auf den durch Brennen schwarz gefärbten Rand unverziert. Bana, Nordkamerun, 1969. L = 24 cm.

19
Löffel aus Kalebassenkürbis. Schöpfteil kugelförmig, mit kleiner Öffnung. Nordkamerun, 1969. L = 30 cm.

24
Sichel aus Eisen mit Tülle und kurzem Holzstiel. Lamang, Nordostnigeria, 1969. L = 35 cm.

25
Axt mit geradem Schaft aus Holz und eingedorntem Eisenblatt. Zum Bearbeiten von Holz. Lamang, Nordostnigeria, 1969. L = 62 cm.

26
Spaten mit langem, in eine Krücke auslaufenden Stiel aus Holz und Eisenblatt mit Lappentülle. Zulgo, Nordkamerun, 1969. L = 45 cm.

27
Feldhacke mit Kniestielschaft aus Holz und ungefähr dreieckiger Eisenklinge mit Lappentülle, nur minimal gewölbt. Bana, Nordkamerun, 1969. Tülle: L = 8,5 cm.

30
Bierfilter aus hellem Gras in diagonaler Flechttechnik. Schlauchförmig, unten spitz zulaufend, Rand mit Pflanzenfaserschnur abgekettelt. Filter biegsam. Bana, Nordkamerun, 1969. L = 44 cm, ∅ = 19 cm.

32
Täschchen aus Pflanzenfasern, in der Technik des Verschlingens hergestellt. Gerundeter Boden, oben offen und mit langen Tragriemen für Kinder. Fransen auf Vorderseite mit gelben und roten Glasperlen bezogen. Muktele, Nordkamerun, 1969. L = 12,5 cm, B = 8,5 cm.

Frauen und Männer der Mada auf dem Markt. Die Frauen trugen 1958 noch ihre traditionelle Ledertracht. Nordkamerun.
→ 3.20.108

34
Kopfpolster zum Puffern der Tontöpfe beim Tragen auf dem Kopf; ein in der Technik des Gelbgusses hergestellter Ring, mit dreieckigem Querschnitt. Bana, Nordkamerun, 1969. ∅ innen = 6 cm.

35
Kopfpolster zum Puffern der Tontöpfe beim Tragen auf dem Kopf. Aus Schnüren geflochtener dicker Ring, verziert mit kleinen Fransen aus aufgereihten Glasperlen. Bana, Nordkamerun, 1969. B = 9 cm.

38
Tabaksgefäß, flaschenförmig mit rundem Bauch und schlankem geraden Hals. In der Gelbgußtechnik hergestellt. Bana, Nordkamerun, 1969. H = 8 cm.

39
Tabakspfeife, mit Kopf in Gelbgußtechnik hergestellt und 11 cm langem Holzrohr. Bana, Nordkamerun, 1969. L = 19 cm.

40
Tabakspfeife mit Kopf aus schwarzem Ton und 13 cm langem Eisenrohr. Bana, Nordkamerun, 1969. L = 19 cm.

41
Tabakspfeife aus braunem Ton. Kopf und kurzer Stiel in einem Stück. Guduf, Gwoza-Berge, Nordostnigeria, 1969. L = 9 cm.

42
Tabaksgefäß aus einem Tierhorn. Mit Kalebassenstöpsel verschlossen. Mit Lederfransen verziert, auf die große Glasperlen gefädelt sind. Zulgo, Nordkamerun, 1969. L = 10 cm.

45
Schleifgerät zum Schleifen von Dolchen aus Eisen; bestehend aus einem gebogenen Mittelteil (3–4,5 cm), welches an seinen Schmalseiten in schmale, im Querschnitt viereckige Griffe übergeht. Bana, Nordkamerun, 1969.

46
Ahle, bestehend aus einer ca. 12,5 cm langen Eisenspitze, die in einem Holzgriff eingedornt ist. Werden beim Wulsthalbflechten von Körben oder zum Nähen zersprungener Kalebassen verwendet. Zulgo, Nordkamerun, 1969. L = 22 cm.

47
Rasiermesser aus Eisen, bestehend aus einem Griff und in seiner Form einem Spatenblatt nicht unähnlichen Arbeitsteil. Beide in einem Stück geschmiedet. Griff schraubenförmig gearbeitet. Bana, Nordkamerun, 1969. Arbeitsteil: L = 6,5 cm, B = 5,3 cm.

48
Nähnadel aus Eisen zum Zusammennähen von Graslagen (z.B. der Dächer). Zulgo, Nordkamerun, 1969. L = 28 cm.

50
Korb aus hellem Gras, in diagonaler Flechttechnik gearbeitet. Halbkugelige Gestalt. Verstärkung durch Zweige an der Außenseite. Zweige mit Lederstreifen an Korbwand befestigt. 5 cm hoher Fuß. Bana, Nordkamerun, 1969. H = 30 cm, ∅ = 44 cm.

51
Körbchen aus hellem Gras, in diagonaler Flechttechnik gearbeitet. Schlauchähnliche Form, unten schmaler werdend, oben offen. Zum Aufbewahren von ungesponnener Baumwolle. Bana, Nordkamerun, 1969. H = 40 cm, ∅ = 15 cm.

52
Matte zum Trocknen von Hirse. Bana, Nordkamerun, 1969. H = 54 cm, B = ca. 65 cm.

53
Kaurischneckenband. Solche Bänder werden als Schmuck bei Tänzen, oft gekreuzt über dem Oberkörper, getragen. Bana, Nordkamerun, 1969.

54
Korb in Spiralwulsttechnik, sich nach unten hin zu einem Fuß verjüngend. Naturgras, mit braungefärbten schmalen Streifen. Guduf, Nordostnigeria, 1969. H = 26 cm, ∅ = 26 cm.

60
Glasperlenband, schmal und lang (rot, gelb, blau, weiß), am unteren Rand mit Kaurischnecken verziert; wird beim Tanzen von den jungen Mädchen als Schamschmuck getragen. Glavda/Lamang, Nordostnigeria, 1969. B = 4 cm, L = 79 cm.

61
Glasperlenkäppchen, netzartig gearbeitet. Wird von jungen Mädchen wie ein Häubchen auf dem Hinterkopf getragen. Lamang, Nordostnigeria, 1969.

62
Babytrage, bestehend aus einem ganzen Ziegenleder, welches mit Öl und rotem Ocker eingerieben ist. Mit Kalebassen, Perlen, Kaurischnecken als Spielzeug für das Kind am Rand verziert. Guduf, Gwoza-Berge, Nordostnigeria, 1969. Abb.

64
Armreifen aus Eisen, spiralförmig gedreht, an den Enden aufgerollt, an der Seite offen, in der Mitte verdickt. Solche Armreifen legt man schon den kleinsten Kindern an. Guduf, Gwoza-Berge, Nordostnigeria, 1969. ∅ = 6 cm.

65
Armreifen aus Eisen, 1 cm breit, an der Seite offen. In der Mitte des Reifens eine ungefähr dreieckige, verdickte Ausbuchtung, in der sich „Medizin" befindet. Wird von Männern, Frauen und Kindern als Amulett getragen. Zulgo, Nordkamerun, 1969. ∅ = 5,5 cm.

66
Armreifen aus Eisen, zu den Enden hin aufgerollt. Zulgo, Nordkamerun, 1969. B = 1 cm, ∅ = 6,5 cm.

Babytrage aus einem ganzen Ziegenleder. Guduf, Gwoza-Berge, Nordostnigeria. 3.20.62

67
Fußreifen, Aluminium, 1 mm stark. Zulgo, Nordkamerun, 1969. B = 4,2 cm.

68
Fußreifen aus Aluminium für Frauen. 2,5 cm dick, an der Außenseite mit Ritzungen verziert, Enden zu Polyedern geformt. Bana, Nordkamerun, 1969. ∅ = 6 cm.

69
Fußreifen aus Eisen, 1 mm dünn, außen Ritzverzierung. Bana, Nordkamerun, 1969. B = 4 cm.

70
Tasche aus Leder, für Männer. Sie besteht aus zwei miteinander verbundenen Taschen mit gerundetem Boden. Bana, Nordkamerun, 1969. L = 25 cm, B = 25 cm.

73
Kalebasse zum Trinken von Hirsebier, stark ovaler Querschnitt, d.h. sehr viel länger als breit. Unverziert. Bana, Nordkamerun, 1969. L = 21 cm, B = 9,5 cm.

75
Tabaksbehälter aus einem Tierhorn. Guduf, Gwoza-Berge, Nordostnigeria, 1969. L = 16 cm.

76
Tabaksbehälter aus einem Kuhhorn, breiteres Ende mit Leder verschlossen, dünnes Ende mit Stöpsel zu verschließen. Guduf, Gwoza-Berge, Nordostnigeria, 1969. L = 47 cm.

79
Tasche aus Leder für Männer. Sie besteht aus zwei miteinander verbundenen Taschen mit gerundetem Boden, unverziert. Lange gedrillte Lederschnüre zum Umhängen. Muyang, Nordkamerun, 1969. L = 22,5 cm, B = 15,5 cm.

80
Tasche aus Leder für Männer. Ähnlich wie 79, nur größer. Rot gefärbt, mit Lederstreifchen bestickt. Guduf, Gwoza-Berge, Nordostnigeria, 1969. H = 31 cm, B = 25 cm.

82
Fliegenwedel aus den Rippen der Palme *Borassus flabellifer.* Ende des Griffteils mit Leder überzogen und mit einer Schlaufe versehen. Lamang, Nordostnigeria, 1969. L = 61 cm.

85
Gewand für Männer, zusammengenäht aus 5–6 cm breiten, weißen Baumwollstreifen, die auf den Männertrittwebstühlen gewebt werden. Runder Halsausschnitt, ohne Ärmel. Bana, Nordkamerun, 1969. Oben: B = 166 cm, unterer Saum: B = 110 cm, L = 120 cm.

87
Tabakspfeife mit Kopf aus schwarzem Ton, mit Ritzverzierung. Holzstab, mit Lederstreifen umwickelt, an Eisenkettchen aufgehängt. Bana, Nordkamerun, 1969. L = 21 cm.

89
Amulettkette (9 Teile), bestehend aus in Leder eingenähten Koransprüchen sowie in Leder eingefaßten Tierzähnen und kleinen kapselförmigen Lederpäckchen, die auf einer Schnur aufgereiht sind. Zulgo, Nordkamerun, 1969.

95
Tabakspfeife aus einem Stück Eisen geschmiedet. Zulgo, Nordkamerun, 1969. L = 36 cm.

98
Bekleidung für Frauen und Mädchen. Bestehend aus einem ganzen Ziegenleder, mit Öl und rotem Ocker eingerieben. Von jungen Mädchen lose hinten am Rücken herunterhängend getragen, von verheirateten Frauen durch die Beine gezogen und vorne an einem Gürtel befestigt. Matakam, Nordkamerun, 1969.

99
Schurz für Männer aus einem Ziegenleder. Wird mit den Vorderpfoten um die Hüfte gebunden und über das Gesäß herabhängend getragen. Mit Kaurischnecken besetzt. Lamang, Nordostnigeria, 1969.

100
Schamschurz für Frauen, aus langen mit braunrotem Ocker gefärbten Lederstreifen, die oben aus einem rechteckigen Geflecht herauskommen. Bana, Nordkamerun, 1969. L = 41 cm.

101
Schamschmuck für Frauen. Bestehend aus einem 10 cm langen und 1 cm breiten steifen und mit blauen Perlen verzierten Geflecht aus Pflanzenfaserschnur, das am oberen Ende in eine kleine viereckige Perlarbeit übergeht und am unteren Ende ca. 18 cm lange, dünne Schnurfransen hat. Die Schnüre sind in Aluminiumfolie eingewickelt. Mehrere der oberen, mit Folie umwikkelten Schnurfransen sind stets durch feine Perlschnüre an drei Stellen zusammengebunden, so daß ein steifer Stab entsteht, der wie ein männliches Geschlechtsteil wirkt. Guduf, Gwoza-Berge, Nordostnigeria, 1969. L = 10 cm.

102
Schamschmuck für verheiratete Frauen. Aus ca. 1 cm breiten Eisenstreifen zu einer Art Muschel zusammengefügt. Schmuckteil wird an einem Metallbügel am Gürtel befestigt. Mit blauen Perlen verziert. Matakam, Nordkamerun, 1952. L = 17 cm, B oben = 16 cm.

103
Schamschürzchen, an schmalen Lederriemen dichter Lederfransenbehang mit Zierstich befestigt. Gürtel durch Schlaufe zu schließen. Am Ledergürtel zwei Gelbgußringe. Mabas, Mandara-Gebirge, Nordkamerun, 1974. Fransenbehang : B = 21 cm, L = 18 cm.

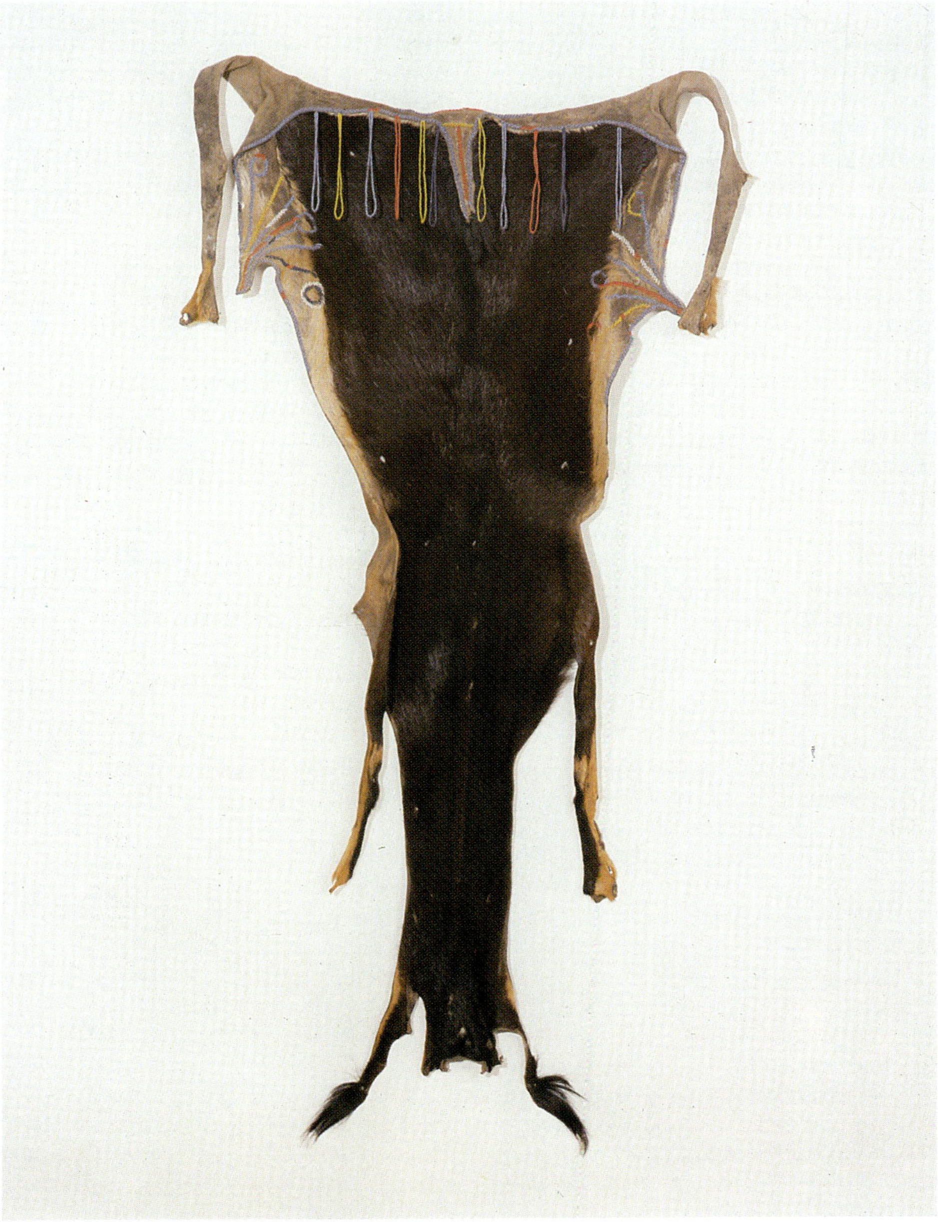

Schurz aus Ziegenleder, den die Männer über das Gesäß herabfallend tragen. Guduf, Gwoza-Berge, Nordostnigeria.
3.20.135

104
Schamschmuck, aus drei ca. 20,5 cm langen, sich nach unten hin verjüngenden Stäben, die entweder mit Leder oder mit Kupfer- und Bronzeblech überzogen sind und mit letzterem zusammengehalten werden. Am oberen Ende der Stäbe dickes Büschel feiner, gedrillter Lederschnüre von ca. 24 cm Länge. Beim Anbringen der Stäbe am Hüftgürtel, der mit Messing und Kupferblech umwickelt ist, werden die Lederschnüre am Ansatz abgeknickt, hängen somit herunter und bilden den Hintergrund für die Stäbe. Die Stäbe ahmen das männliche Geschlechtsteil nach. Kapsiki, Nordkamerun, 1969.

105
Schamschmuck wie 104. Stäbe mit Leder umkleidet. Kapsiki, Nordkamerun, 1969.

106
Schamschürzchen, an einem breiten Lederriemen ein dichter Fransenbehang aus Pflanzenfaserschnüren, die gedrillt und mit Öl und rotem Ocker gefärbt sind. Am oberen Rand mit Kaurischnecken besetzt. Zulgo, Nordkamerun, 1969. L = 13 cm.

107
Schamschmuck für Frauen aus langen, gedrillten Pflanzenfasern und blauen, weißen und roten Glasperlensträngen sowie Gelbgußringen, oben in steifem Stab endend. Lamang, Nordostnigeria, 1969. L = 48 cm.

108
Tracht verheirateter Frauen. Bestehend aus langen Lederriemen, die zu einem breiten, wulstartigen Gürtel um die Hüften gewickelt werden; ockerrot gefärbt. Außerdem ein schmaler Rindenbaststreifen, der als Schurz durch die Beine gezogen und unter dem Lederriemen festgesteckt wird. Über das Gesäß herabhängend wird außerdem ein 26 cm. langes, sich nach unten hin verbreiterndes, rotgefärbtes Lederteil getragen, das ebenfalls an dem Lederriemen befestigt wird. Zulgo (und in ganz ähnlicher Form bei den benachbarten Mada), Nordkamerun, 1969.

110
Zwei Armreifen aus Rinderhaut, an denen die Haare belassen wurden. Guduf, Gwoza-Berge, Nordostnigeria, 1969. ∅ = 5 cm.

111
Armreifen aus Rinderhaut. Guduf, Gwoza-Berge, Nordostnigeria, 1969. ∅ = 8 cm.

112
Armreifen aus Leder, an dem kleine Lederpäckchen angenäht sind, in denen sich „Medizin" befindet. Wird nur von Jägern getragen, denen es Jagdglück bringen soll. Bana, Nordkamerun, 1969. ∅ = 6 cm.

113
Ein Paar Armreifen aus Gras, sehr fein geflochten. Werden meist von Frauen am Oberarm getragen. Lamang, Nordostnigeria, 1969. ∅ = 8,5 cm.

114
Armreifen in Gelbgußtechnik. Kreisrunde, geschlossene Form mit dreieckigem Querschnitt. Wird von den Knaben während der üblichen Übergangsriten (Pubertätsfeierlichkeiten) getragen. Bana, Nordkamerun, 1969. ∅ = 6 cm.

115
Armmanschette in Gelbgußtechnik. Horizontal verlaufende Rillen an der Außenseite. Zulgo, Nordkamerun, 1969. H = 4,4 cm.

116
Armmanschette geschlossen, in Gelbgußtechnik. In der Mitte und an der Außenseite Wulst und Dreieckverzierungen. Bana, Nordkamerun, 1969. H = 9 cm.

117
Armreifen aus Gelbguß, offen. Enden als platte Polyeder gearbeitet. Gelbgußverzierungen. Bana, Nordkamerun, 1969. Dicke 2,5 cm, ∅ = 5 cm.

118
Armreifen in Gelbgußtechnik, geschlossen. Runder Querschnitt. An der Außenseite kornährenartige Verzierung. Symmetrisch an vier Punkten des Reifens ca. 3 cm lange, nagelähnliche Dorne, so daß der Reifen wie ein Steuerrad aussieht. Wahrscheinlich als Schlagring von Männern benutzt. Bana, Nordkamerun, 1969. ∅ = 7,5 cm.

119
Armmanschette in Gelbgußtechnik. An der Seite offen. An der Außenseite typische Muster der Gelbgußtechnik. Bana, Nordkamerun, 1969. H = 15 cm.

128
Wurfeisen, mit einem in Leder eingenähten Griff. Die Form des Wurfeisens erinnert annähernd an eine 3; der Griff hat einen viereckigen Querschnitt. Auf dem Eisen Ritzverzierungen. Die Eisen wurden früher auch im Nahkampf benutzt, dienen heute bei Tänzen als Paradewaffen. Guduf, Gwoza-Berge, Nordostnigeria. Sonst ist dieser Typ vor allem bei den benachbarten Matakam, Nordkamerun, üblich. 1969. L = 67 cm. (→ 3.02.106–108)

129
Schlagring in Gelbgußtechnik, offen. Viereckiger Querschnitt; schnabelähnliche Bewehrung. Bana, Nordkamerun, 1969. ∅ = 8 cm.

Kriegsschild aus Leder. Zulgo, Nordkamerun.
3.20.149

132
Schamschmuck für Knaben, in Gelbgußtechnik. Es handelt sich um einen kreisrunden, leicht gewölbten, 11 cm ∅ messenden Schmuck, der auf seiner höchsten Stelle einen kleinen nagelähnlichen Fortsatz hat. Der Schmuck soll an einem Gürtel herabhängend vor dem Geschlechtsteil getragen worden sein. (Anlaß unklar). Bana, Nordkamerun, 1969.

135
Schurz für Männer. Aus Ziegenleder, schwarz gefärbt, mit bunten Glasperlen bestickt. Die Vorderpfoten des Fells werden um die Hüfte gebunden und am Gesäß herabhängend getragen. Gwoza-Berge, Nordostnigeria, 1969. Abb.

138
Helm aus steifem Leder in Kalottenform. Wahrscheinlich aus dem Knie oder der Höckerhaut eines Rindes hergestellt. Ist im nördlichen Mandara-Gebirge eine typische Kopfbedekkung, vor allem älterer Männer. Guduf, Gwoza-Berge, Nordostnigeria, 1969.

140
Tanzaxt in Gelbgußtechnik. Schaft und Klinge in einem Stück. Der gerade, im Querschnitt runde Schaft hat einen 8,5 cm langen und verzierten Griffteil, dessen unteres Ende in einen Knauf ausläuft. Die asymmetrische Klinge trägt an ihrem in den Schaft übergehenden Ende ein für Gelbgußarbeiten charakteristisches Spiral- und Kornährenmuster. Bana, Nordkamerun, 1969. L = 35 cm.

141
Speerspitzenhülle. Eine im Querschnitt runde, sich zur Spitze hin verjüngende Röhre aus Holz, die in Ziegenfell eingenäht ist. Lamang, Nordostnigeria, 1969. L = ca. 50 cm.

142
Schwert. Griff und Scheide in Gelbgußtechnik. Klinge aus Eisen. Bana, Nordkamerun, 1969. L = 55,5 cm.

143
Tanz- und Paradestab. Langer Eisenstab mit lederumflochtenem Griffteil und unten halbkugelförmig verdickt. Wird von den Knaben bei den Abschlußtänzen ihrer Reifefeiern getragen. Bana, Nordkamerun, 1969. L = 60,5 cm.

144
Schlagstock aus Holz. Gerader, grob gearbeiteter, im Querschnitt runder Stab, der zum Ende hin dicker wird. Zulgo, Nordkamerun, 1969. L = 75 cm.

145
Schlagstock aus einem langen, geraden, im Querschnitt runden Holz, das an verschiedenen Stellen von Eisenringen umkleidet ist. Zulgo, Nordkamerun, 1969. L = 77 cm.

146
Köcher, zylindrische Form, unten spitz zulaufend. Bestehend aus Holz, das mit Leder überzogen ist. Das Anbringen des Tragriemens aus Leder geschieht durch Aufschlitzen der Haut an zwei Punkten. Außerdem wird der Tragriemen gehalten, indem er am oberen Drittel des Köchers mit einer Schnur festgebunden wird. Lamang, Nordostnigeria, 1969. L = 53 cm, ∅ = 5 cm.

147
Köcher, zylindrische Form; nach unten hin verengt sich der Querschnitt minimal. Aus Holz mit Leder überzogen. Das Anbringen des Tragriemens aus Leder geschieht dadurch, daß er am unteren Ende festgebunden wird, am oberen Drittel mit einer großen Schlaufe um den Köcher gelegt ist und gleichzeitig durch einen Schlitz im Leder gezogen wird. Zulgo, Nordkamerun, 1969. L = 53 cm, ∅ = 3 cm.

148
Bogen aus Holz mit gedrehter Sehne aus Leder. Die Krümmung des Bogens ist flach. Die Stabenden verjüngen sich minimal. Die Besehnung läuft auf der einen Seite durch ein Loch im Stab, und die Sehne ist verknotet. Auf der anderen Seite ist das Stabende eingekerbt und die Sehne unter dem Bogen verknotet. Zulgo, Nordkamerun, 1969. L = 118 cm.

149
Schild aus Leder (wahrscheinlich Rinderleder). Glockenförmig, oben leicht spitz zulaufend, die unteren beiden Spitzen leicht geschwungen. Durch Heraustreiben aus dem feuchten Leder reliefartige Muster auf der Oberseite. Mit rotem Ocker und Öl bemalt. An der Rückseite bügelartiger Griff aus gedrehten Lederschnüren, die schraubenförmig um eine Unterlage gewikkelt sind. Zulgo, Nordkamerun, 1969. H = 88 cm, B = 45 cm. Abb.

150
Helm. Kalottenförmige Haube. Innenseite aus einem Geflecht grober Pflanzenschnüre. Die Außenseite aus einem geknüpften Baumwollstoff (durch Gebrauch braun geworden). Zwischen Stoff und Geflecht dicke Polsterung (gepreßte Hirse?). Der untere Rand ist mit einem Streifen dunkelblau gefärbten Baumwollstoffs eingefaßt. Entlang der Scheitellinie des Helms ein gebogener Stock, an dem lange, weiße Ziegenhaare angebracht sind. Lamang, Nordostnigeria, 1969.

151
Helm bestehend aus zusammengenähten Grasstengeln, die einen ca. 8 cm breiten Reifen bilden, dessen Querschnitt sich nach oben hin verjüngt. Am oberen Ende mit einem Stück Leder geschlossen. Die gesamte Außenseite des Helms ist mit den weißen Haaren des Widderbartes besetzt. Der untere Rand außen mit zwei Zentimeter breiten Lederstreifen eingefaßt. Werden von den Knaben bei den Abschlußtänzen ihrer Reifefeiern getragen. Bana, Nordkamerun, 1969. ∅ = 15 cm.

155
Flöte aus einem Tierhorn mit drei Löchern. Breiter Teil des Horns mit Wachs überformt zum Anblasen. Schellen aus Gelbguß am unteren Ende als Verzierung. Zulgo, Nordkamerun, 1969. L = 14 cm.

Dolche aus dem Mandara-Gebirge, Nordkamerun.
3.20.171, 173

156
Flöte aus einem Tierhorn mit Loch an der Spitze. Horn fast gerade. Breites Ende mit Wachs überformt, zum Anblasen. In den Wachs gedrückt Kaurischnecken und Glasperlen. Guduf, Gwoza-Berge, Nordostnigeria, 1969. L = 20 cm.

157
Flöte aus Holz, zylindrisch, ohne Loch, mit eingekerbter Anblasöffnung. Lamang, Nordostnigeria, 1969. L = 25 cm.

158
Flöte aus Holz, runder Querschnitt, oben weiter als unten. Mit eingekerbtem Mundstück und einem Loch an der Spitze. Bana, Nordkamerun, 1969. L = 26,4 cm.

159
Quertrompete aus einem Antilopenhorn. An der Spitze seitlich ein Loch eingeschnitten. Lamang, Nordostnigeria, 1969. L = 34 cm.

160
Harfe (Bügelharfe) mit 5 Saiten. Resonanzkörper aus Holz, mit Pergament überzogen. Saiten aus gedrillten Schnüren. Zulgo, Nordkamerun, 1969. L = 40 cm.

161
Rassel (Gefäßrassel), kegelförmig. In der Technik des Halbflechtens hergestellt. Mit kreisrundem Boden, den eine Kalebassenscheibe bildet. Die Rassel ist mit Bohnenfrüchten gefüllt. Frauen und Mädchen binden die Rasseln beim Tanzen um beide Fußknöchel oder halten sie in der Hand. Zulgo, Nordkamerun, 1969. H = 12 cm, ∅ = 10 cm.

162
Längsflöten aus Hirsestengeln. Es gehören immer zwei verschiedener Länge zusammen, die an ihrem unteren Ende lose mit einer Schnur oder einem Perlenstrang verbunden sind. Die Flöten werden besonders bei Hirseerntefeiern abwechselnd geblasen. Die Form ist zylindrisch. Unten sind sie mit Harz verschlossen. Die Anblasöffnung ist bis auf ein kleines Loch ebenfalls mit Harz verklebt. Lamang, Nordostnigeria, 1969. Innen ∅ = 1,3 cm, L = 37,5 bzw. 35 cm.

163
Klöppelglocke in der Technik des Gelbgusses hergestellt. Klöppel aus Eisen werden z.B. von den Knaben bei Reifefeiertänzen am Gürtel getragen. Bana, Nordkamerun, 1969. H = 9 cm.

164
Drei Klöppelglocken aus Eisen. Die Glocken bestehen aus einem beinahe spiralförmig aufgerollten, flachen Eisenteil. Sie werden beim Tanzen am Gürtel getragen. Bana, Nordkamerun, 1969. H = ca. 7–9 cm.

165
Sanduhrtrommel (Bechertrommel), einfellig (Echsenhaut), unten offen mit Schnurspannung, die an einem extra Reifen aus Holz befestigt und am unteren Rand mit Fellstreifen festgebunden ist. Lamang, Nordostnigeria, 1969. H = 56 cm, ∅ = 19 cm.

166
Zylindertrommel, zweifellig, mit Schnurspannung. Beides aus Rinderhaut. An einem Baumwollband über die Schulter gehängt, wird die Trommel mit einem geraden Stock geschlagen. Sie wird ausschließlich von den Schmieden für das traditionelle Oberhaupt bei Tod, Amtseinsetzung und Festen geschlagen und auch nur im Gehöft des obersten Schmiedes aufbewahrt. Bana, Nordkamerun, 1969. H = 20 cm, ∅ = 29 cm.

170
Dolch. Griff in Gelbguß. Schmale, unten spitze, in der Mitte eingezogene Eisenklinge. Scheide aus Leder, oben mit Echsenleder eingefaßt, unten verdickte Spitze. Gude, Tchede, Mandara-Gebirge, Nordkamerun, 1927. L = 40 cm.

171
Dolch mit gerader, unten spitz zulaufender Eisenklinge und Griff aus Knochen. Knauf fast halbmondförmig. Parierstange in gleicher Form. Scheide aus Holz mit Leder umkleidet, unverziert. Kleine, geflochtene Lederschlaufe an Scheide zum Befestigen des Dolches am Gürtel. Hina, Nordkamerun, 1928. L = 35 cm. Abb.

172
Dolch (Ringdolch). Eisengriff mit Lederstreifen umflochten. Geschwungene, unten spitz zulaufende Eisenklinge. Scheide aus Leder mit Blindlinien verziert. Spitze unten verdickt. Aus Lederschnüren gedrillte und mit Knöpfen versehene Schlaufe. Mandara-Gebirge, Nordkamerun, 1938. L = 31 cm.

173
Dolch. Wie 172, nur mit Ritzverzierungen auf der Eisenklinge. Mandara-Gebirge, Nordkamerun, 1943. L = 40 cm. Abb.

175
Ahnentopf aus bräunlichem unpolierten Ton. Wird als zeitweiliger Aufenthaltsort der Verstorbenen, vor allem der männlichen Ahnen, gedacht und steht wie ein Altar, an dem geopfert wird, im Gehöft – häufig neben dem Haupthirsespeicher. Form bauchig, leicht spitz zulaufender Boden. Langer, schmaler Hals mit nach außen gerichtetem Rand. Am oberen Teil des Bauches eingedrückte Muster. Mada, Nordkamerun, 1969. H = 35 cm.

176
Ahnentopf aus rotbräunlichem Ton. Großer, runder Bauch, mit zwei ganz kurzen, flaschenförmigen Hälsen, die am Rand zusammenlaufen, so daß nur eine Öffnung vorhanden ist. Der Hals ist verziert, indem kleine, aus Gras geflochtene Bändchen über den nassen Ton gerollt werden. Außerdem ist er mit kleinen Knubben aus Ton besetzt. Dieser Topf gilt als Sitz der Seele des verstorbenen Großvaters. Bana, Nordkamerun, 1969. H = 46 cm.

Markttag in Gwoza, Nordostnigeria. Trotz eingeführter Stoffe bleibt die Babytrage aus Ziegenleder unentbehrlich.
→ 3.20. 62

Lederkunst im Maghreb – Marokko, Algerien, Tunesien

Die Länder Marokko, Algerien und Tunesien bilden den nordafrikanischen Raum im engeren Sinne. Sie werden auch *Maghreb* „Westen" genannt, eine Bezeichnung, die die Araber im 7. Jahrhundert bei ihrem Eindringen in diesen Raum zum ersten Mal verwendeten.
Alle drei Länder gehören mit ihren nördlichen Teilen der subtropischen Klimazone an und haben ein mediterranes Klima, während die südlichen Teile weitgehend Wüste sind. Die Lage des Maghreb bestimmte die Geschichte seiner Bewohner, denn sie stand in engster Beziehung zu der des Mittelmeerraumes.
Die Urbevölkerung sind die hellhäutigen und zur mediterranen, europiden Rasse gehörenden Berber. Die Bezeichnung *Berber* geht auf die Griechen zurück, die alle außerhalb ihres eigenen Kulturbereiches lebenden Völker als „Barbaren" bezeichneten. Später übernahmen die Araber dieses Wort, woraus schließlich *Bebri* (Pl.: *Barber*) wurde. Die Berber mußten sich über Jahrhunderte hinweg immer wieder mit Völkern, die über das Mittelmeer kamen, auseinandersetzen. Im 1. Jahrtausend v. Chr. mit den Phöniziern aus Kleinasien, die Karthago gründeten, später mit griechischen Kolonisten und vor allem mit den Römern. Alle versuchten im Maghreb Fuß zu fassen und hinterließen ihre Spuren in der berberischen Kultur.
Von überragender Bedeutung für Nordafrika war die Ausbreitung des Islam im 7. Jahrhundert durch die Araber, die mit militärischen Mitteln die fremden, nichtgläubigen Länder zu erobern trachteten.
Die folgenden Jahrhunderte zeigen ein ununterbrochenes Ringen der arabisch-islamischen Machthaber mit den zum Teil bereits bekehrten Berbern, die ihrerseits versuchten, politisch unabhängig zu werden. Die im Hinterland lebenden Berbergruppen erhoben sich immer wieder gegen die Araber, nicht nur um ihre politische Unabhängigkeit zu erhalten, sondern manche Gruppen auch, um ihre religiöse Freiheit zu verteidigen.
Das arabische Element blieb im Maghreb lange Zeit schwach. Erst im 11. Jahrhundert – die Fatimiden regierten Nordafrika von Ägypten aus – änderte sich dies entscheidend durch das Einfallen arabischer Beduinen, der Beni Hilal und Beni Sulaym, die aus Nordarabien und Syrien stammten (→ 3.11 „Die Mauren in der westlichen Sahara"). Alles zerstörend zogen sie mit ihren Familien und Viehherden in Richtung Westen.
Eine Folge dieser Einwanderung war neben dem völligen Niedergang der Wirtschaft und Kultur des Maghreb der beträchtliche Zustrom arabischen Blutes. Die Berber wurden weiter in die Gebirgsgegenden des Rif, des Atlas, des Aurès und der Kabylei zurückgedrängt oder wichen nach Süden in die Sahara und ihre Oasen aus.

Minarett der Kutubia-Moschee in Marrakesch mit Ziegelornamentik. Die Moschee wurde 1190 vollendet.

Um diese Zeit entstand unter den Sanhadja-Berbern, die im Gebiet des heutigen Mauretanien nomadisierten, die Bewegung der *al-Murabitun* (→ S. 100). Sie eroberten Marokko von Süden her, die westliche Hälfte Algeriens und das damals schon vom Islam eingenommene muslimische Spanien und begründeten die Dynastie der *Almoraviden.* Damit wurden die Kulturbeziehungen zwischen Marokko und Spanien ungeheuer verstärkt, was eine tiefgreifende Wirkung auf die Kul-

turentwicklung der Berber und den Maghreb hatte. Die Beziehungen rissen erst 1492 ab, als Granada von den Christen zurückerobert wurde.
Die im 11. und 12. Jahrhundert herrschende Almoraviden-Dynastie wurde von der der Almohaden abgelöst, die in den folgenden zwei Jahrhunderten die Macht in Händen hielt und dem Maghreb zu höchster Blüte verhalf. Ende des 13. Jahrhunderts schwand aber auch ihre Macht, und es bildeten sich drei Sultanate mit den Zentren Fez, Tlemcen und Tunis heraus. Es sind die Machtgebiete der heutigen Staaten Marokko, Algerien und Tunesien. Charakteristisch für alle drei Gebiete war, daß sich immer nur ein Teil des Landes unter Kontrolle der jeweiligen Machthaber befand, das übrige Gebiet aber von berberischen Stammesfürsten beherrscht wurde, so daß sich ihre Kultur wenig beeinflußt von arabisch-islamischen Elementen erhalten konnte.
Die Macht der Wadiden (ab 1260) in Tlemcen und die der Hafsiden in Tunis (ab 1228) mußte Mitte des 16. Jahrhunderts der Macht der osmanischen Türken weichen, welche Algerien erst 1710 wieder abschütteln konnte. Auch diese lange türkische Herrschaft ist für den nordafrikanischen Raum und seine Kultur von großer Bedeutung, da mit den Türken wiederum neue Impulse ins Land kamen.

Innenseite einer Satteltasche aus Leder. Teile des Leders sind ausgeschnitten und mit farbigem Samt unterlegt. Figuig, Marokko.
3.30.95

Die Islamisierung Nordafrikas war im 13. Jahrhundert weitgehend abgeschlossen, nicht dagegen die Arabisierung. Die Ausbreitung der arabischen Sprache und Kultur machte erst über die Jahrhunderte hinweg stetige Fortschritte, und gerade heute wirkt sie mit Hilfe moderner Medien weiter fort. Eine in unseren Jahrzehnten starke Verstädterung der Bevölkerung von Marokko, Algerien und Tunesien ist gleichzusetzen mit Arabisierung und in zweiter Linie auch mit Verwestlichung.

Diese Arabisierung hatte schließlich zur Folge, daß einzelne Berbergruppen ihre Herkunft vergaßen oder bewußt verleugneten, und sich der berberische Lebensraum in einzelne Inseln aufzulösen begann. Heute schätzt man, daß es 5–6 Millionen berberisch sprechende Menschen gibt, 90 % von ihnen aber zweisprachig sind.

Arabisch wird in der Schule gelehrt und ist die Sprache der Verwaltung, des Militärs und der Presse. Den höchsten Anteil berberisch Sprechender hat Marokko mit 40 %, gefolgt von Algerien mit 30 %; in Tunesien sollen es nur 1–2 % sein.

Größere zusammenhängende Berber-Gebiete finden sich heute vor allem im Hohen Atlas (bis 4000 m hoch) und im Anti Atlas. Hier leben die Berber, je nach Region, in Häusern, die aus Lehm oder Steinen gebaut sind. Auf terrassierten Feldern pflanzen die Bauern Gerste und Mais und kultivieren zusätzlich Ölbäume. Auch der östliche Hohe Atlas und der Mittlere Atlas sind Siedlungsgebiete der Berber. Dort betreiben sie in den Tälern Feldbau; ein Teil des Stammes führt während des Sommers ein Nomadenleben, indem er seine Schaf- und Ziegenherden in die Hochtäler zwischen die 3000 bis 4000 m hohen Gipfel treibt. Zu den Berber-Gebieten in Marokko gehört schließlich auch das Rif-Gebirge (bis 2000 m hoch). In Algerien sind es die Kleine und die Große Kabylei (bis 2000 m hoch), der Aurès (ca. 2000 m hoch), der Djebel Amour, der Mzab und einige Oasen der Sahara (u. a. das Gebiet um Timimun).

Berber aus dem Mzab, Marokko.

In Tunesien wird berberisch auf der Insel Djerba gesprochen, in Libyen leben Berber im Djebel Gharian und im Djebel Nefusa, also im nordwestlichsten Teil des Landes.

Schließlich leben Berber auch in den Städten und im Kulturland an der Küste, wo sie Getreideanbau mit dem Pflug betreiben und Baumplantagen (Zitrus, Oliven, Feigen, Mandeln) pflegen. Hier nahmen sie die arabische Sprache und arabische Lebensgewohnheiten an. Es ist daher heute äußerst schwierig, einen arabisierten Berber von einem Nordafrikaner arabischen Ursprungs zu unterscheiden.

In den Städten (Sg.: *medina*) leben die Menschen in großer Enge der verwinkelten Gassen. Auch in den Oasen und den Berberdörfern (Sg.: *ksar*, Pl.: *ksour*) des Atlas wohnen viele Menschen in viereckigen aus Lehmziegeln oder Steinen errichteten Flachdachhäusern auf engem Raum. Typisch für die Gebirgsregion sind zum Teil gewaltige, befestigte Speicheranlagen aus Stein, die im westlichen Hohen Atlas und im Anti Atlas *agadir* genannt werden.

Nur im Rif findet sich das Einzelgehöft, dessen Häuser, meist als Atriumbauten angelegt, aus rohgefügten Stein- oder Lehmmauern bestehen und ein Giebeldach haben.

Will man sich ein Bild von der Lederherstellung und der Lederverarbeitung des nordafrikanischen Raumes machen, so muß man die soeben beschriebenen geschichtlichen Ereignisse im Auge behalten, um zu wissen, daß es keine einheitliche nordafrikanische Kultur gibt. Eine auf arabisch-islamischer Tradition fußende, hoch-

entwickelte Stadtkultur steht einer einfachen bäuerlichen Lebensform der alteingesessenen Berber gegenüber, und beide wiederum der nomadischen Komponente. Keine dieser Gruppierungen ist in sich einheitlich. Einen sehr wichtigen Einfluß auf Handel und Handwerk hatten auch die Juden, die sich schon lange vor der Ausbreitung des Islam in den nordafrikanischen Gebieten angesiedelt hatten und später eines der wichtigsten Elemente im nordafrikanischen (maurischen)-spanischen Kulturkontakt waren.
Nordafrika ist seit langem auch den Europäern als ein Gebiet hochentwikkelter Handwerkskunst bekannt. Die Kunst der Architektur, wie sie sich an den Moscheen und Palästen offenbart, in der Seiden- und Wollweberei (Teppiche), der Stickerei und Silberschmiedekunst sind uns am meisten bekannt. Höchsten Standard erreichte aber besonders in Marokko die Ledererzeugung und Lederverarbeitung; beides liegt, wie alle anderen Handwerke, in den Händen der Männer.
Den hohen Standard des Handwerks trifft man vor allem in den Städten an, da gerade diese immer wieder neue Bevölkerungselemente aufnahmen. So konnten auch immer neue Ideen über Gestaltung und Techniken Fuß fassen. Nur in den Städten ist das spezialisierte Handwerkertum in Zünften organisiert und in bestimmten Gassen der Altstadt konzentriert. Die Handwerker in den Dörfern dagegen sind selten Spezialisten. Sie sind Bauern, und nur wenn die Feldarbeit ruht, werden Handwerksarbeiten ausgeführt. In den ländlichen Gebieten finden wir auch die Frauen als Handwerker, so

Befestigter Weiler Tirhemt n' Oufella, Asif m' Goun, Südhang, Hoher Atlas, Marokko.

etwa die Töpferinnen (ohne Töpferscheibe!) in der Kabylei oder auch die Gerberinnen, etwa im Aurès in Algerien oder im Dra-Tal in Marokko.
Die ausführlichsten Nachrichten über die Gerberei liegen uns aus Fes aus dem Jahre 1935 und aus Marrakesch aus dem Jahre 1972 vor, den beiden berühmtesten Gerberzentren. Aber auch von Constantine in Algerien sind die Vorgänge des Gerbens um das Jahr 1909 beschrieben worden, ebenso von Tetouan; schließlich von ländlichen Bezirken wie dem Djebel Amour und dem Aurès in Algerien, die sicher auch typisch für andere Gebiete sind.
Fes und Marrakesch verkörpern zwei wichtige kulturelle Pole marokkanischer Kultur. Fes, 808 n. Chr. unter den Idrissiden gegründet, repräsentiert den islamisch-orthodoxen Norden des Landes und den Einfluß der spanischen Juden. Marrakesch, 1062 unter den Almoraviden gegründet, ist eine Berberstadt, in der die Gerber – angeblich Juden – schon vor der eigentlichen Gründung eine Rolle spielten.
In Fes gehört die Zunft der Gerber mit zu den ältesten überhaupt. Spätestens im 12. Jh. soll ihre Gründung erfolgt sein. Einen wesentlichen Impuls erfuhr das Gerberhandwerk durch Flüchtlinge aus Kairouan, die vor der sich neu etablierenden Dynastie der Aghlabiden (bis 910 n. Chr.) flohen. Durch die Herrschaft der Abbassiden in Bagdad (Harun al Raschid: 786–809), die zu dieser Zeit bis Marokko reichte, gelangten auch persische Einflüsse in das Gerberhandwerk. Durch die politische Herrschaft der Omajjaden, die von 756 bis 1013 in Südspanien (Cordoba) herrschten, beeinflußte auch Südspanien den Maghreb.
Schon um 935 wurde in den schriftlichen Quellen von der Bedeutung des Leders gesprochen, und der Export ging bereits bis nach Bagdad. Zur Zeit der Meriniden (13./14. Jh.) soll es ungefähr 100 Gerbereien in Fes gegeben haben.
Daß sich dieses Handwerk gerade in Marokko zu solcher Blüte entfalten konnte, ist vor allem auch den natürlichen Gegebenheiten dieser Region zu verdanken. Es gibt genügend Quellen und Flüsse, ohne die Gerberei in diesem Ausmaß nicht möglich ist; zumindest in früheren Zeiten gab es einen großen Wildreichtum in den benachbarten Bergen, und auch für die Viehzucht herrschten ausgezeichnete Bedingungen. Die Häute von Eseln und Pferden spielten in der Gerberei keine Rolle.
Viele Jahrhunderte hindurch lebte ein großer Teil der Bevölkerung von Fes und Marrakesch vom Gerberhandwerk, vom Zulieferergewerbe und der Lederverarbeitung. Zu letzterem gehörten die Schlachter, dann die Verkäufer der verschiedenen für den Gerbvorgang notwendigen Rohstoffe oder die Verkäufer der fertigen Leder.
In den letzten 50 Jahren unseres Jahrhunderts hat sich die Lage des Gerberhandwerks im gesamten Maghreb drastisch verschlechtert. Den ersten gravierenden Stoß erhielt es Ende der 20er Jahre durch das Schließen des Marktes von Kairo für den marokkanischen Export von Ledern sowie für fertige Pantoffeln. Besonders hohe Einfuhrzölle bedrohten zur gleichen Zeit auch die Ausfuhr in den Senegal. Schließlich hielt durch die europäische Kolonialherrschaft auch die technisch moderne, chemische Gerberei ihren Einzug, und zwar vor allem in Algerien. Algerien exportierte nun seinerseits seine Leder nach Marokko. Verheerend war auch die Masseneinfuhr von Gummischuhen aus Japan, die später verboten wurde. Die sich allmählich verändernden Lebensgewohnheiten in Nordafrika führten dazu, daß für viele Dinge des täglichen Lebens kein Bedarf mehr war und die lederverarbeitenden Handwerker keine Käufer mehr fanden. Erst der wachsende Tourismus scheint das Lederhandwerk und damit die Gerberei vor ihrem totalen Untergang bewahrt zu haben, versucht doch die marokkanische Handwerkskammer ganz bewußt, die traditionelle Gerberei und Lederverarbeitung zu erhalten.
In den 30er Jahren gab es in Fes, in jeweils vier verschiedenen Teilen der Medina (Altstadt) noch vier Gerbereien. *Gerniz* ist die älteste Gerberei und besteht mindestens seit dem 12. Jh. Sie beschäftigt 31 Meister. *'Ain Azliten,* im 18. Jh. entstanden, hat 37 Meister, *Suwwara* hat 87 Meister und ist somit wirtschaftlich die Bedeutendste. *Rahbat ettben* hat nur 6 Meister, ist aber sehr alt. In den 30er Jahren wurde geschätzt, daß bis zu 350 Personen im Gerberhandwerk von Fes

Gerber bei der Arbeit in den Färbergruben. Fes, Marokko.

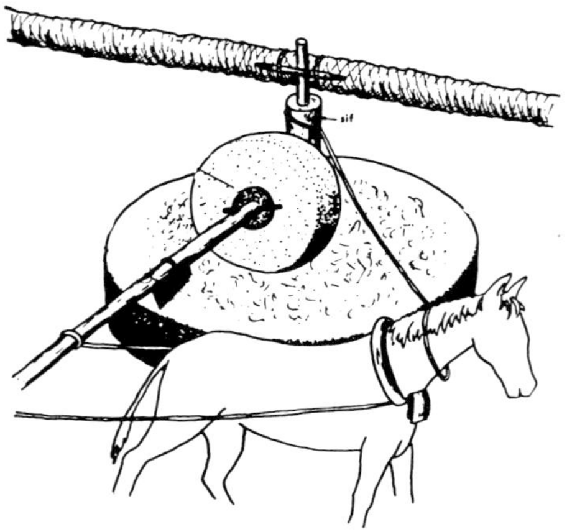

Von einem Maultier bewegte Steinmühle zum Mahlen der Galläpfel, die zum Gerben von Leder verwendet werden. Marokko.

beschäftigt waren. Alle Gerbereien sind spezialisiert. So gerbt *Gerniz* ausschließlich Rind- und Kamelleder und stellte früher ein rosa Ziegenleder her, das für die Bevölkerung von Rabat wie auch für die Juden bestimmt war. *Suwwara* und die kleinere Gerberei *Rahbat* spezialisieren sich vor allem auf Ziegen- und Schafhäute und gerben nur in geringem Umfang Rinderhäute. *'Ain Azliten* schließlich gerbt zu 9/10 Ziegenhäute. Unter ihnen gibt es einen Gerber, der Rinderleder für Geschirre und Zaumzeug für Pferde und Esel gerbt.

In Marrakesch gab es in den frühen 70er Jahren zwei Viertel, in denen gegerbt wurde. *Bab debbagh,* die älteste Gerberei, und *Riad la'arus.*

In den Städten des Maghreb nehmen die Gerbereien ein großes, offenes Terrain ein, in dem sich rechteckige Bassins zum Waschen und Weichen der Häute befinden, außerdem Becken mit klarem, fließendem Wasser, ebenfalls zum Auswaschen der Häute. Weiterhin gibt es runde oder rechteckige Gruben von 50–60 cm Tiefe, in denen Kalkbäder durchgeführt werden, andere Gruben von 1 m Tiefe und unterschiedlicher Größe für den Gerbvorgang, je nach Art der zu gerbenden Tierhäute. In solchen Gruben können 30 bis 60 Häute liegen.

Um die Gruben herum stehen die Lagerhäuser, häufig über diese hochgebaut, so daß die Häuser einen Schutz vor den üblen Gerüchen bieten, die jeder Gerberei entströmen. Die Räume der Häuser dienen zum Trocknen der Häute, zum Magazinieren und für die einzelnen Vorgänge während des Zurichtens der Leder. In den Räumen befindet sich ca. 50 cm über dem Boden jeweils ein langer, glatter Balken, dessen Enden in gegenüberliegende Wände eingelassen sind. An ihm wer-

a) Messer zum Entfleischen, b) Vorrichtung zum „Narben" des Leders, c) Glätteinstrument, d) Messer zum Enthaaren, e) Messer zum Entfleischen, f) Töpfchen für die Lederfarbe, g) Horn zum Ausgießen der Farbe, h) Glätteinstrument aus Eisen.

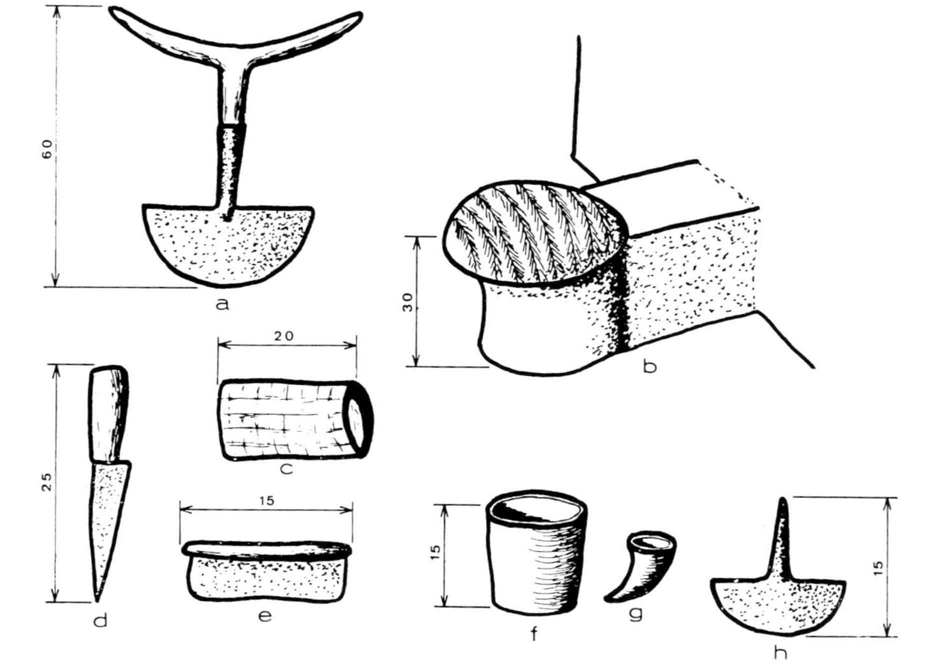

den verschiedene Arbeiten während des Zurichtens durchgeführt. Die Dächer der Häuser dienen zum Trocknen der Häute nach dem Färben.
Das Gerben von Ziegenhäuten erfordert viel Geschick. Die Umwandlung der Haut zu hochwertigem Leder erfolgt in zahlreichen Schritten, die beim Gerber anderer Tierhäute nicht alle durchgeführt werden. Das Gerben von Schafhäuten unterscheidet sich meist nicht wesentlich vom Gerben der Ziegenhäute, nur ist die Zusammensetzung der angewendeten Gerbstoffe anders. Rinder- und Kamelhäute müssen stets länger in den Gruben liegen, da sie dicker sind. Außerdem wird das Zurichten bei weitem nicht so sorgfältig durchgeführt wie bei Ziege und Schaf. Die Gerber kaufen die Häute auf den Schlachthöfen. Zusätzlich existiert in Marokko eine Einfuhr aus Algerien, und früher wurden durch Vermittlung der Juden Häute auch aus Spanien eingeführt.
Eine sehr alte Zunft sind die Aufkäufer der Schaffelle. Ihre Mitglieder sollen aus Marrakesch stammen. Diese Zunft lebt vom Vorbereiten der Schaffelle für die Gerber. Sie entfernen die Haare und verdienen am Weiterverkauf der Wolle. In Fes gibt es 66 Meister dieser Zunft.
Die Enthaarung erreichen sie durch eine Mischung aus Asche und Kalk, die sie auf Haut und Wolle schütten. Auch Reste eines Ölkuchens, der eine Nacht einwirken muß, erfüllt diesen Zweck.
Im Gegensatz zu den Schafhäuten werden Ziegenhäute mit den Haaren gekauft. Das Enthaaren der Häute geschieht in Fes z. B. mit Tonerde oder mit Asche. Um den Fäulnisprozeß zu verhindern, werden die Häute dann gesalzen; dies geschieht durch festes Einreiben mit der Hand, immer in praller Sonne.
Das Reinigen der Häute erfolgt in den Gruben mit fließendem Wasser, was gleichzeitig ein Aufquellen der Häute zur Folge hat. Im Sommer ist die Dauer für alle Vorgänge kürzer als im Winter (Sommer = 1 Nacht, Winter = 3–4 Tage).
Für das Entfernen der Haare auf dem Scherbaum gibt es Spezialisten. Danach werden die Häute in die Kalkgruben überführt, in denen sich noch die restlichen Haare zersetzen. Der Vorgang beginnt immer mit einem

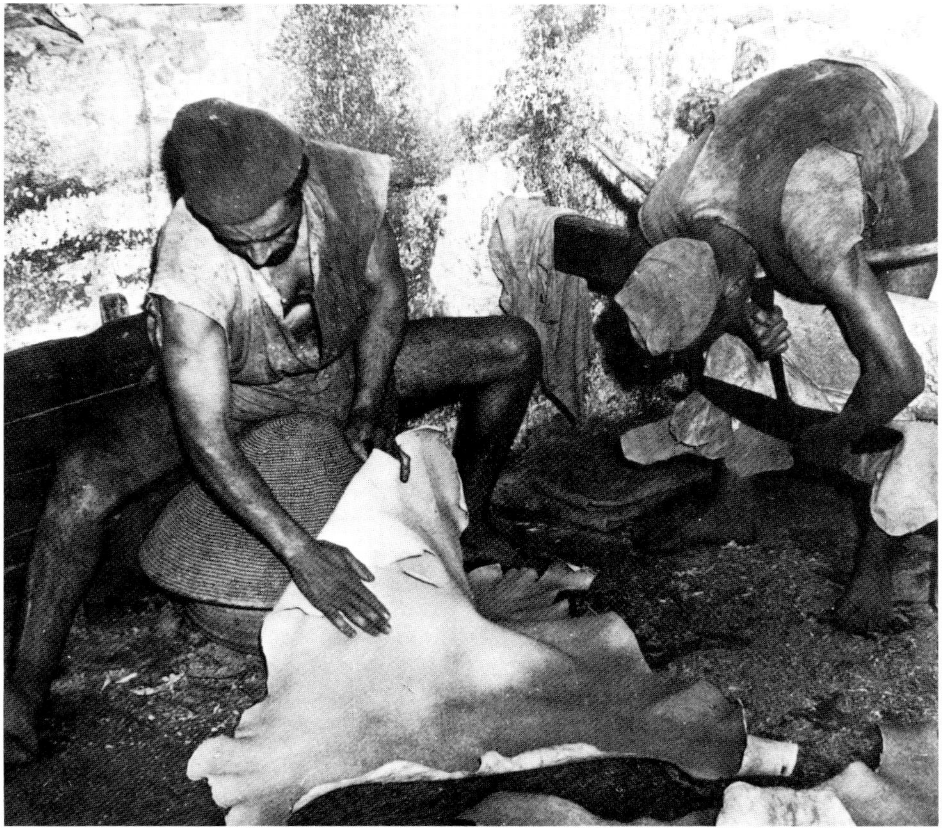
Marokkanische Gerber, links beim Glätten von Leder, im Hintergrund beim Entfleischen der Haut am Scherbaum.

schwachen Bad und endet mit einem ganz aggressiven Kalkbad. Im Winter liegen die Häute bis zu 50 Tagen, im Sommer mindestens 30 Tage im Wasser. Diese Arbeit ist für die Arbeiter ungeheuer schwer, da sie halb entblößt, mit nackten Beinen, in den aggressiven Kalkbädern die Häute mit den Füßen durchstampfen.
Nachdem man die Häute aus den Gruben entnommen hat, wird die Haut mit einem halbmondförmigen Eisenmesser völlig glattgeschabt.
Das Auswaschen des Kalks erfolgt unter fließendem Wasser. Besonders mühselig ist dieser Vorgang in Rabat, wo es kein fließendes Wasser gibt und die Gruben ständig neu gefüllt werden müssen. Die Arbeiter stampfen im Wasser auf den Häuten herum, bis der Kalk restlos ausgewaschen ist. Diese körperlich so ermüdende Arbeit wird meist mit rhythmischen Gesängen begleitet.
Als nächstes wird die Haut mit dem Kot wilder Tauben gebeizt. Er wird in die Häute eingestampft und soll der Haut Festigkeit geben. Der Kot wird in den Bergen, aber auch in der Stadt, häufig von Kindern gesammelt und an die Gerber verkauft.
Darauf wird die Haut einem Kleiebad unterzogen (Kleie sind die äußeren Schichten des Getreidekorns; sie fällt bei der Mehlherstellung als unbrauchbar für die menschliche Ernährung ab). Die Kleiebehandlung muß man vorsichtig durchführen, da sonst Löcher in den Häuten entstehen können. Im Winter kann das Kleiebad bis zu 15 Tage dauern.
Erst nach all diesen Vorarbeiten erfolgt der Gerbvorgang in der Grube. Die Gerber von Fes stellen eine Lohe aus den Galläpfeln der *Tamarix articulata* her (Gallen entstehen an Blättern und Stengeln von Pflanzen dadurch, daß Insekten [Gallwespe] Eier ablegen). Die sich bildenden krankhaften Wucherungen sind die „Galläpfel", die wie kleine Früchte aussehen; von ihnen ernähren sich die Insekten. Die Galläpfel kommen aus dem Tafilalt, aus Medagra, Reteb und Rheris. Sie haben das Aussehen violetter Körner von der Größe einer Kichererbse.
Die Galläpfel werden in den zu den Gerbereien gehörenden Mühlen zusammen mit etwas Öl gemahlen oder von den Lehrlingen in Mörsern zu Puder zerstampft. Die arabische Bezeichnung des Gerbstoffes heißt *takkut/takaut*. Dieser Gerbstoff dient nur zum Gerben von Ziegen- und Schafhäuten. Rinder- und Kamelhäute gerbt man mit der zermahlenen Rinde der Korkeiche, die in der Nähe von Fes im Mamora-Wald oder in der Gegend von Rhiyata wächst.
Im Sommer benötigen die Gerber nur 4–5, im Winter dagegen bis zu 30 Tage für den Gerbvorgang.
Ist der Gerbstoff völlig ausgewaschen, erfolgt die Nachbehandlung der Fleischseite, um anhaftende Reste des Unterhautbindegewebes mit Hilfe einer Tonscherbe zu entfernen. Die abgetropften und ausgewrungenen Leder werden schließlich auf dem Terrassendach zum Trocknen ausgebreitet.
Als die Lederherstellung noch in vollster Blüte stand, führten die Gerber vor der Behandlung mit dem Gerbstoff eine weitere Prozedur durch. Sie unterzogen die Haut einem Feigenbad. Die Feigen wurden so lange in Wasser gelegt bis ein dicker Saft entstand. Erst so erreichten die Gerber eine absolute Spitzenqualität ihrer Ziegenleder. Das Feigenbad verhinderte ein Spalten, Schälen oder Schrumpfen des Leders. Diese Behandlung gab man im 20. Jh., auch aus Kostengründen, immer mehr auf.
Daß man die Lederqualität durch Feigenbäder steigern kann, scheint eine alte Weisheit zu sein, denn auch von ländlichen Gebieten sind ähnliche Vorgänge beschrieben worden. So werden im Djebel Amour von den Frauen beim Gerben ihrer Ledersäcke aus Schafbälgen Datteln mit Wasser versetzt und das wie Honig aussehende Produkt in das Innere der Tierbälge gerieben, bis die Haut die Dattelmasse völlig aufgesogen hat. Anstelle von Datteln nimmt man auch die Körner der Granatäpfel.
Das Zurichten der Leder ist stets Aufgabe der Meister. Es geschieht in geschlossenen Räumen und beinhaltet das Färben, das Geschmeidigmachen und Polieren des Leders.
Die Farben werden mit dem Ballen der Hand auf der Narbenseite verteilt und zum besseren Eindringen der Farben Öl hinzugefügt.
Das Geschmeidigmachen der fertigen Leder geschieht über einer Art von Kuppel aus Ton, deren Oberfläche viele, kleine Noppen besitzt. Man zieht das Leder mit der Fleischseite über die Noppen. Das Strecken der Leder, früher von zwei Gerbern ausgeführt, ist heute nicht mehr üblich.
Das Glätten geschieht auf dem eingelassenen Holzbalken mit einem halb-

mondförmigen, großen Eisen, das an einem langen Holzstiel befestigt ist. Mit einem rechteckigen, 20 cm langen Holz wird das Leder von der Fleischseite her geglättet. Mit einer rechteckigen und keinesfalls scharfen Eisenklinge wird das Leder zuletzt poliert. Der gesamte Prozeß von der Haut bis zum zugerichteten Leder dauert für große Häute im Sommer ca. 2 Monate, für kleinere 1½, im Winter mindestens 3 Monate.
Den Verkauf der Leder besorgen die *dellala,* eine eigene Zunft, die von den Gerbern für ihre Arbeit bezahlt wird. Sie sind die Ärmsten der Armen, kaum gebildet und gering geschätzt.
Es sei noch angefügt, daß abseits der großen Städte des Maghreb, in den ländlichen Gegenden (Djebel Amour in Algerien) auch noch Gerbtechniken angewandt werden, die mehr eine Fettgerbung als eine vegetabilische Gerbung darstellen, obwohl in manchen Fällen durchaus auch Pflanzen verwendet werden, so z. B. Rosmarin, zerstoßenes Henna, Granatapfelrinde, Gerstenmehl, Wacholderblätter. In Südalgerien, im Aoulef Arab, sind die Vorstadien zum eigentlichen Gerben: Einweichen in einer Alaun-Salz-Wasser-Mischung – Schlagen der Haut mit einer Holzkeule – Einrollen und Eingraben der Haut in feuchten Sand für zwei bis drei Tage.
Gewisse Tierbälge, die als Transportsäcke dienen sollen, werden fast ausschließlich von innen mit Butter oder Öl getränkt, bis die Haut das Fett aufgesogen hat. Ein anderer Vorgang, der schon für die Mauren beschrieben wurde, ist das abschließende Teeren mancher Ledersäcke.
Wie schon erwähnt, war das gesamte Handwerk in den Städten des Maghreb in Zünften organisiert. Allerdings ist das Zunftwesen nicht mit dem Europas zur Zeit des Mittelalters zu vergleichen, da es in keiner Weise so durchorganisiert war wie in Europa, vor allem was die Ausbildung betrifft. Es kannte keine sehr eingehenden Bestimmungen, die die Struktur der Handwerker regelte. In Marokko, in den Städten Fes und Marrakesch oder etwa in Tunesien, standen den Zünften ein oder auch mehrere *amin* vor, was ehrlich, vertrauenswürdig heißt. Bei den Gerbern von Fes gab es ursprünglich drei *amin.* Sie wurden nach persönlichem Ansehen gewählt und mußten ihr Amt auf Lebenszeit durch den *Pascha (Bey)* bestätigen lassen. Sie vertraten die Gerber gegenüber den Machthabern, schlichteten Streit und konnten im Ernstfall sogar jemanden aus der Zunft ausschließen. Vor allem kontrollierten sie die Mühlen wie auch die Rohstoffe. Eine gemeinsame wirtschaftliche Strategie haben die Zünfte dagegen nie entwickelt.
Im zweiten Glied stehen die Meister, unter ihnen die Arbeiter und unter diesen wieder die Lehrlinge. Die Arbeiter kommen oft von außerhalb, in Fes z. B. aus Marrakesch, Demnat oder Boujad, wo es ebenfalls Gerbereien gibt. Die Arbeiter verrichteten die schwersten Arbeiten, so die in den Kalkgruben, das anstrengende Austreten der Häute in den Wassergruben oder das Stampfen der Häute mit den Füßen in den verschiedenen Bädern.
Gerberlehrling kann ein Junge bereits mit 10 Jahren werden, je nach körperlicher Verfassung, denn das Gerberhandwerk kann nur kräftige und gesunde junge Leute brauchen. Der Nachwuchs in Fes rekrutiert sich meist aus den Söhnen der Meister und Arbeiter. Ihre Lehre dauert zwischen zwei und fünf Jahren. Sie bekommen einen äußerst geringen Lohn, häufig gerade nur eine Schüssel voll Suppe. Sie müssen die Häute von einer Grube in die andere tragen und die Gruben füllen. Sind die Lehrlinge in der Lage, Leder zu walken, ist ihre Lehre beendet. Der Meister gibt ihnen dann einige Häute, die sie ganz allein zu ihrem eigenen Gewinn gerben dürfen. Damit sind sie Arbeiter geworden.
Die Meister sind fast immer in der Stadt geboren, in der sie ihre Gerbgruben betreiben und leben auch in der Medina. Häufig sind sie untereinander verwandt.
Über die gesellschaftliche Stellung der Gerber ist Unterschiedliches berichtet worden. Während es heißt, daß die Gerber von Fes äußerst geachtet waren, man ihren Reichtum anerkannte und einem Gerber gern seine Tochter zur Frau gab, heißt es über Marrakesch, daß die Gerber kein Ansehen hatten. Die geringe gesellschaftliche Stellung wird mit einer Legende erklärt, die die Entstehung des Gerberhandwerks als eine göttliche Strafe erklärt. So gab es einen „Schwarzen König", dem die unsichtbaren Geister *(jnun)* untertan waren. Eines Tages wollten diese revoltieren und als Strafe dafür erlegte der „Schwarze König" ihnen auf, eine Stierhaut zu gerben, was als sehr harte Arbeit galt. Aus diesen *jnun* gingen die Gerber hervor. Sidi Yakub, der Schutzpatron der Gerber, war einer dieser Geister.

Teilansicht einer großen Ledertasche. Das Leder ist mit äußerst feiner Lederstreifen-, Gold- und Wollfadenstickerei verziert. Rif, Marokko.
3.30.19

Die Gerber waren in Marokko stets ein aggressives Element, gleichzeitig aber bekannt für ihre Heiterkeit sowie für ihren Sinn für Spott. Bei allen wichtigen Festen waren sie gern gesehene Gäste. Sie organisierten sich auch für gemeinschaftliche Jagden, auf denen sie spezielle Lederhemden trugen. Ihre Jagdbanden waren paramilitärisch organisiert, so daß sie z. B. bei Aufständen stets als gut organisierte Gruppe auftraten.
Hervorgehoben sei noch, daß die Allgemeinbildung der Gerber in der Vergangenheit äußerst niedrig war. Kaum einer konnte arabisch schreiben oder den Koran lesen. Erst in den letzten Jahrzehnten scheint sich dies durch die allgemeine Schulbildung geändert zu haben.
Eine wichtige Rolle im gesellschaftlichen Leben der Gerber spielte das gemeinschaftliche Rauchen von indischem Hanf, einer Droge, die *kif* (Haschisch) genannt wird. Die Meister versammelten sich, abgeschlossen von den Arbeitern und Lehrlingen, um in ihren Werkstätten zu rauchen. Auch die Arbeiter hatten ihren eigenen Kreis. Das Rauchen der Droge wird damit erklärt, daß es sonst nicht möglich sei, in den übelriechenden Gruben die körperlich so verzehrende Arbeit zu verrichten.
Aus den Berichten über das Gerben in der Stadt Marrakesch wissen wir, daß das Gerben nicht nur als ein rein technisch-chemischer Vorgang angesehen wurde, sondern daß man der Ansicht war, daß sich das Gerben in enger Beziehung zu den „Unsichtbaren" vollzieht. Die Gerberei gilt als eine gefährliche Welt, ist aber auch wohltätig. Die Haut sieht man als ein Symbol der Fruchtbarkeit sowie des Schutzes an, da sie ja das Tier schützt. Das Gerben der Haut wird als eine Wiederauferstehung der toten Haut angesehen und jeder Vorgang beim Gerben ist ein Schritt auf diese Wiederauferstehung hin. So ist das Stadium des Kalkbades das Übergangsstadium vom Tode zum Leben und beinhaltet eine Reinigung. Der Arbeiter steigt „in die Welt des Feuers" und die Haut besteht die „Feuerprobe". Durch das Bad im Taubendung und im Weizenkleiebad erhält die Haut ihre erste Seele (*nefs,* die vegetative Seele, die man von der Mutter erbt). Im Gerbbad, in der die Haut endgültig zu Leder wird, erhält sie die zweite Seele, die männliche *rruh.* Auch im Norden Marokkos erfahren wir von solchen Wiederauferstehungsvorstellungen. In Tetouan wird der Gerbvorgang als *tlo'a* bezeichnet, was Wiederauferstehung bedeutet.
Von besonderem Interesse ist jene Gruppe von Handwerkern, die von den *dellala,* den Lederverkäufern, die verschiedenen Lederarten aufkauft, um daraus Gegenstände unterschied-

lichster Art herzustellen. Auf diese Käuferschicht abgestimmt wurde das Leder von Ziege, Schaf, Rind, Kamel und gelegentlich von Wildtieren gegerbt, zugerichtet und gefärbt.
Die meisten Leder wurden für den Binnenmarkt produziert. Nur das Ziegenleder, das bis heute überall Weltruhm genießt, wurde seit Jahrhunderten auch exportiert, und zwar nicht nur in den Vorderen Orient – so besonders nach Ägypten –, sondern vor allem auch nach Europa. Dort wurde es unter dem Namen *maroquin* oder *saffian* berühmt. Der Name „Saffianleder" leitet sich von der marokkanischen Küstenstadt Safi (im Altertum Sofia) am Atlantik her. Safi war einer der Ausfuhrhäfen für die berühmten feinen und weichen, auf der Narbenseite gefärbten, nordafrikanischen Ziegenleder.
Die Bezeichnung *maroquin,* im Französischen heute gleichbedeutend mit dem Wort „Ziegenleder" bzw. „Saffianleder" (die Engländer sprechen später von *Morroco leather*) entsteht um 1500. In Italien war das hochwertige Ziegenleder Ende des 15. Jahrhunderts bereits bestens bekannt. Es kam über die Häfen Neapel und Venedig und wurde aus Spanien oder den islamischen Gebieten Nordafrikas eingeführt.
1536 schloß Frankreich unter Franz I. mit der türkischen Osmanen-Dynastie einen Handelsvertrag, infolgedessen das maghrebinische Ziegenleder auch auf die Pariser Märkte gelangte. 1749 wurde die erste Saffianfabrik im Elsaß, 1797 in Paris eröffnet. Zu Beginn des 19. Jahrhunderts wurde der Begriff *maroquin* allgemein für das Material Ziegenleder verwendet (z. B. „Maroquin-Beutel"), während es heute eine besondere Ziegenlederart mit groberer Körnung bezeichnet (nordafrikanische Ziege, Kap-Ziege).
Die Gerber Nordafrikas kannten zahllose Möglichkeiten, mit unterschiedlichen Pflanzen zu färben. Besonders Gelb- und Rottöne spielten eine hervorragende Rolle.
Die begehrteste und offensichtlich charakteristischste Farbe für Lederarbeiten in Nordafrika ist ein blasses Gelb. Der Gerber erhielt es durch Mischen von Alaun mit Granatapfelrinde, bevor die Reife der Frucht einsetzte. Tetouan scheint für dieses Leder besondere Berühmtheit erlangt zu haben. Wenn der Granatapfel bereits reif war, fiel die Farbe dunkler aus, beinahe orange, was weniger gewünscht wurde. Statt der Ziegenleder färbte man damit eher Schafleder.
Ein ganz blasses Gelb, mehr Weiß zu nennen, produzierten die Gerber von Fes für den Markt von Senegal, wohin die Schuhmacher ihre Pantoffeln aus diesem Leder exportierten. Das mit Galläpfeln gegerbte Leder wurde lediglich in Weinsäure gelegt.
Besonderen Ruhm genießen jene Leder, die die Bezeichnung *filali* tragen. Sie sind eine Spezialität von Marrakesch, werden aber vor allem im Tafilalt (daher *filali*-Leder) und auch im Dra-Tal hergestellt. Die *filali*-Leder werden mit zu Puder zerstampften Wurzeln des Krapp gefärbt, zu dem

Geldtasche. Solche langen, schmalen Ledertäschchen werden zusammengerollt und zugebunden. Westliches Marokko.
3.30.03

Dattelpaste – oder auch Öl – und Alaun gemischt werden. Auf diese Weise entstehen leuchtend hellrote Leder.
Da das Tafilalt-Leder erst über den Atlas transportiert wurde, mußten die Käufer in den Städten hohe Preise bezahlen. Die Tafilalt-Region spielt für das Gerberhandwerk eine zentrale Rolle, wird doch gesagt, daß die ersten Gerber, die in Marrakesch Schaf- und Ziegenhäute gerbten, *schorfa* (Sg.: *scherif*), Abkömmlinge des Propheten Mohammed waren und aus dem Tafilalt stammten.
Das Dra-Tal kennt eine besondere Gruppe von Gerberinnen, die Ziegenleder gerben, aus dem u. a. Kissen für Hochzeitspaare hergestellt werden, die auf ihnen ihre Hochzeitsnacht verbringen. Häufig erscheint auf diesen Lederkissen ein Fischmotiv, das Symbol der Fruchtbarkeit.
Ein weiteres Rot wurde aus der Kaktusschildlaus in Verbindung mit Alaun gewonnen. Mit diesem Rot färbte man vorwiegend Stier- und Kamelleder, in Marrakesch aber auch Ziegenleder.
Braunes Leder, dessen Farbe durch den Gerbprozeß mit der Lohe entsteht, kam aus den ländlichen Gebirgsregionen in die Städte. Diese Leder verarbeitete man z. B. für Korantaschen, Bucheinbände oder Patronentaschen. Auch schwarzes Leder gab es in geringem Umfang. In Constantine färbte man es mit Brazilholz, aber auch mit Eisenvitriol. Aus schwarzem Leder wurden vor allem die Pantoffeln der Jüdinnen gemacht, da die Farbe Schwarz für ihre Schuhe vorgeschrieben war.

Sattel aus Holz mit einem Überzug aus Leder, mit Metallfäden bestickt. Kastensteigbügel aus Eisen. Marokko.
3.30.75

Grünes Leder wurde am besten im Tafilalt hergestellt – es bleibt unklar, ob es sich um das „Kano-Grün" der Hausa und Tuareg handelt (→ S. 23). Violette Farben entstehen aus dem Blauholz, welches mit Alaun und Brazilholz vermischt wird. In Marokko ist es eine Spezialität der Stadt Khenifra. Da es nicht möglich ist, mit Indigo das vegetabilisch gegerbte Leder zu färben, kommt Blau in der nordafrikanischen Lederfarbpalette nicht vor.
Alle diese in verschiedenen Farben angebotenen Leder hatten ihre besondere Zielgruppe. Als Wichtigste ist die der Schuhmacher (Sg.: *harraz,* Pl.: *harraza*) zu nennen, deren Hauptprodukte die Pantoffeln sind, die man auch exportierte und die selbst heute in der veränderten Welt noch eine große Rolle spielen (58–61). Die Oberpartie wurde aus Ziegenleder angefertigt, Rinder- und Kamelleder wurden zum Auskleiden der Pantoffeln bzw. für die Sohlen genommen. Der Pantoffel (→ 6.72.110–115), heute die beliebteste Fußbekleidung, fand im Maghreb, vor allem in Algerien, erst während der türkischen Herrschaft zu Beginn des 17. Jahrhunderts seine Verbreitung. Das heute allgemein übliche Wort *babouche,* das die Franzosen verbreiteten, stammt aus dem Persischen. Neben dem Pantoffel existieren in Nordafrika eine Reihe von Schuhformen, so die Opanke (→ 6.34), verschiedene Sandalenformen und geschlossene Schuhe sowie Stiefel (→ 6.72).

Pferdegeschirr aus Leder, vollständig mit Silber- und farbigen Seidenfäden bestickt. Mit Messingbeschlägen verziert. Tripolis, Tunesien.
3.30.82

Eine weitere lederverarbeitende Zunft sind die *skariya* (Sg.: *skairi*), was „Tasche" bedeutet, und zwar die großen Umhängetaschen, die alle marokkanischen Männer an einem langen Band tragen, da ihre Kleidung taschenlos ist. Diese Lederhandwerker bezeichneten die Franzosen als *maroquiniers.* Durch den Kontakt mit den Europäern und dem aufblühenden Tourismus ist es dieser Zunft zugefallen, auch Brieftaschen, Geldbörsen, Damenhandtaschen, Aktentaschen, Schreibmappen, Reisetaschen usw. anzufertigen.
Eine weitere Gruppe von Lederhandwerkern stellt Sättel her (Sg.: *serj,* Pl.: *sruj*) (75), wieder andere das Zaumzeug (Sg.: *ljaimi,* Pl.: *ljamiya*) (81, 82). Die Sättel für Pferde und Kamele werden meist aus Rinderhaut gemacht. Die *dellayine* (Sg.: *dellai*) stellen Ledereimer, Ledersäcke aus Tierbälgen und Ledergefäße her. Früher waren diese Dinge vor allem für das Heer von Bedeutung.
Schließlich sind noch jene Handwerker zu nennen, die Bucheinbände aus Leder machen (Sg.: *seffar,* Pl.: *seffara*), eine Kunst, die im 20. Jahrhundert fast völlig verloren gegangen ist.
Es ist unklar, wer die kreisförmigen, hohen Kissen anfertigt, die für Marrakesch so charakteristisch sind, ebenso welche Zunft die *haiti* genannten Lederwandbehänge machte, die die Zimmerwände der Reichen von Fes schmückten.
In den ländlichen Gebieten finden wir überall Frauen als Gerberinnen, so im Dra-Tal oder in Algerien im Aurès und im Djebel Amour. In diesen Gegenden entstehen meist Dinge für das tägliche Bauern- und Nomadenleben, wie

Chaouia-Frau aus dem Aurès-Gebirge mit einem Wassersack auf dem Rücken, 1929.

Opanken, Sandalen oder Gürtel, etwa bei den Hlot, wo Gürtel die Kittel der Männer zusammenhalten; aus Stroh geflochtene, breitkrempige Hüte, die an ihrer Unterseite mit Lederteilchen verziert sind (Algerien, Tunis), Säcke aus Tierbälgen, Gamaschen für Frauen, die wegen des dornigen Gestrüpps im Rif und im Habt getragen werden, Siebe, Gebetsteppiche aus Schafspelzen *(regaa / betana)*, Spiegeletuis, die im Aurès vorrangig von älteren Frauen benutzt werden, und schließlich kleine Lederetuis, innen mit einem Holzröhrchen, in dem die Braut das schwarzfärbende Antimonitpulver aufbewahrt, das als Augenschminke dient (115). Auch Lederscheiden für Messer oder Amulettbehälter werden angefertigt, außerdem Schürzen für Gerber, die immer aus dem besonders festen Kamelleder bestehen.
Einen breiten Raum, nicht nur im nomadischen Haushalt, sondern auch im bäuerlichen (Ausnahme ist die Kabylei) nehmen die Ledersäcke ein, die aus den Bälgen von Ziege und Schaf gemacht werden. Die Frauen benutzen sie zum Wassertransport *(gerba),* zum Wasserschöpfen *(chibuta),* zum Buttern oder zum Aufbewahren von flüssiger Butter, zum Transport und zum Speichern von Mehl *(mezued)* und kleinere Säcke für Kräuter, Schmuck und vieles andere mehr *(dhabia).*
In den ländlichen Gegenden Südalgeriens (z. B. Aoulef Arab) finden wir die Sandalenmacher gleichzeitig als Gerber.
Die Felsbilder in der Sahara zeigen, daß die Berber der Sahara (Tuareg) ursprünglich auch Hemden aus Leder trugen, wahrscheinlich ähnlich denen der Nemadi in Mauretanien (→ 3.10.99). Die Lederbekleidung wurde in den nördlichen Gebieten der Berber allerdings schon sehr früh durch Wollgewänder verdrängt. Die Wollweberei soll durch die Phönizier eingeführt und später durch Vermittlung der Römer an die Berber weitergegeben worden sein. Heute finden sich Lederhemden, wie schon erwähnt, nur bei den Jagdgesellschaften der Gerber von Fes.
Die Verzierungsmethoden für Lederarbeiten im Maghreb sind folgende: 1. Treibarbeit, 2. Blindprägung (mit Punzen) (18), 3. Prägen von Blindlinien (01, 10, 12), 4. Ausschneiden von Lederteilchen und Aufkleben auf Leder,

5. Abschälen der Oberfläche (Narbenseite) (03, 06, 11, 30–35), 6. Bemalen (43), 7. Vergolden, 8. Besticken, und zwar mit feinen Lederstreifchen (04, 12, 18, 19, 40, 43, 79, 80), mit Wollfäden (03, 10–12, 19, 20, 24, 89, 94, 102, 108), mit Seide und Gold- und Silberfäden (19, 40, 45, 49, 58–61, 65, 70, 75, 81, 82, 93, 100, 101), teilweise auf Samtunterlage (48, 95), 9. Anbringen von Lederfransen.
Jede dieser Verzierungsmöglichkeiten scheint gewisse regionale Schwerpunkte zu haben, doch läßt sich gleichzeitig feststellen, daß in der Regel mehrere Techniken bei einem Gegenstand angewendet werden. Die Herstellung von Goldfäden, der man ein hohes Alter in Nordafrika zuschreibt, war ein Handwerk, das ausschließlich von Juden ausgeübt wurde.
Das Abschälen der Narbenseite des Leders, in der westafrikanischen Savanne so typisch für die Hausa, ist eine Technik, die sich nur im westlichen Marokko findet (in Mogador, Marrakesch, Safi, Fes).
Die Stickerei mit Lederstreifchen ist vorrangig bei der Bevölkerung im Tafilalt üblich, aber auch ganz im Norden Marokkos im Rif und in Algerien bei den Stämmen um Djidjelli. Die Rif-Berber verwenden daneben auch die Treibtechnik, ebenso die Kabylen in Algerien.
Blindlinien sind wieder typisch für das Tafilalt, wo die Leder zusätzlich auch bemalt werden. Somit steht das Tafilalt in enger Verbindung zu südlicheren Gegenden, etwa den Mauren, die ihre Leder bemalen, sowie den Tuareg und auch den Hausa.
Das Besticken der Leder mit bunten Wollfäden scheint eine Eigenart algerischer Gebiete zu sein (Tlemcen, Constantine). Nicht als ursprünglich berberisches Verzierungsmittel angesehen werden lange Lederstreifen, die an den Gegenständen angebracht werden. Man führt diese Art von Verzierung auf die Gebiete des östlichen Sudan zurück. In den südlichen Gegenden Nordafrikas finden wir diese Verzierungsart in Tidikelt, Tafilalt, Teilen des Atlas, im Sous marocain, im Mzab, in Gourara, bei den Djebala (Rif) und in Tetouan. Auch die Tuareg in der südlichen Sahara verzieren ihre Ledergegenstände reichhaltig mit Lederfransen.

Ledertasche mit farbenprächtiger Wollfadenstickerei. Rif, Marokko.
3.30.102

Berbersprachige Gebiete im Maghreb

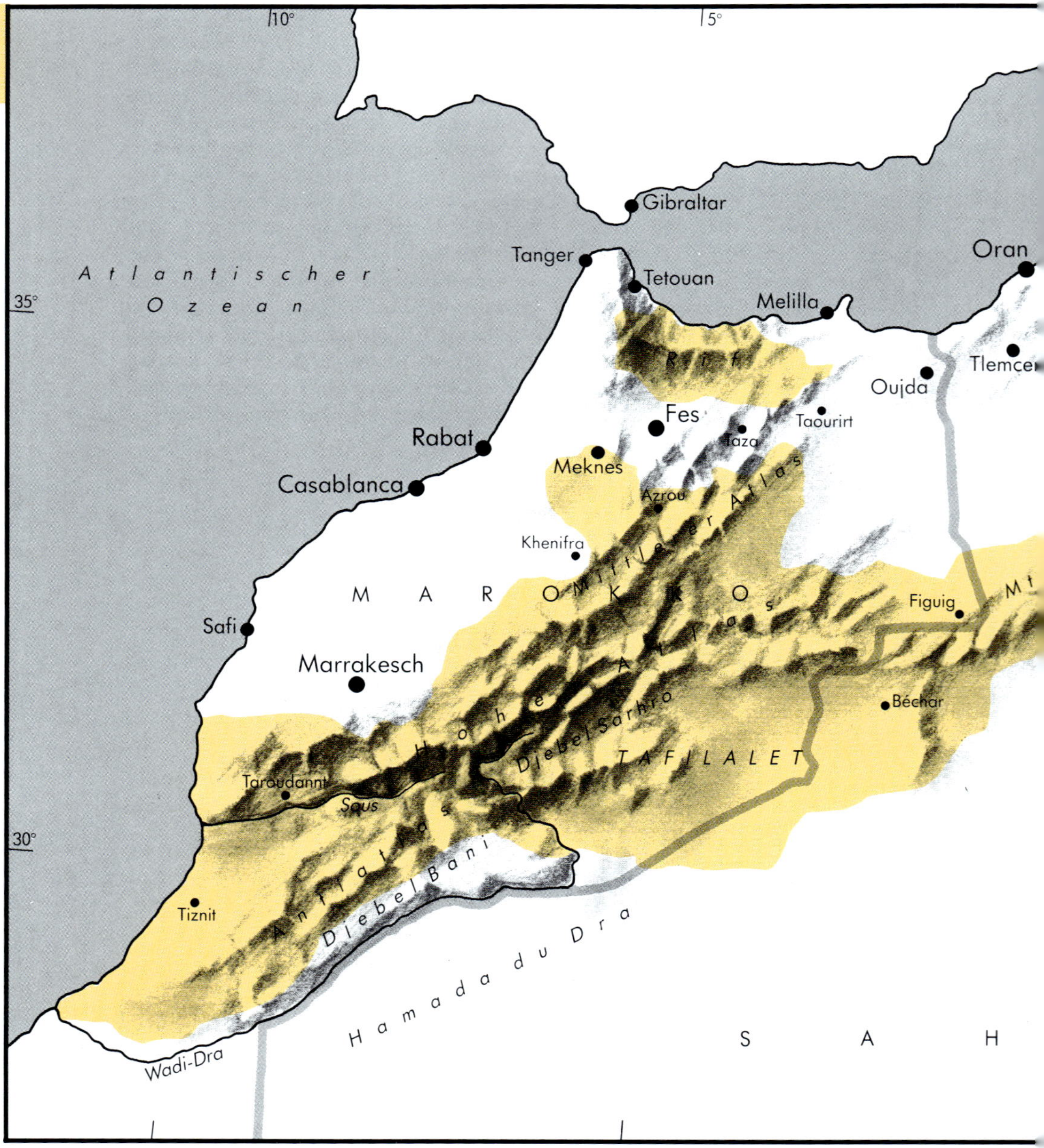

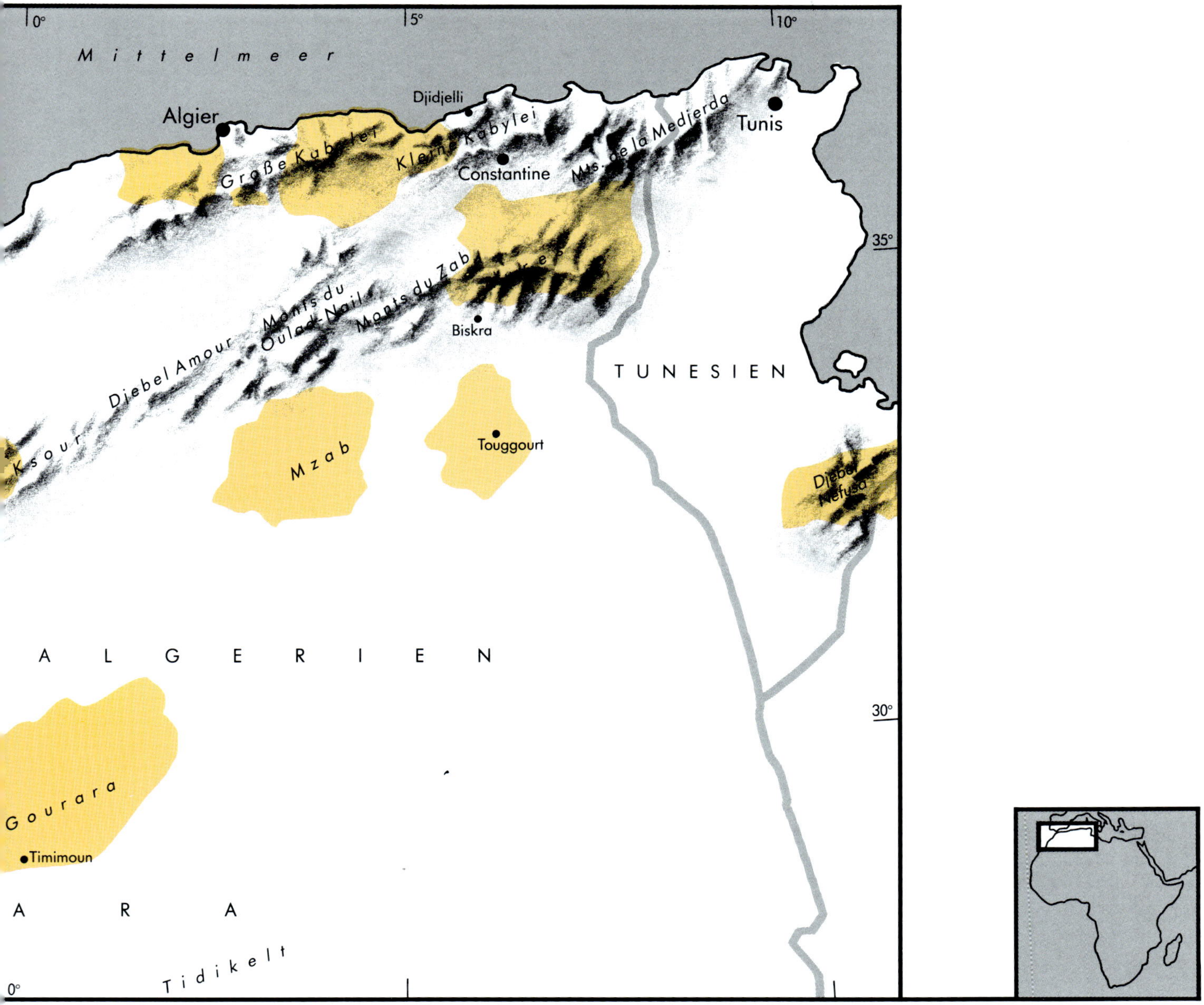
0°
5°
10°
M i t t e l m e e r
Algier
Djidjelli
Constantine
Tunis
Djebel Amour
Monts du
Ouled-Nail
Monts du Zab
Biskra
K s o u r
M z a b
Touggourt
T U N E S I E N
Djebel
Nefusa
35°
A L G E R I E N
30°
G o u r a r a
Timimoun
A R A
T i d i k e l t
0°

3.30

01
Brusttäschchen *(zabula)* für Männer. Lange, schmale, kastenartige Form, mit Schuber. Drei Fächer, jede Lasche zum Verschließen der Innentaschen unterschiedlich dekoriert. Blindlinien, rot und grün gefärbt. Am unteren Rand Verzierung durch Troddel aus vielen kurzen Lederstreifchen. 1 cm breites Lederband zum Umhängen des Täschchens. Tafilalt, Süd-Marokko, 1927. H = 20 cm, B = 8,5 cm.

02
Beutel zum Zuziehen, vollständiger Balg eines Leguan. Tunis, Tunesien, 1929. H = 15 cm.

03
Geldtasche. Langes, rechteckiges, schmales Leder, am unteren Ende zu einer Tasche gearbeitet. Täschchen wird aufgerollt. Vollständig mit Schälmustern bedeckt. Unterer, taschenartiger Teil mit Wollfäden in Blau, Orange, Grün und Weiß bestickt. Eine über die Tasche fallende Lasche ist durchbrochen und mit Schältechnik verziert. Langes Lederband zum Zusammenbinden der Tasche. Westliches Marokko? 1927. H = 55 cm, B = 12 cm. Abb.

04
Brieftasche, außen braunes, innen weinrotes Leder. Zwei Fächer. Beide Seiten mit feinen Leder- und Metallstreifen bestickt. Marokko? 1927. H = 9 cm, B = 13,5 cm.

Ledertasche mit Schäldekor. Marokko.
3.30.11

05
Portemonnaie, braunes Leder, mit großem Überschlag. Vorder- und Rückseite mit Leder- und Metallstreifen bestickt. Marokko? 1936. H = 6,5 cm, B = 9 cm.

06
Portemonnaie, weinrotes Leder. Rechteckige Form, Überschlag, fünf Fächer, deren Laschen jeweils unterschiedlich dekoriert sind. Oberseite Schäldekor, eine Lasche mit durchbrochenem Leder, andere durch Schäldekor und „Grünfärben" verziert. Mit gelbem Wollfaden bestickt. Marokko, 1936. H = 9 cm, B = 13 cm.

10
Tasche, hellbraunes Leder, flache, längliche, unten spitz zulaufende Form, mit großer Überschlagklappe. Vorderseite mit reichhaltiger lila Wollstickerei und Blindlinien verziert. Zwei Fächer. Hinten Gelbgußringe mit Schlaufen, um die Tasche mit einem Band umhängen zu können. Marokko, um 1920. H = 24,5 cm, B = 22 cm.

11
Tasche, ockergelbes Leder, flache, unten gerundete Form mit großer Überschlagklappe, zwei Fächer, jeweils mit eigener Klappe. Mit Schäldekor, außerdem mit hellgrünen Wollfäden am Rand umnäht, Leder rot gefärbt. Innenseite hellgrün. Hinterseite mit zwei Metallringen zum Anbringen von Tragbändern. Marokko, westliche Gebiete, 1927. H = 23 cm, B = ca. 22 cm. Abb.

12
Tasche, grünes Leder, viereckige Form mit einem Überschlag, der unten spitz zuläuft, Verzierung durch Blindlinien, Applikation und unterlegtem Leder sowie Wollstickereien und Lederstreifchenstickerei. Breites Lederband zum Umhängen der Tasche. Marokko, 1937. H = 25 cm, B = 26 cm.

13
Tasche, rotes Leder. Form und Dekoration wie 12. Marokko. H = 16 cm, B = 18 cm.

18
Tasche, braunes Leder. Form langer, flacher Schlauch, oben zum Verschließen umgelegt. Zur Verzierung breites, flaches Lederteil angenäht, welches in lange, geflochtene Lederzöpfchen übergeht, die in langen Lederstreifen enden, an die Lederquasten gehängt sind. Lederstreifchenstickerei, eingepunzte Mehrfachkreise. Marokko, Rif (Djebbala?), 1935. H = 44 cm, B = 25 cm.

19
Tasche, braunes Leder, in der Form ganz ähnlich wie 18. Sehr feine Lederstreifchenstickerei, Gold- und Wollfädenstickerei. Durchbrochene Lederteile mit grünem Leder unterlegt, teilweise mit Messingnägeln beschlagen. Marokko, Rif, 1931. H = 60 cm, B = 30 cm. Abb.

20
Tasche, braunes Leder, langer, schmaler, flacher Schlauch, oben als Klappe umgelegt. Unterhalb des umgeklappten Teils sowie auf der Oberseite große, viereckige Lederteile, die in lange, teils zu Zöpfen geflochtene, teils in Quasten endende Lederstreifchen übergehen. Alles vollständig mit hellgrünen, gelben und weißen Wollfäden bestickt. An der Rückseite breite Schlaufen mit Metallringen, an denen ein 3 cm breiter Tragriemen eingehängt ist. Auch dieser ist bestickt. An beiden Seiten der Tasche hängen kleine Kugelbeutel, in gleicher Weise bestickt wie die Tasche. Marokko, Rif (Djebbala?), 1888. H = 20 cm, B = 18 cm.

21
Tasche, ganz ähnlich wie 18. Marokko, Rif, 1927. H = 26 cm, B = 31 cm.

24
Tasche, Leder, ursprünglich von weinroter Farbe. Lange, schmale, flache Form, oben zum Verschließen umgelegt. Innen teilweise grünes Leder. Außen Wollfadenstickerei, zu Zöpfchen geflochtene Lederschnüre, Lederfransen. Ausgeschnittene Partien mit bunten Stoffen unterlegt. Metallringe am Rand zum Befestigen von Tragbändern. Marokko, 1927. H = 20 cm, B = 17,5 cm.

30
Lederdecke, kreisrund, mit feinstem Schäldekor, weinrot, ockergelb und grün eingefärbt. Zusätzlich mit gelben Wollfäden bestickt. Marokko, westliche Gebiete (Marrakesch, Mogador?), 1929. ∅ = 85 cm.

31
Lederdecke, kreisrund mit Schäldekor, wie 30. Marokko, westliche Gebiete (Marrakesch, Mogador?), 1927. ∅ = 86 cm.

32
Lederdecke, kreisrund, Schäldekor, in den Farben Braun und Weinrot. Mit gelben Wollfäden bestickt. Marokko, westliche Gebiete, 1924. ∅ = 43 cm.

33
Kissen, Leder, kreisrund. Ober- und Unterseite mit Schäldekor verziert, eine Seite braun, andere grün gefärbt. Biesennähte mit Fransen. Marokko, westliche Gebiete (Marrakesch, Mogador?), 1928. H = 4 cm, ∅ = 42 cm.

34
Lederdecke, ganz ähnlich wie 30, 31, 32. Farben Lila, Braun, Rot-Orange. Wollfadenstickerei in Grün. Marokko, westliche Gebiete, 1924. ∅ = 44 cm. Abb.

35
Musterplatten für Lederarbeiten mit Schäldekor. Kreisrunde Lederstücke mit unterschiedlichen Schälmustern und verschiedener Einfärbung. Marokko, westliche Gebiete, 1930. ∅ = 10,5 cm.

Lederdecke mit Schäldekor und Wollfadenstickerei. Marokko.
3.30.34

40
Tasche, rotes Leder, rechteckige Form. Seiten durch Flechtarbeit verstärkt. Drei Fächer, jeweils mit eigenen Klappen verschließbar. Können durch eine breite Lederlasche gesteckt werden, die an der Vorderseite angebracht ist. Durchbrochene Partien und Lederstreifchenstickerei in Grün und Metallfadenstickerei. Marokko, 1929. H = 18 cm, B = 20,5 cm.

43
Tasche, überwiegend aus Stroh geflochten. Am Boden gerundet, mit ebenso gerundetem Überschlag, der die Vorderseite völlig bedeckt. Weite Teile der Tasche mit rostbraunem Le-

der überzogen. Feine Lederstreifchenstickerei in Grün und Weiß. Zusätzliche Bemalung in Schwarz und Rot. Griff der Tasche aus Stroh geflochten. Marokko? 1927. H = 29,5 cm, B = 29 cm, T = 4,5 cm.

45
Tasche, hellrotes Leder. In der Form ganz ähnlich wie 18. Vorder- und Rückseite mit Metallfadenstickerei. Marokko, 1925. H = 17 cm, B = 12 cm.

48
Tasche, rotes Leder. An den Seiten gerundet, unten spitz zulaufend. Überschlagklappe in gleicher Form nur die Hälfte der Tasche bedeckend. Auf schwarzem Samt florale Muster mit Goldfäden aufgestickt. Am oberen Rand der Tasche Metallringe, an denen eine geflochtene Wollschnur angebracht ist. Wahrscheinlich Algerien, 1936. H = 22 cm, B = 24 cm. Abb.

49
Täschchen, rotes Leder, viereckig, unten etwas breiter werdend. Überschlag in einer Spitze endend. Auf der Vorderseite Metallfadenstickerei, einen Vogel darstellend, Metallpailletten. Marokko? 1929. H = 12 cm, B = ca. 13 cm.

53
Mütze aus braunem Leder, aus mehreren Teilen zusammengesetzt. Silberfadenstickerei auf der gesamten Fläche. Marokko, 1917. H = 14 cm, ∅ = 20 cm.

Lederarbeiter in Marrakesch bei der Herstellung eines Sitzkissens, Marokko, 1986.

58
Pantoffel, wegen der grünen Farbe wahrscheinlich Frauenpantoffel. Mehrschichtige, im Gelenk leicht eingezogene spitze Sohle, an der Ferse durch Einfügen kurzer Lederkeile etwas verdickt. Oberteil ledergefütterter, grüner Samt in zwei Stücken mit seitlichen Biesennähten. Verkümmerte Hinterkappe, an Sohle festgeheftet. Vorder- und Hinterkappe ganz mit Silber- und Goldfäden bestickt, durch Papierunterlage reliefartige Arabesken. Marokko, um 1930. L = 26 cm. → 6.72.106, 110–115.

59
Pantoffel aus gelbem Leder. Gesamtes Blatt mit Goldfadenstickerei bedeckt. Große Troddel aus aprikosenfarbiger Seide. Am Rand des Blattes „Hahnenkamm". Innensohle aus grünem Leder mit punziertem Muster. Marokko, 1931. L = 24 cm.

60
Pantoffel aus Leder, mit grünem Samt überzogen. Auf dem Blatt Goldfadenstickerei. Troddel aus schwarzer Seide. Am Rand des Blattes kleiner „Hahnenkamm". Marokko, 1961. L = 23,5 cm.

61
Pantoffel, gelbes Leder, auf dem Blatt Goldfadenstickerei. Große Troddel aus rosa Seide. Am Rand des Blattes kleiner „Hahnenkamm". Marokko, 1934. L = 23,5 cm. → 6.72.114.

65
Sitzkissen, sechseckig. Aus im Wechsel rotem und braunem Leder. Obere Platte aus verschiedenen, rhombenförmigen Fellteilen zusammengesetzt. Mit Applikation und Metallfadenstickerei zusätzlich verziert. Marokko? 1939. H = 32 cm, ∅ = 44 cm.

70
Patronentasche an breitem Ledergürtel befestigt. Rechteckig geformt, mit Überschlag. Patronenbehälter aus Holz. Der Vorderteil der Tasche vollständig mit Goldfadenstickerei bedeckt. Marokko, 1917. H = 16,5 cm, B = 26 cm. Abb.

71
Behälter für Schießpulver. Auf der Unterseite flach, nach oben hin bauchig. Behälter aus Holz mit Leder überzogen und Messingnägeln bedeckt. Lange Tülle aus Holz mit Messingblech umkleidet zum Ausgießen des Pulvers. Behälter an langer, geflochtener Baumwollschnur. An den Seiten kleine Beutel aus Leder, mit Lederstreifchenstickerei verziert. Marokko, 1927. H = 31 cm, B = 15 cm, T = 12 cm.

72
Behälter für Schießpulver aus Holz mit Leder überzogen, an seiner Oberseite ganz mit Messingnägeln beschlagen. Unterseite flach, in zwei dreieckige Zipfel auslaufend. Auf der Oberseite wie ein Zuckerhut in eine große Spitze auslaufend. Lange Tülle zum Ausgießen des Pulvers aus Holz mit Messingblech umkleidet und einem geschnitzten Holzstöpsel verschließbar. An großen Messingringen hängend, weinrote, geflochtene Seidenschnur mit sehr großen Quasten zur Verzierung. Marokko, 1941. H = 38, B = 26 cm, T = ca. 18 cm.

Patronentasche mit reichhaltiger Goldfadenstickerei. Marokko.
3.30.70

73
Behälter für Schießpulver, sehr ähnlich wie 72. An der weinroten Schnur, die zum Umhängen des Behälters dient, Beutelchen aus Leder sowie kleines aus Pflanzenfasern geknüpftes Säckchen mit Zündmaterial. Marokko, 1939. H = 33 cm, B = 26 cm, T = ca. 16 cm.

75
Sattel für Pferde, aus Holz und Leder, mit Sattelüberzug aus Leder. Sattelüberzug: Front und Rückseite mit Metallfadenstickerei verziert. An verschiedenen Stellen, u. a. am Rand, durch Blindlinien verziert. Kastensteigbügel aus Eisen, deren äußere Partien Ritzverzierungen tragen. Marokko, 1941. L = ca. 80 cm. Abb.

77
Pulverfläschchen aus Leder. An breiten Lederschlaufen und Stoffkordel um den Hals zu tragen. Kreisrunder, flacher Bauch und kurzer, schmaler Hals mit Lederstöpsel. Unterlegearbeit mit Stoff sowie Stickerei und Blindlinienverzierung. Marokko, 1941. H = 14 cm, ∅ = 9,5 cm.

79
Stirnschmuck für Pferde. Bestehend aus einem breiten, mit Lederstreifchen bestickten Lederband, an dem breite und schmale Lederfransen über das Gesicht des Pferdes herunterhängen. Marokko, 1920. H = ca. 40 cm, B = 42 cm.

80
Patronengürtel aus braunem Leder. Auf einen langen, schmalen, gürtelähnlichen Lederteil sind zwei Taschen mit mehreren abgenähten Teilen für die aus Holz bestehenden Patronenbehälter angenäht. Gürtelteil sowie Patronentaschen mit braunen und schwarzen Lederteilen durch Applikation und Streifchenstickerei verziert. Zusätzlich eingepunzte Muster. Marokko, 1920. H = 18 cm, B = 60 cm.

81
Pferdegeschirr (Kandare). Das Gebiß aus Eisen. Die Teile, die dem Pferd um den Kopf gelegt werden, aus Leder. An der Außenseite vollständig mit Silberfäden bzw. farbigen Seidenfäden mit floralen Mustern bestickt. Zusätzlich Messingverzierungen am Pferdegeschirr. Tripolis, Tunesien, 1928. H = ca. 75 cm.

82
Pferdegeschirr (Kandare). Sehr ähnlich wie 81. Außenteile des Leders vollständig mit Silberfadenstickerei bedeckt. Zusätzlich mit Messingbeschlägen an verschiedenen Stellen verziert. Tripolis, Tunesien, 1928. H = 75 cm. Abb.

Mit Goldfäden bestickte Ledertasche, Algerien?
3.30.48

86
Täschchen. In der Form flach und rechteckig, ohne Keil genäht. Die obere Partie wird als Klappe umgelegt. Leder ehemals grün gefärbt (jetzt entfärbt und braun). Vordere Partie ursprünglich mit rotviolettgefärbten Fäden bestickt. Einige wenige punzierte Muster. An der Rückseite zwei Eisenringe, an denen eine grüne Schnur zum Umhängen der Tasche befestigt ist. Marokko, 1927. H = 17,5 cm, B = 14,5 cm.

87
Tasche. In der Form wie 86, nur größer. Leder lila gefärbt. Vorderseite der Tasche mit grünen, gelben, weißen und violettroten, zu Wülsten gedrehten Fäden, bestickt. Zusätzlich Stickerei mit gelben Seidenfäden. Marokko, 1927. H = 22 cm, B = 20 cm.

88
Tasche. Form wie 86 und 87. Rot eingefärbtes Leder. An dem übergeschlagenen, oberen Teil Stickereien mit verschiedenfarbigen Seidenfäden. Auf der Schauseite zusätzlich Ziernähte mit Lederstreifchen und Punzmustern. Auf der Rückseite zwei Schlaufen aus Wollfäden zum Aufhängen der Tasche. Marokko, 1920. H = 34 cm (mit ausgeklappter Klappe), B = 28 cm.

89
Tasche aus braunem Leder. In der Machart wie 86–88. Oberer Teil als Klappe umgelegt. Weite Teile der Vorderseite mit violetten Seiden- und Wollfäden reichhaltig bestickt. Zusätzlich rechts und links auf der Vorderseite zwei kleine Taschen aufgesetzt mit Klappen zum Verschließen. An den Rändern ebenfalls bestickt. An der Rückseite der Tasche zwei Messingringe, an denen violette Kordeln befestigt sind, zum Tragen der Tasche. Marokko, 1937. H = 60 cm, B = 34 cm.

93
Satteltasche *(jebira)* aus Leder. Grundform rechteckig, am Boden leicht gerundet, mit schmalem Keil an den Seiten. Eine die gesamte Tasche bedeckende große Klappe. Außen unverziert. Zwei parallel laufende Lederriemen zum Anhängen der Tasche. Beim Öffnen der Tasche mehrere reichverzierte Klappen, die verschiedene Fächer der Tasche schließen. Durch Silberfadenstickerei, Einschneiden von Leder und Unterlegearbeit sehr farbig und reichhaltig verziert. Die Ränder der Klappen bogenförmig ausgeschnitten, in einer rosettenähnlichen Spitze endend. Marokko, 1920. H = 31 cm, B = 21 cm.

94
Satteltasche *(jebira)* aus Leder, sehr ähnlich wie 93. Verzierung durch Silberfadenstickerei. Ausgeschnittene und mit Stoff unterlegte Partien sowie Stickereien mit gelben Wollfäden. Die gleichen Verzierungen auch außen auf der großen, die Tasche bedeckenden Klappe. Marokko, Figuig, Anfang 20. Jh. H = 36 cm, B = 35 cm.

95
Satteltasche aus Leder. Sehr ähnlich wie Nummern 93 und 94. Grundform ebenfalls rechteckig, am Boden leicht gerundet, mit einer die Tasche vollständig bedeckenden Klappe. Klappen für die einzelnen Fächer der Tasche, innen vollständig verziert. Verzierung durch Ausschneiden des Leders und Unterlegen mit farbigen Stoffen (z. B. Samt), zusätzlich Stickereien mit Wollfäden. Wie bei 94 auch die äußere Seite der großen Klappe bestickt. Marokko, Figuig, Anfang 20. Jh. H = 86 cm, B = 28 cm. Abb.

98
Täschchen aus Leder, lila eingefärbt. In der Form eines Beutels, der am Rande mit einem Lederband zugezogen wird. Das Leder ist in viele kleine Falten gelegt, läuft unten in einer Spitze aus, die durch eine rote, aus Seidenfäden bestehende Troddel, verziert ist. Die gleichen Troddeln auch auf der rechten und linken Seite. Kleine viereckige Lederornamente oberhalb der Troddeln angebracht. Mit Metallösen verziert. Möglicherweise Tabakbeutel. Nordafrika, 1939. H = 11 cm.

100
Kissenhülle aus Leder mit schmalem Keil. Kreisrund, obere Platte vollständig mit Metallfäden bestickt. An der Seite offen. Mit kleinem Lederknopf und Schlaufe verschließbar. Mit Roßhaar ausgestopft. Nordafrika (Marokko?), 1929. H = 5 cm, ∅ = 28 cm.

101
Kissenhülle aus rotem Leder, kreisrund, 4 cm hoher Keil. Auf der Oberseite vollständig durch Gold- und Silberfadenstickerei bedeckt. ⅓ der Hülle offen und mit Lederknopf und Lederschlaufe verschließbar. Nordafrika (Marokko?), 1919. H = 4 cm, ∅ = 25 cm.

Wassergefäß aus Leder, Marokko.
3.30.112

102
Tasche, braunes Leder, in der Form ganz ähnlich wie 18. Vorderseite vollständig mit gelben, weinroten, blauen, weißen und grünen Wollfäden bestickt. Marokko, Rif, 1927. H = 17 cm, B = 18 cm. Abb.

Lederkissen mit farbigen Wollfäden bestickt.
Kabylen, Marokko.
3.30.106

106
Lederkissen, kreisrunde Form. Oberseite in der Mitte roter Stoff. Vollständig mit Wollstickerei in Weiß, Gelb und Schwarz bestickt. Schmaler Keil, mit Biesennaht eingesetzt. Um den Rand des Kissens kurze Lederfransen. Kabylen, Marokko, 1939. H = 2,5 cm, ∅ = 42 cm.

112
Wassergefäß aus dickem, braunen Leder. Kreisrunder Boden, langer Einfüllstutzen, geschlossen durch einen geschnitzten Holzstöpsel und lange Tülle. Zwischen Tülle und Einfüllstutzen breites Lederband als Griff, außen durch gepunzte Muster verziert. Marokko, 1928. H = 46 cm. Abb.

113
Wassergefäß aus dickem, braunen Leder. Sehr ähnlich wie 112, jedoch fehlt der Griff. Auf einer Seite im oberen Bereich des Gefäßes eingeschnittene Muster. Ägypten, 1927. H = 37 cm.

115
Antimonitbehälter aus Holz mit braunem Leder umkleidet. Kleines bauchiges Gefäß mit gerundetem Boden und langem schmalen Hals. Hals mit schwarzem und grünem Leder fein umflochten. Eingehängt in ein kleines, zu einem feinen Zopf geflochtenes Lederbändchen. Marokko, 1950. L = 8 cm.

Christliches Äthiopien

Das äthiopische Hochland liegt am Osthorn von Afrika. Archäologische Funde südlich der heutigen Hauptstadt Addis Ababa deuten darauf hin, daß in diesen Regionen schon vor 1½ bis 2 Millionen Jahren Menschen lebten.

Seit der 2. Hälfte des letzten vorchristlichen Jahrhunderts drangen über das Rote Meer südarabische Gruppen in das Hochland ein. Sie mischten sich mit Völkern, die schon seit langer Zeit im äthiopischen Hochland ansässig waren (Agau, Beja [S. 164], Sidama usw.). So entstand das Volk der Tigray (4 Millionen) und das der Amhara (11 Millionen), die Träger des Christentums (äthiopisch orthodoxe Kirche) und Staatsvölker des äthiopischen Reiches wurden.

In den ersten vor- und nachchristlichen Jahrhunderten regierten die Tigray, deren Hauptstadt Aksum weltberühmt wurde. Ihre rein semitische Sprache, das Ge'ez, das auch eine Schrift kannte, blieb bis in das 17. Jahrhundert alleinige Literatursprache.

Um 350 nahm der Kaiser von Aksum, 'Ezana, als Staatsreligion das Christentum an, das von Frumentius aus Syrien nach Äthiopien gebracht worden war. Der erste Bischof erhielt sein Amt vom Patriarchen von Alexandria, weshalb die äthiopische Kirche als Tochter der koptischen Kirche Ägyptens gilt. In den folgenden Jahrhunderten verbreitete sich das Christentum über weite Teile Nord- und Mitteläthiopiens.

Als sich im 7. Jahrhundert der Islam ausbreitete, zerrissen viele der seit langem gepflegten Handels- und Kulturbeziehungen mit Ägypten und dem christlichen Orient. Das christliche Äthiopien wurde in seinen Bergländern isoliert.

Gegen Ende des 12. Jahrhunderts verlagerte sich das Gewicht der Macht nach Süden, und die amharisch sprechende Bevölkerung gewann an Macht. Die Zagwe-Dynastie herrschte vorübergehend, bis sich die Dynastie der Salomoniden etablieren konnte. Sie leitet sich der Legende nach von König Salomon und der Königin von Saba ab.

Mit Beginn des 15. Jahrhunderts wurde das christliche Äthiopien in langandauernde und für die Christen verheerende Kriege mit den islamischen Mächten im Osten (Harar, Adal, Ifat) verwickelt. Erst Mitte des 16. Jahrhunderts gelang den Christen mit Hilfe der Portugiesen ein Sieg über die Muslime. Während dieser Wirren bestürmten auch die viehzüchtenden Oromo (→ 3.50 „Viehzüchter Nordost-, Ost- und Südafrikas") aus dem Süden das christliche Reich.

Erst im 19. Jahrhundert mit der Thronbesteigung Menileks erholte sich das äthiopische Reich. Am Ende des 19. Jahrhunderts wurde die Hauptstadt Addis Ababa gegründet. 1930 übernahm Kaiser Haile Selassi I. den Thron. 1935 griff Italien Äthiopien an und verwickelte das Land in den sog. „Abessinienkrieg". Äthiopien, zusammen mit Eritrea und Italienisch-Somaliland, wurde Kolonie „Italienisch-Ostafrika". Kaiser Haile Selassie ging ins Exil; erst 1941 kehrte er auf den Thron zurück. 1974 erfolgte durch einen Putsch die Übernahme der Macht durch das Militär. 1975 wurde die Monarchie gewaltsam abgeschafft.

An der Spitze des Staates stand der Kaiser, umgeben von seinen Beratern, Großen und Priestern. Einen Adel im eigentlichen Sinn kannte Äthiopien nicht. Eine mächtige Institution war die Kirche, die durch ihre Klöster und ihre zahlreichen Priester einen starken Einfluß ausübte.

Die Bauern des Hochlandes leben vor allem von *teff (Poa abyssinica)*, dem Brotgetreide der Hochäthiopier, von Weizen und Gerste und bauen auch Hülsenfrüchte, Ölsaaten, Kohl, Zwiebeln, Knoblauch und roten Pfeffer an. Außerdem halten die Bauern Rinder, Schafe, Ziegen und Hühner. Die Siedlungsform ist fast überall das Einzelgehöft, die Häuser sind rechteckig oder rund.

Trotz der Institution des Kaisertums und der christlichen Religion, fehlte den Amhara ein differenziertes Ständewesen, ein von den Amhara getragenes spezialisierteres Handwerkertum, Fernhandel und Geldverkehr sowie eine bürokratische Verwaltung. Lesen und Schreiben sowie die Malerei beschränkte sich auf die priesterliche Schicht und die Mönche.

Bei den Amhara ist der streng patrilineare Sippenverband, im Gegensatz zu anderen Regionen Afrikas, von geringer Bedeutung. Dies ist sicher dem christlichen Einfluß zuzuschreiben. Es gibt bilineare Verwandschaftsverbän-

de und in ihnen spielt der „Verdienstvolle", „der große Mann" die wichtige Rolle.
Trotz des Kaisertums war die Organisation der Gemeinde und des Distriktes bei den Amhara und Tigray demokratisch. Die Amtsträger wurden jährlich aus den sog. „Verdienstvollen" gewählt. Die Inhaber der hohen Ämter mußten vom Kaiser bestätigt werden und wurden von ihm auch wieder abgesetzt. Der mit dem Amt verbundene Titel blieb einem Mann, auch wenn er das Amt nicht mehr innehatte.
Als „verdienstvoll" galt in der Gesellschaft z. B. Großwild (Löwen) zu jagen, was nur mit Genehmigung des Kaisers erfolgen durfte, das Töten von Feinden (mit Entmannung), das Abhalten großer Gastmähler und Massenschlachtung von Rindern. Als Anerkennung erhielt der „Verdienstvolle" Privilegien, wie besondere Ruhmesgesänge und Ehrengeschenke. Solche Geschenke vom Kaiser konnten Löwenfellmäntel (01) bzw. Umhänge aus dem Fell anderer erlegter Tiere sein, besondere Manschetten aus Metall (02), Prunkschilde (05, 06), metallene Phalli als Stirnschmuck oder Federn als Haarschmuck.
Ansehen und Macht des Einzelnen bestimmte schließlich auch die Größe seines Landbesitzes. Es gab im äthiopischen Hochland Kronland, das der Kaiser bewirtschaften lassen konnte oder als Lehen an hochgestellte Männer mit bestimmten Ämtern vergab,

Umhang aus Löwenpelz, den der äthiopische Kaiser an „Verdienstvolle" vergab. Amhara. 3.40.01

die dann ihrerseits Tribut und Fronarbeit von den ansässigen Bauern fordern durften. Ferner gab es Ländereien, die an die Kirchen und Klöster vergeben waren und schließlich das Land, das den einzelnen Verwandschaftsverbänden gehörte.
Entsprechend der Zweiteilung in afrikanisch-bäuerliches Volk und christlich-orientalischen „Überbau" existierte auch ein deutlicher Unterschied zwischen sehr einfachen Produkten, die die Bauern selbst herstellen, und dem handwerklichen Schaffen, das jüngere Einflüsse verrät. So ist Silberschmieden bei den Amhara bekannt und findet seinen Niederschlag z. B. in den fein geschmiedeten Silbergeräten der Kirche. Die Kirche kennt Vortragekreuze, die bei Prozessionen getragen werden, und Handkreuze, mit denen der Priester die Gemeinde segnet. Handkreuze sind gelegentlich auch aus Leder geflochten und werden als Souvenirartikel verkauft (20). Sehr schöne Silberarbeiten finden sich auch an den großen, runden Buckelschilden aus Leder, die die Amhara-Krieger benutzten (05, 06). Zu den traditionellen Waffen gehören weiter der Eisenspeer und der Dolch. Das Schwert mit stets geschwungener Eisenklinge und Horngriff ist in Äthiopien jüngeren Datums (10–12).
Die orientalisch beeinflußte Hochkultur zeigt sich auch in den Gewändern der Oberschicht und des Klerus, deren Stoffe importiert und im Lande reich bestickt wurden. Ebenso stehen die bunt gefärbten Lederarbeiten an Waffen und Pferdesätteln im Gegensatz zu der sonst so einfachen materiellen Ausstattung der Amhara-Bauern.

Schließlich gehört auch die nur von den Geistlichen ausgeübte Malerei, die rein religiösen Inhalt hat, zu den Elementen, die das äthiopische Hochland von außen erreichten. Diese Malereien finden sich als Miniaturen in Werken religiösen Inhalts, so z. B. auf Gebets- und Zauberrollen (23, 24), die wie die Bücher (21, 22) aus Pergament hergestellt sind. Die Zauberrollen werden nach alten Vorlagen angefertigt, und zwar immer als Auftragsarbeit. Die Zauberrollen dienen als Amulett. Das Pergament wird aus Ziegen- oder Schafshaut gewonnen. Die Gebets- und Zauberrollen wurden entweder mit religiösen Texten versehen, die seinen künftigen Besitzer Gott anempfahlen, oder mit dem persönlichen Anliegen des Besitzers. Häufig erscheinen zu den Texten magische Zeichen.
Malereien finden sich weiter auch auf Fächern und Leporellos, auf Holztafeln (Ikonen) und auf Baumwollbahnen an den Wänden der Kirchen. Zur Ausbildung eines Priestergelehrten (auf Amharisch: *debtara*), der keine Priesterweihe empfangen hat, gehört es u. a., alte Manuskripte zu kopieren.

„Verdienstvolle" Amhara-Krieger des äthiopischen Kaisers mit Löwenpelz- und Samtumhängen sowie Prunkschilden.
→ 3.40.01, 05, 06

Er muß das Pergament aus Ziegen- oder Schafhaut herstellen, es selbst schneiden und beschriften, er muß Tinte und Farben selbst mischen und die Texte schreiben. Die Blätter werden verziert und gelegentlich mit Miniaturen versehen. Schließlich muß der *debtara* das Buch binden und eine Ledertasche anfertigen, in der alle Bücher aufbewahrt werden.
Eine wichtige Aufgabe der *debtara* ist es auch, bei kirchlichen Festen zu singen, zu tanzen und zu musizieren. Die Amhara benutzen eine Reihe von Musikinstrumenten, die auch bei Gottesdiensten und christlichen Festen eine Rolle spielen. So werden die zehnsaitigen, großen Kirchenleiern *(bagana)* gezupft, verschiedene Trommeln *(nagarit, kabaro)* mit der Hand geschlagen und die Systren, eine Art Rassel, geschüttelt. Ferner kennen die Amharen Leiern *(kirar)*, eine einsaitige Fiedel *(masinko)* (40) sowie Trompeten und Flöten.
Neben den *debtara* sind es die Sänger und Musikanten, die die genannten Instrumente spielen. Wie die Gerber gehören sie zu einer besonderen Kaste.

Lederschild mit Silberblechen verziert. Amhara.
3.40.05

Die Handwerker – bei den Amhara sind dies die Töpfer, Eisenschmiede und Lederarbeiter – bildeten besondere Kasten. Spätestens seit der Jahrhundertwende verloren viele Gerber und Lederarbeiter ihre Haupteinnahmequelle, da Häute für die Bekleidung kaum noch verwendet wurden, weil sich die Baumwollkleidung mehr und mehr durchsetzte (Kniehose und Leibbinde für die Männer, hemdartiges Kleid für die Frauen, Umhang für beide Geschlechter). Bei südlicher wohnenden Völkern, z. B. den Oromo oder Konso, trugen die Frauen noch in den 50er Jahren Lederröcke (30, → 3.50.89, 90).
Für die Lederverarbeitung stehen den Amhara hauptsächlich Rinderhäute zur Verfügung. Sie werden auch vor allem als Fußbodenbelag verwendet (35). Man bemalt sie mit einem roten Absud, der aus einer Baumwurzel gewonnen wird. Das Ursprungszentrum dieser Rinderhäute ist vermutlich Jimma in Südwestäthiopien. Diese Häute kommen aber auch in Nachbarregionen (Kaffa, Dauro) vor. Andere Erzeugnisse der Gerber und Lederarbeiter sind heute immer weniger von Bedeutung, nicht nur bei den Amhara – so z. B. nicht nur Pferde- und Maultiersättel, Zaumzeug, Pferde- und Maultierkopfschmuck, sondern auch Lederriemen, Säcke sowie mit Lederstreifen bespannte Stühle und Betten. Sandalen kannten weder die Amhara noch die Tigray.
Für die Herstellung der Rinderleder sind zwei Pflanzen von Bedeutung, einmal eine Pflanze, die zu den *Solanaceen* gehört und auf Englisch als *Wild Egg* bezeichnet wird (wahr-

scheinlich *Solanum campylacanthum,* gelbe, eiförmige Früchte, die auch als Gift und Färbemittel dienen), zum anderen eine *Chagma* genannte Pflanze, die in Äthiopien überall anzutreffen ist.

Die getrocknete Haut wird von den Gerbern sechs Stunden lang in Wasser gelegt, daraufhin mittels Pflöcken über dem Erdboden zum Trocknen aufgespannt und später nochmals sechs Stunden gewässert. Dann erfolgt das Enthaaren der Haut mittels *Solanum campylacanthum* und Kuhurin. Beides wird auf die Narbenseite gebracht. Dies geschieht, indem der Gerber die Pflanze mit einem Stock auf der Haut zerschlägt und Urin hinzufügt. Nach dieser Behandlung wird die Haut mit der Narbenseite nach innen gefaltet und muß in einer Grube ein bis zwei Tage liegen („Schwitzprozeß"). Das entgültige Enthaaren geschieht mit einem Messer.

Das Gerben erfolgt mit der *Chagma*-Pflanze, die mit Wasser zu einer dikken Paste verrührt wird. Man benötigt für eine Rinderhaut ca. 1 kg Kerne. Eine verdünnte Lösung der *Chagma*-Paste bringt der Gerber auf die Fleischseite der Haut, die dort jedoch nicht zu lange verbleiben darf, da die Paste sonst fermentiert.

Zum Färben diente früher die *Gufa*-Pflanze, deren Rinde zerstoßen und mit Wasser und Zitronensaft zum Fixieren mit der Hand auf die Narbenseite des Leders eingerieben wurde und dieses rotfärbte.

Sollen Pelze hergestellt werden, nimmt man frische Häute, die man lediglich wäscht und auf der Fleischseite mit Obsidiankratzern reinigt. Die aufgepflockte Haut wird von der Fleischseite her mit der Gerblösung behandelt und ständig gewalkt, was dadurch geschieht, daß der Gerber auf ihr herumtritt. Auch während des folgenden Trocknungsprozesses walkt man den Pelz immer wieder. Vor den letzten Stadien des Durchwalkens wäscht der Gerber die Haut mit Seife oder mit den Kernen der *Phytolacca dodecandra* dem *Indod Wood,* einer Pflanze, deren Fruchtkerne Schaum erzeugen und deshalb zum Waschen von Textilien dienen. Dadurch wird erreicht, daß das Leder weich bleibt.

Moderne Analysen zu den Gerbmethoden der Amhara haben ergeben, daß das Leder durch die Behandlung mit der *Chagma*-Paste ein hohes Maß an Fett aufnimmt und daher eine gewisse Biegsamkeit und Widerstandskraft gegen Narbenbruch zeigt. Die Gerbung ist jedoch nur auf der Oberfläche wirksam, das Leder im Innern bleibt „roh".

Gerben bei den Amhara am Tana-See. Oben: die Haut ist zum Trocknen aufgepflockt; unten: der Gerber walkt das Leder mit den Füßen.

Volksgruppen im nördlichen Äthiopien

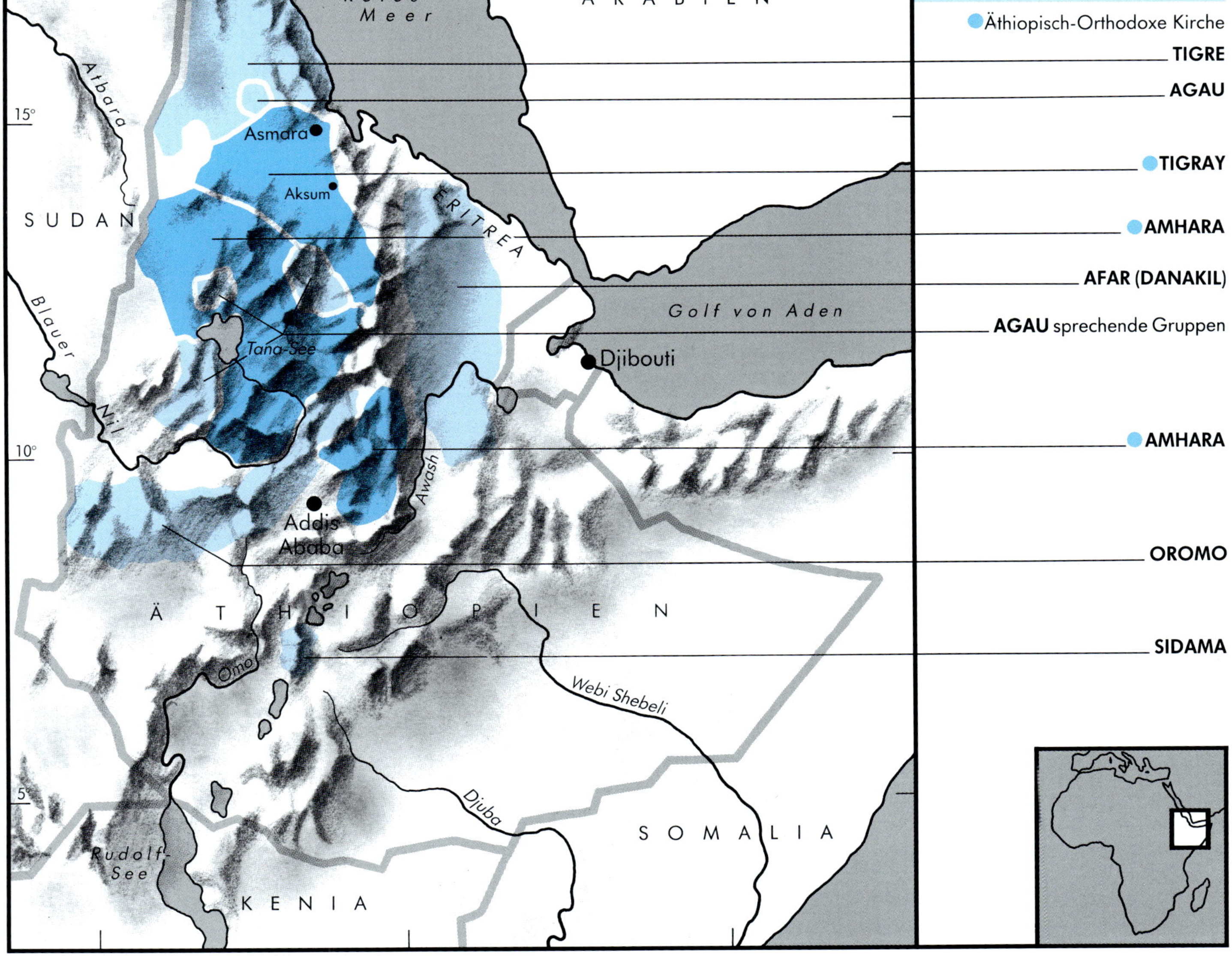

01
Umhang aus Löwenpelz. Die Mähne bildet den Kragen, an den sich lange Löwenpelzstreifen – zwei vorn, je einer an den Seiten, zwei hinten – anschließen. Der Pelz ist auf der Rückseite mit roter Seide gefüttert, an den Rändern mit grünem Stoff. Die Kopföffnung ist mit fein ziseliertem Metallschmuck eingefaßt. Auf der Vorderseite zwei breite Samtriegel, an denen sich Schließen und Zierstücke aus vergoldetem Silber befinden. Sie sind filigranartig durchbrochen. Solche Löwenpelzumhänge wurden an „Verdienstvolle" vom Kaiser verliehen. Amhara, Äthiopien, 1959. L = 100 cm. Abb.

02
Armmanschette mit Lederfutteral. Kegelförmig, an den Seiten Scharniere zum Öffnen. Vergoldetes Silber, filigranartig durchbrochen. Kegelförmiger Behälter aus rotgefärbtem Leder mit Deckel, beides durch einen Lederriemen verbunden. Gehört zu den Ehrengeschenken des Kaisers an „Verdienstvolle". Amhara, Äthiopien. H = 16 cm.
Das vorliegende Stück schenkte der Kaiser Menilek II., zusammen mit zwei Löwen, dem Tierbändiger Seeth vom Zirkus Schumann.

05
Schild aus Leder, rund, mit stark herausgewölbtem Buckel. Dekoration auf dem Leder durch Einschnitte. Zusätzlich ist die gesamte Oberfläche mit Streifen aus Silberblech beschlagen, das ziseliert und gestanzt ist. Amhara, Äthiopien, 1953. ∅ = 50 cm. Abb.

06
Schild, ähnlich wie 05. Mit violettem Samt auf der Vorderseite bezogen (jetzt verblichen). Mit Silberplatten, die teilweise filigranartig durchbrochen sind, verziert. Auf dem Buckel vier halbkugelförmige, filigranartig gearbeitete Silberverzierungen. Amhara, Äthiopien. ∅ = 53 cm. Der Schild wurde vom Prinzen Heinrich Karl von Preußen (1862–1929), dem Bruder Kaiser Wilhelms II., gesammelt. Der Schild kam 1932 ins Museum.

10
Säbel, mit leicht geschwungener, vorn spitz zulaufender Eisenklinge und Horngriff, Scheide aus Rinderleder. Amhara, Äthiopien, 1929. L = 78 cm.

11
Säbel, mit leicht geschwungener, vorn spitz zulaufender Eisenklinge und Horngriff, Scheide aus Rinderleder. Amhara, Äthiopien, 1929. L = 78 cm.

12
Säbel. Eisenklinge stark geschwungen, nach unten hin spitz zulaufend. Scheide aus Leder, mit Blindlinien verziert. Amhara, Äthiopien, 1934–35. L = 90 cm.

13
Schwert, mit gerader, spitz zulaufender Eisenklinge und Horngriff. Lederscheide an einem Gürtel mit Eisenschnalle befestigt. Leder mit Blindlinien und Punzierungen. Amhara, Äthiopien, 1953. L = 100 cm.

Gebets- und Zauberrolle aus Pergament. Amhara.
3.40.20

20
Gebets- und Zauberrolle aus Pergament. Am Anfang, am Ende und in der Mitte bemalt; in der Mitte Erzengel Michael. Übriges Pergament beschriftet. Amhara, Äthiopien, ca. 1975. B = 11 cm, L = 190 cm. Abb.

21
Handkreuz, von Priestern der christlichen Kirche getragen. Meistens aus Silber, Messing oder Eisen, aber auch aus Holz. Seltener aus verschlungenen, braunen Lederstreifen geflochten (für Touristen angefertigt). Amhara, Äthiopien, 1985. H = 24 cm.

22
Gebetbuch in äthiopischer Schrift. Deckel aus Holz, Seiten aus Pergament. Mit handgemalten farbigen Bildern aus der biblischen Geschichte illustriert. Hülle aus braunem Leder, mit Blindlinien verziert, Schuberform. Amhara, Äthiopien, 1927. B = 7 cm, H = 9 cm.

23
Bibel in Ledereinband, Seiten aus Pergament, auf *Ge'ez* geschrieben. Seiten teilweise mit handgemalten farbigen Ornamenten verziert. Lederkassette in Schuberform, mit Lederriemen zum Umhängen. Leder durch Blindlinien und Punzmuster verziert. Amhara, Äthiopien, 1927. Lederkassette B = 16 cm, L = 24 cm, H = 7 cm. Abb.

Bibel auf *Ge'ez* mit Seiten aus Pergament. Die Bibel wird in einer Lederkassette aufbewahrt. Amhara.
3.40.23

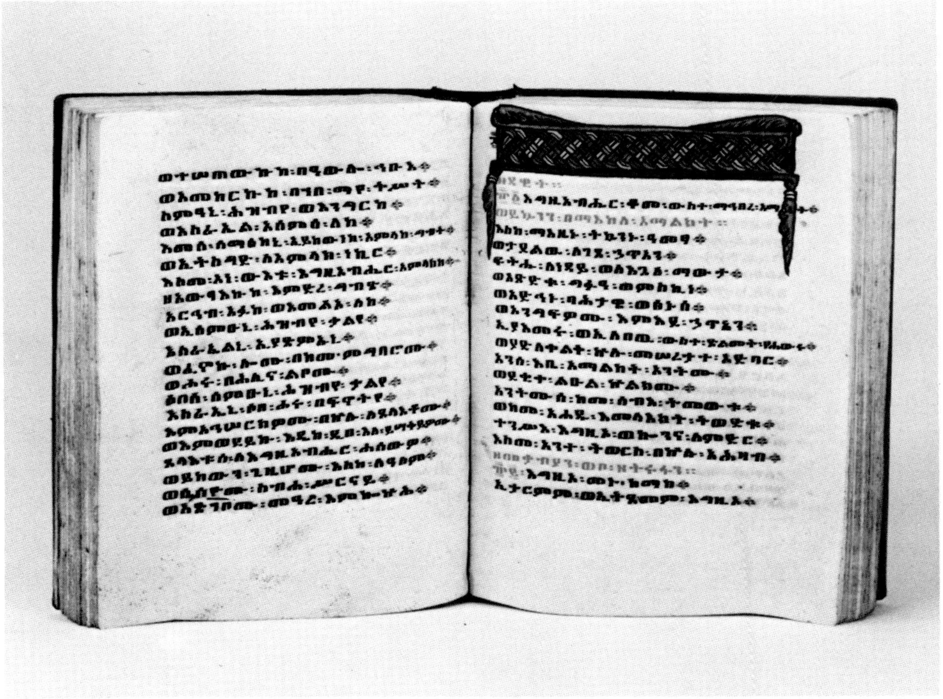

24
Gebets- und Zauberrolle aus Pergament. Am Anfang, am Ende und in der Mitte bemalt; Anfang und Mitte mit Erzengel Gabriel. Übriges Pergament beschriftet. Auf der Rückseite ist ein Pferd dargestellt. Amhara, Äthiopien, ca. 1975. B = 9,5 cm, L = 170 cm.

30
Kindertrage aus einer vollständigen, gegerbten Tierhaut. Kopfteil der Haut halbrund abgeschnitten und mit breiten Lederbändern verlängert, so daß man mit diesen Enden das Leder vorn am Hals zuknoten kann. Obere Partie mit Kaurischnecken und blauen Glasperlen bestickt. Es könnte sich auch um ein Rückenleder für Frauen handeln. Solche Rückenleder sind in Äthiopien weit verbreitet und wurden noch 1930 z. B. von den Tigray-Frauen in Eritrea und Nordäthiopien getragen. Auch die Arussi-Oromo trugen solche Leder als Umhänge. Äthiopien, ca. 1960. H = 55 cm, B = 60 cm.

35
Rinderleder als Bett- und Fußbodenbelag wie auch als Schlafdecke verwendet. Mit einem Absud, der aus einer Baumwurzel (?) gewonnen wird, sind Dreiecks- und Halbkreismuster auf die gesamte Haut aufgetragen. Äthiopien, 1929. L = ca. 135 cm. Abb.

Bett- und Fußbodenbelag aus bemaltem Rinderleder. Äthiopien.
3.40.35

Amharischer Musiker beim Spiel einer *masinko*, der einsaitigen Fiedel.

40

Fiedel (einsaitig). Amharisch *masinko.* Der Resonanzkörper wird aus vier rechteckigen Holzteilen gebildet und zu einem Rahmen zusammengeleimt. Über diesen Rahmen ist Pergament (aus Rinderhaut) gespannt. Zwei gleich große Teile werden von beiden Seiten über den Rahmen gespannt und miteinander vernäht. An verschiedenen Stellen sind Öffnungen. An den Ecken befinden sich Schallöcher. Die Saite, die über den Resonanzbogen gespannt ist, sowie die Saite des gekrümmten Holzbogens sind aus Roßhaar. Der Hals der Laute ist aus Holz geschnitzt, ist länger als der Resonanzkasten und geht durch diesen hindurch. Man spielt das nur von Männern benutzte Instrument, um im Stegreif vorgetragene Verse zu begleiten. Amhara, Äthiopien, 1941. L = 78 cm. Resonanzkasten: H = 13 cm, B = 25 cm. Abb.

Einsaitige Fiedel, Amhara.
3.40.40

Viehzüchter Nordost-, Ost- und Südafrikas

In den wildreichen Savannen und den Steppengebieten Nordost-, Ost- und Südafrikas leben eine Reihe von Völkern, deren wirtschaftliche Grundlage die Viehhaltung ist. Großviehzucht in großem Umfang ist nur in Regionen möglich, in denen die Tsetsefliege, die auch die Schlafkrankheit überträgt, nicht vorkommt.

Im äußersten Nordosten, am „Horn" von Afrika, liegt das Land der Somali, die strenge Muslime sind und von der arabischen Kultur beeinflußt wurden. Sie zählen ca. 5 Millionen Menschen. Ihre nordwestlichen Nachbarn sind die Afar (von den Nachbarn Danakil genannt) und die Beja (Untergruppen u. a. Bisharin, Hadendoa, Beni Amer). Bei allen diesen Gruppen ist das Kamel das wirtschaftlich wichtigste Großtier.

Reinen Nomadismus betreiben die Somali vor allem im Norden, im Zentrum und im Süden ihres Landes. In anderen Landesteilen leben sie auch in festen Siedlungen, und nur die jungen Männer suchen mit einem Teil des Viehs entferntere Weiden auf. An der Grenze zu den Oromo können aufgrund häufigerer Regenfälle auch Rinder gehalten werden. Feldbau wird nur in Flußtälern von negriden Gruppen betrieben.

Ursprünglich lag das Wohngebiet der Somali im ehemaligen britischen Somali-Land und östlich davon. Bei ihrer Ausbreitung nach Süden und Südwesten machten sie einige der bereits ansässigen Völker zu Vasallen.

Die heutigen Somali zerfallen in viele Untergruppen, die sich aber alle auf einen gemeinsamen Ahnen zurückführen. So kennt man sog. „echte" und auch „unechte" Somali. Die „unechten" Somali, die auch *Sab* heißen, leben im Südwesten Somalias sowie an den Grenzen zu Äthiopien und Kenia. Zu ihnen rechnen sich die Vasallengruppen, die im Laufe der Zeit die Somali-Sprache angenommen haben. Die Bezeichnung *Sab* tragen aber auch die verachteten Kasten, wie die der Gerber, Töpfer und Schmiede sowie die Jäger und Musikanten (→ 3.40 „Christliches Äthiopien"), die in kleinen Verbänden unter den Somali leben.

In allen weiteren Regionen Nordost-, Ost- und Südafrikas werden Rinder gehalten. Ziegen und Schafe, in manchen Gebieten auch Esel und Pferde, besitzen sowohl die Kamel- als auch die Rinderzüchter.

Von größter wirtschaftlicher Bedeutung ist die Rinderhaltung in Südäthiopien bei den Borana, einer Oromo-Gruppe, bei den Schilluk und Dinka am Oberen Nil, im Zwischenseengebiet, z. B. bei den Turkana, Rendille oder Karamajong (letztere übernahmen vor 100 Jahren auch das Kamel), im ostafrikanischen Steppengebiet bei den Maasai, im südafrikanischen Raum bei den Südostbantu (Tswana, Sotho und Nguni), und schließlich als letztes Beispiel im südwestlichen Afrika bei den Herero und Hottentotten.

Die Oromo, von ihren Nachbarn auch Galla genannt, sind eines der größten und für die Geschichte Äthiopiens wichtigsten Völker. Sie sind im mittleren und südlichen Äthiopien beheimatet und zählen ungefähr 12 Millionen. Ursprünglich waren die Oromo in den Bergländern Südost-Äthiopiens e i n Volk. Um 1550 begannen sie zu wandern und eroberten in den folgenden zwei Jahrhunderten weite Gebiete des christlichen Äthiopiens, ebenso wie verschiedene kleine islamische Staaten an den Grenzen ihres Gebietes. Überall, wo sie eindrangen, blieben sie von der herrschenden Kultur nicht unbeeinflußt, sondern übernahmen die materielle Kultur oder z. B. den hochentwickelten Feldbau. Nur die Oromo des Südens – Borana, Guji, Arussi – bewahrten ihre alte Kultur.

Früher besaßen sie eine gemischte Wirtschaft, doch wurde dort, wo trokkenes Klima den Feldbau schwierig machte oder ausgedehnte Savannen günstige Weiden boten, der Feldbau aufgegeben. Besonders die Borana gehören heute ebenso wie die Maasai und Herero, zu den klassischen „reinen" Hirtenvölkern.

Mittelpunkt des gesellschaftlichen Lebens der Borana ist ein als *gada* bezeichnetes System, das als Zahlenordnung das Leben bestimmt, im Gegensatz zu den „echten" Altersklassen, etwa denen der Maasai. Das *gada*-System regelt das gesamte soziale Leben. Genau 40 Jahre nach dem Vater wird der Sohn in die erbliche *gada*-Gruppe aufgenommen. Jeder Mensch hat insgesamt 10 *gada*-

Viehzüchter Ostafrikas

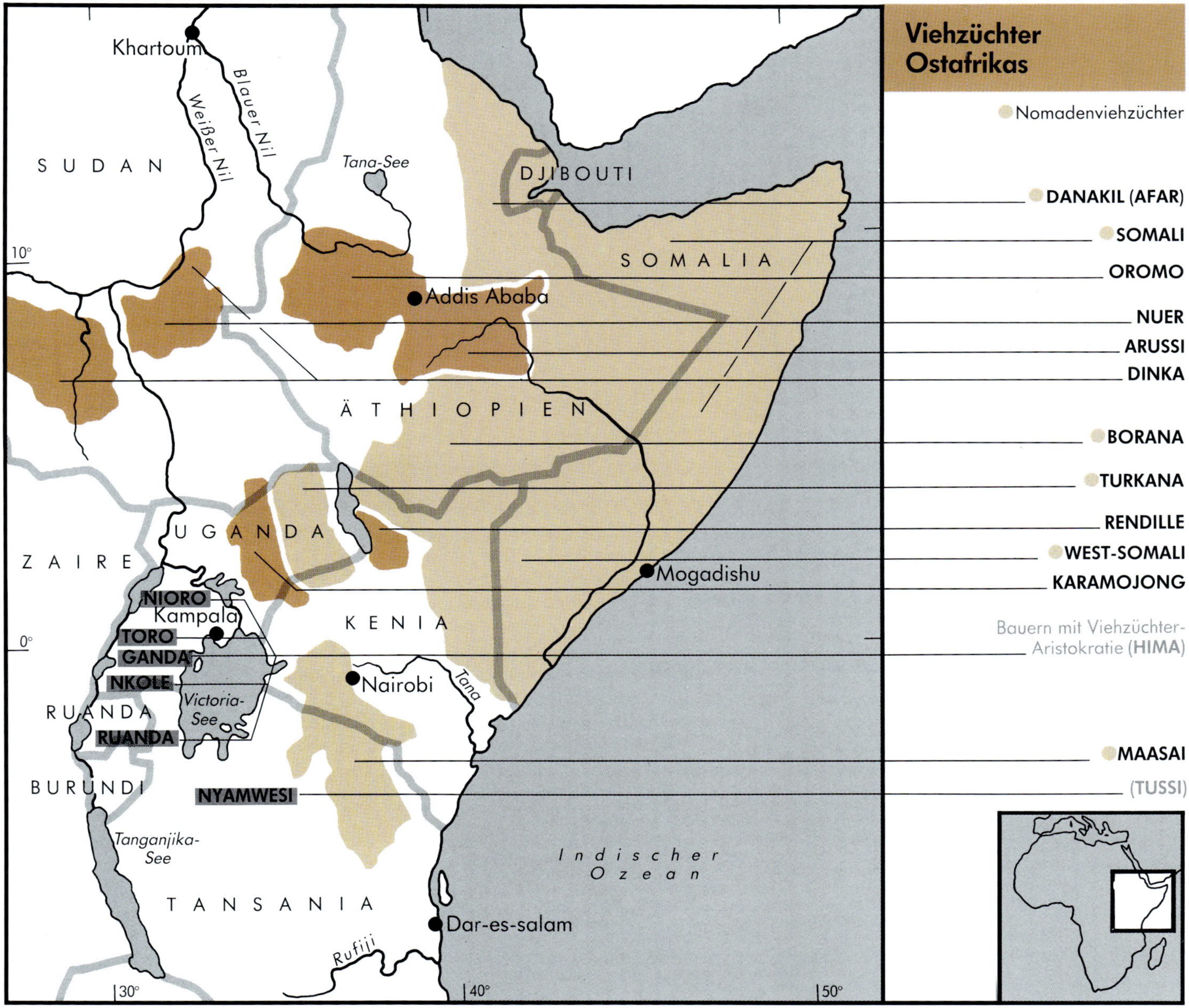

Klassen zu je 8 Jahren zu durchlaufen, bis er aus dem System ausscheidet und seine bürgerlichen Rechte verliert. Die Würdenträger der 5. Klasse, die eigentlichen *gada*, stellen die Führungsschicht. Neben dieser steht der erbliche Hohe Priester *(kallu)*.
Das Wohngebiet der Maasai wurde durch die Kolonialherrschaft zerschnitten und liegt heute zum größeren Teil auf dem Gebiet Tansanias, und zwar zwischen dem 2. und 6.° südl. Breite und dem 35. und 37.° Länge, zum kleineren Teil auf dem Staatsgebiet von Kenia. Die Grundlage ihrer Wirtschaft sowie ihrer gesamten Kultur ist die Rinderhaltung. Nach neueren Zählungen gibt es im Maasai-Gebiet ca. 2 Millionen Rinder, mehr Rinder pro Person als bei irgendeinem anderen Viehzüchterstamm Afrikas.
Über die Geschichte der Maasai liegen wenig gesicherte Berichte vor. Fest steht aber, daß sie nach Meinung einiger Forscher Mitte des 18. Jh. aus dem Norden in ihre jetzigen Wohngebiete eingewandert sind. Ihre Weiterbewegung in Richtung Süden wurde durch die kriegerischen Gogo und Hehe zum Stillstand gebracht. Die letzten Jahrzehnte des 19. Jh. gelten als die Blütezeit der Maasai-Kultur. Ihre militärische Überlegenheit war unbestritten. Immer wieder auftretende Viehseuchen und darauf folgende Hungersnöte sowie Choleraepidemien begannen aber schließlich das Volk der Maasai zu Beginn des 20. Jh. zu erschüttern. 1902 kamen die ersten weißen Siedler nach Kenia, die die Umsiedlung der Maasai in Reservate forderten. 1904 wurde die erste Einweisung in ein zugewiesenes Gebiet

Fettschwanzschaf, typisch für Äthiopien, Somalia, das Zwischenseengebiet und Südostafrika.

vollzogen. Bis 1911 erfolgten weitere Veränderungen ihres Stammesgebietes. Die Maasai lebten in dem ihnen zugewiesenen Gebiet ohne große Eingriffe der englischen Kolonialmacht, die allerdings Steuern einzog, ansonsten die Infrastruktur des Maasai-Gebietes nicht weiter entwickelte. Dies änderte sich auch nicht mit der Unabhängigkeit Kenias im Jahre 1963.
Als 1961 eine verheerende Dürreperiode bewirkte, daß 300 000 Rinder starben und die Maasai Opfer einer Hungersnot wurden, begannen sie Interesse am Feldbau zu zeigen und mit zunehmender Seßhaftigkeit auch am Schulbesuch. Es entstand auch eine Zuchtfarm, eine Gerberei, Versuchspflanzungen und ein gemeinschaftlich betriebenes Handelszentrum, das vor allem mit Souvenirs für den stark einsetzenden Fremdenverkehr handelt.

Die Maasai unterscheiden zwei große Gruppen ihres Volkes, die sich laut ihrer Legenden aus dem Besitz zweier verschiedener Rinder ableiten, dem Roten und dem Schwarzen Rind. Aus der Gruppe, die die Roten Rinder besaßen, gingen drei Klane hervor, aus der anderen Gruppe zwei. Heiraten sollten möglichst nicht innerhalb eines Klans stattfinden. Jeder Klan verfügt über ein bestimmtes Brandzeichen, mit dem man alle Rinder der Klanmitglieder markiert. Entscheidungsgremium ist die „Klasse" der Ältesten unter der Führung des *laibon*. Dieser ist der geistige Führer in den einzelnen Maasai-Gruppen. Seine wichtigste Aufgabe ist es, für Regen zu sorgen und als Medizinmann zu wirken. Er ist der Eingeweihte bei allen Ritualen.
Bei den Männern der Maasai-Gesellschaft werden drei Lebensalter unterschieden: Jugendliche, deren Aufgabe das Rinderhüten ist, Krieger und die Älteren. Die Krieger unterscheidet man nochmals in jüngere und ältere, im ganzen gesehen bilden sie aber eine gemeinsame „Altersklasse". Etwa alle fünfzehn Jahre tritt eine neue Generation in den Kriegerstand ein und erhält einen besonderen Namen. Der Eintritt in jeden neuen Lebensabschnitt wird von Zeremonien begleitet, z. B. von Beschneidung der ca. 16 Jahre alten Knaben. Sie ist die Voraussetzung dafür, daß die Jungen in den Stand der Krieger *(il-moran)* eintreten

Maasai-Hirte mit seiner Rinderherde. Kenia.

können, in dem sie ungefähr bis zum 35. Lebensjahr bleiben. Eine weitere große Feier *(eunoto)* zeigt den Übergang vom Kriegerdasein in den Stand der Älteren an, die die geistige Stütze der Gesellschaft darstellen. Als „Älterer" kann man auch heiraten.

Die Feiern sind verbunden mit Rasieren des Kopfes, Gesichts- und Körperbemalung. Auch mit Tänzen und Gesängen und dem Schlachten von Rindern.

Mit dem Eintritt in den Kriegerstand erwerben die jungen Maasai Freiheit von den Eltern und ein Mitspracherecht, außerdem dürfen sie sexuellen Kontakt zu den Mädchen aufnehmen, die die Krieger in den Buschlagern besuchen. Die Veränderung ihrer Stellung in der Gesellschaft zeigt sich in ihrem äußeren Erscheinungsbild. Sie lassen sich die Haare wachsen, erhalten den langen Speer, neue längere Lederumhänge und neuen vielfältigen Schmuck. Beliebte Betätigungen der Krieger waren neben ihrer Hauptaufgabe, die übrigen Stammesmitglieder vor Gefahren zu bewahren, auf Rinderraubzüge und Löwenjagd zu gehen, um dadurch ihren Mut zu beweisen.

Die Maasai nutzen alle Teile des Rindes. Ihre Hauptnahrung ist Kuhmilch, die frisch oder als Sauermilch genossen wird. Babys erhalten eine Art halbflüssiger Butter. Fleisch wird nur zu besonderen Anlässen gegessen, jedoch nie zusammen mit Milch, da die

Maasai-Krieger mit Lederschild und Holzkeule. Kenia, 1980.

Maasai glauben, daß dies Bandwürmer verursache und auch den Kühen schaden würde. In der Trockenzeit, wenn die Milch knapp wird, trinken die Maasai auch das Blut ihrer Rinder. Den Urin der Rinder nutzen die Maasai zum Auswaschen der Kalebassen, sowie zu Heilzwecken. Mit dem Rinderdung, der mit Lehm vermischt wird, decken sie ihre aus Baumstämmchen und dünnen Zweigen bzw. Gras gebauten, länglichen Kuppelhütten. Die Hütten einer Siedlung sind übrigens stets im Kreis angeordnet und mit dichten Dornenhecken umgeben, so daß in der Mitte der Siedlung nachts das Vieh geschützt ist. In einem durch das jeweilige Klima bestimmten Rhythmus werden die Dörfer verlegt, was heute aufgrund des Schulbesuches der Jugend allerdings immer seltener geschieht.
Aus den Hörnern der Rinder wurden früher Behälter für Fett und Orakelsteine, heute auch noch Tabaksbehälter (186, 187), Trinkhörner und Oberarmspangen angefertigt, aus der Haut des Rindes Haus- und Bettverkleidungen, Sitzunterlagen, Amulette, Fußreifen und Seile. Nach der Gerbung werden aus dem Leder Kleidung und Sandalen, Taschen, Gürtel und Schwertscheiden, Schilde, Lederteile zum Tragen und Aufhängen von Kalebassen sowie Schmuckstücke angefertigt, auf die man Perlen aufnäht. Die Sehnen wurden früher für die Bogenbespannung und zum Nähen verwendet.

Selbst die Knochen nahm man, um aus ihnen die graue Farbe zu gewinnen, die man zum Bemalen der Kriegsschilde brauchte. Den Rindermagen bekommen selbst heute noch die Krieger, um sich daraus sog. Schlafhauben (166) anzufertigen, die ihre komplizierten Frisuren schützen sollen. Der Kuhschwanz wird über einen Stock gezogen und als Kalebassen-Reiniger benutzt.
Die Herero leben heute im mittleren und nördlichen Südwestafrika in den Reservaten Waterberg-Ovitoto, Otjihorongo, Otjimbingwe, Aminuis und zerstreut auch bei Outjo, Otjivarongo und Windhuk. Fest steht jedoch, daß sie vor langer Zeit aus dem Norden, und zuweilen aus dem Trockensteppen-Hochland Angolas kamen und im 17. Jh. von den einfallenden Nyaneka über den Kunene nach Süden vertrieben wurden. In der ariden Küsten- und Süd-Kunene-Zone gaben die Herero ihren Feldbau auf und wurden nomadische Viehzüchter. Viele Züge ihrer Kultur weisen auf den oberen Sambesi und letztlich sogar auf den nilotischen Raum in Nordostafrika. Besonders alle Vorstellungen, die mit dem Rind und der Milch in Zusammenhang stehen, haben die Herero sehr wahrscheinlich aus diesem nilotischen Raum mitgebracht.
Mitte des letzten Jahrhunderts kam es zwischen den Herero und den Hottentotten – einer den Buschmännern rassisch und sprachlich eng verwandten Viehzüchtergruppe – zu verlustreichen Kriegen. 1904/05 kam es zum Herero-Aufstand gegen die Deutschen, die seit 1884 das Gebiet der Herero als „Schutzgebiet" – die Bezeichnung für Kolonie – übernommen hatten. Die Herero wurden von ca. 100000 Menschen auf 25000 reduziert. 1951 zählten sie ca. 23000. Damals erstarb ihr eigentliches Stammesleben, der Ahnenkult wurde aufgegeben, die meisten wurden Christen.

Mit Glasperlen verzierter Lederschmuck. Links und Mitte Gürtel (3.50.159, 164) rechts Halsring. Maasai (3.50.170).

Ihre Bienenkorbhütten *(pontok)* aus gebogenen Zweigen, mit Lehm oder Dung verschmiert, gehören der Vergangenheit an; diese waren ursprünglich halbkreisförmig angeordnet und mit Dornenhecken umgeben.
Ein besonderes Merkmal der Herero-Kultur ist die Doppelabstammung, was bedeutet, daß jeder Mensch sowohl einem matrilinearen *(eanda)* als auch einem patrilinearen Klan *(oruzo)* angehört. Der Matri-Klan regelt z. B. den Viehbesitz, zum Patri-Klan gehört alles Sakrale, u. a. die heiligen Kühe, die Ahnenstäbe, Milchgefäße und Amulette.
Bei allen genannten Viehzüchtern steht das Rind und sein Besitz im Mittelpunkt des gesellschaftlichen Lebens. Für einen Viehzüchter bedeutet das Rind Reichtum und ist für ihn einziges Zahlungsmittel. Bei Verstößen gegen die Ordnung wird Buße durch Abgabe von Rindern getan. Außerdem sind Rinder Bestandteil der Mitgift. Der Viehkral ist das Zentrum der Siedlung. Das Fleisch der Tiere wird nur bei zeremoniellen Anlässen gegessen. Butter – aufgrund der Hitze immer flüssig – wird zum Fetten der Leder oder zum Gerben der Häute, aber auch zum Einreiben des Körpers verwendet. Die Nahrung ist Milch und Blut, aber auch Getreide, welches durch Tausch auf den Märkten von den benachbarten Bauern eingehandelt wird.
Der Häuptling steht bei den Viehzüchtern in enger Verbindung zum Rind

Herero-Familie in traditioneller Ledertracht zu Beginn des 20. Jahrhunderts.

und wird bei seinem Tod in einer Rinderhaut begraben. In jeder Herde gibt es einen sog. heiligen Bullen, der den Ahnen vertritt und der nicht geschlachtet wird. Schlachtet man ein Rind aus religiösem Anlaß, werden Versöhnungsriten gefeiert. Schließlich ist vielen Viehzüchtern die Sitte gemeinsam, eine sog. Kalbspuppe aufzustellen, d. h. der Kuh ihr Kalb fortzunehmen und stattdessen eine Attrappe zu errichten, um die Kuh weiterhin zur Milchabgabe zu bewegen. Auch das sog. Kuhblasen, d. h. die Milchproduktion durch Blasen in die Vagina anzuregen, wenden eine Reihe von Viehzüchtervölkern an. Blutentnahme mit einem Pfeil aus der Halsschlagader des Rindes ist ebenfalls üblich. Typisch für die Viehzüchtervölker dieser Gebiete ist die Ansicht, daß Urin und Viehdung ein rituelles Reinigungsmittel sind und daß Milch weder in Metall- noch in Tontöpfe gefüllt werden darf.
Aufgrund der engen, emotionalen Bindung an die Tiere, vor allem an das Rind, ist auch das Material Leder bei diesen Völkern von überragender Bedeutung. Bei den Borana gilt Leder als der „geehrteste" Stoff. Beinahe alle beweglichen Dinge, die der Mensch für das tägliche Leben benötigt, waren – und sind es teilweise noch heute – aus Leder hergestellt. Bestehen diese aus Holz oder Kalebassenkürbis, so sind sie häufig in Verbindung mit Leder gearbeitet. Bei den Nomaden werden so wichtige Transportgeräte

Lederhaube der verheirateten Herero-Frauen.
3.50.225

wie Taschen und Säcke aus Leder hergestellt, ihre Gefäße für Milch (25, 30), Wasser oder flüssige Butter und Öl wenigstens teilweise aus Leder gemacht. Das wichtigste Gefäß der Borana, der Melktopf (69–71), besteht nach Möglichkeit aus Giraffenleder. Die Holz- und Kalebassenbehälter und Geräte hängen an Lederriemen oder sind, zum leichteren Transport, in Ledergeflechte eingehängt (37, 51, 66). Kleine Becher aus Ochsenhörnern, deren Boden und Deckel mit Leder überspannt sind (233), dienten z. B. den Herero zur Aufbewahrung von Salben.
Auch für die Herstellung von Waffen im weitesten Sinne bietet sich das strapazierfähige Material Leder an oder auch die unbehandelte, getrocknete Haut, so in erster Linie für den Schild. Häufig sind die Schilde aus der besonders dicken Haut von Elefanten, Flußpferden oder Nashörnern, können aber auch aus Rinderleder/-haut sein. Bei den Zulu sind die Schilde von ovaler Form und haben auf der Rückseite einen langen Stock, der als Griff dient („Stockschilde") (205). Auf der Vorderseite dieses Schildtyps sind die Haare des Rindes erhalten. Die Zulu-Schildform findet sich auch bei vielen ihrer Nachbarn. Auch der Maasai-Schild ist oval und zur Mitte hin nach außen gewölbt. Er besteht aus einem Rahmenholz, welches an den eigentlichen Schildteil aus Büffel- oder Giraffenhaut angenäht ist. Die Maasai-Schilde sind auf der Vorderseite stets bemalt und tragen auf der Rückseite das Wappen des Klans (155).
Der gesamte nordöstliche Raum Afrikas kennt den kreisrunden Schild (So-

mali, Afar, Amhara, Oromo), deutlich ein Erbe des persisch-indischen Kulturkreises (33, 119).
Aus Leder sind weiterhin Köcher, Messer- und Schwertscheiden. Bei den Borana tragen nur die *Wata* und bei den Somali die *Midgan*, die u. a. Jäger sind (vgl. weiter unten), Pfeil und Bogen sowie den sanduhrförmigen Köcher (122). Die Maasai tragen ihre kurzen Schwerter an einem aus Rinderleder gearbeiteten Gürtel, der durch Längsfaltung sein charakteristisches Aussehen erhält (156).
Weitgehend aus Leder oder aus Pelz sind auch die Kopfbedeckungen, vor allem die Kriegshelme. Sie sind von besonderer Bedeutung für die jungen Männer, die der Kriegerklasse angehören, und die daher auch nur ihnen vorbehaltene Kleider, Helme und Schmuck tragen dürfen. Besonders bekannt geworden sind die Löwenmähnenhelme der jungen Maasai-Krieger (157) und die Gesichtsrahmen, die aus Straußenfedern hergestellt werden (145).
Ferner bestand bei fast allen Viehzüchtern und selbst bei vielen Bauernvölkern die Kleidung sowie eine Reihe von Schmuckstücken aus Leder.
Besonders charakteristisch ist der Umhang aus Leder oder Pelz („Fell"), von den Buren *Karoß* genannt (208, 220, 267, 268). Er wurde bei den Völkern Südafrikas von beiden Geschlechtern getragen. Der Umhang bestand aus einem viereckigen Stück Leder, manchmal auch aus Fell, an zwei Ecken zusammengeknüpft oder an einem Lederband auf Rücken, Brust oder auf der Seite getragen. Solche Lederumhänge waren von Stamm zu

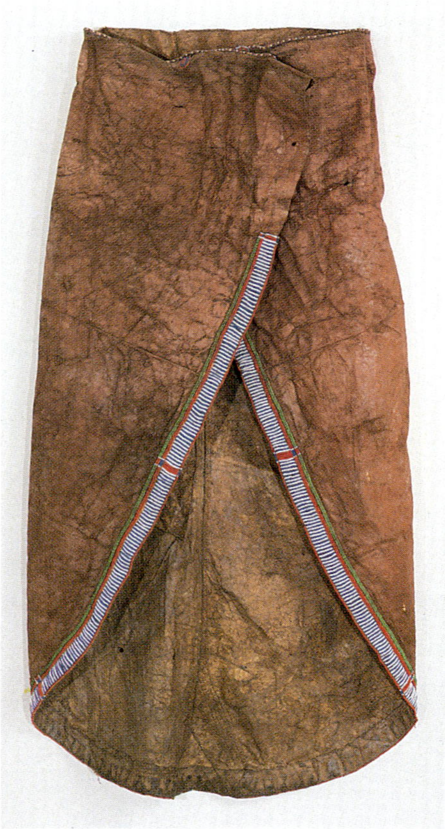
Lederrock der Maasai-Frauen in Kenia. 3.50.188

Stamm unterschiedlich und konnten von den verschiedensten Tieren stammen. Bei den Herero bestand er immer aus Ochsenleder (249), war mit Eisenperlen verziert und wurde von den Frauen zusätzlich zu einem Leibchen *(omutombe)* getragen. Das Leibchen bestand aus mehreren auf Lederstreifen aufgezogenen Reihen brauner Blütenköpfe (261). Das auffälligste Kleidungsstück der verheirateten Herero-Frau war die dreizipfelige Lederhaube (225). Die gesamte Ledertracht wich später dem Stoffkostüm der viktorianischen Zeit des ausgehenden 19. Jh. Die Lederhaube wurde gegen ein Turbankopftuch eingetauscht.
Umhänge anderer Gruppen wurden aus dem Leder von Wildtieren wie Antilopen, Katzen oder Schakalen gemacht, ebenso auch aus dem Leder von Schaf und Ziege. Bei den Bantusprechenden Völkern Südafrikas, wie den Zulu und Nguni, wurden die Umhänge auch aus Leopardenpelz hergestellt. Sie waren ein Herrschaftssymbol und durften nur von Häuptlingen getragen werden. Löwenpelze dienten dem Häuptling als Unterlage beim Sitzen. Daß die Pelze von Raubkatzen als Abzeichen von Häuptlingswürde eine Rolle spielten, ist schon sehr alt und über das Gebiet Südostafrikas hinaus verbreitet. Auch bei Völkern des Oberen Kongo ist der Leopardenpelz nur Häuptlingen vorbehalten, im Alten Ägypten war es die Amtstracht der Priester.
In den ostafrikanischen Steppen ist der Lederumhang nicht überall Teil der Kleidung. Auch seine Form und das Material waren nicht immer gleich. Dem südafrikanischen *Karoß* am ähnlichsten ist der Umhang, den die Maasai-Männer und Frauen sowie ihre nilotischen Verwandten, die Suk, Nandi und Turkana tragen.
Die Umhänge der Maasai-Krieger sind ca. 110 cm lange und ca. 64 cm breite, zusammengenähte Kalbsfelle, die auf der rechten Schulter zu einem Zipfel verknotet werden. Sie werden entweder von der Schwester oder dem

Lieblingsmädchen des Kriegers genäht. Die Maasai-Frauen tragen ebenfalls lederne Schulterumhänge, die auf der rechten Schulter geknüpft werden und Brust und linke Schulter freilassen.
In ähnlicher Form tragen auch die von den Maasai beeinflußten Nachbargruppen Lederumhänge, wie die Kukuyu, Kamba, Gogo, Jagga und andere. Auffallend sind die Lederumhänge der Fiome- und Mbugwe-Bauern im Zwischenseengebiet, denn ihre Umhänge sind ganz durchlöchert, wie dies auch bei den Umhängen der Sotho der Fall ist (208).
Die Maasai-Frauen tragen neben ihrem Schulterumhang auch aus einzelnen Teilen zusammengesetzte Lederröcke (188), die immer mit Glasperlen bestickt und mit einem Gürtel festgehalten werden. Röcke aus zusammengenähten Lederteilen haben auch die Borana-Frauen (89, 90).
Da die Viehzüchter in der Regel nicht weben können, haben Stoffe aus Baumwolle, heute auch geschneiderte Hemden und Hosen in europäischem Zuschnitt, erst in allerjüngster Zeit Eingang gefunden. Baumwollstoffe in Form viereckiger Tücher (bei den Borana weiß, bei den Maasai häufig rot, als Ersatz ihrer ursprünglich rotgefärbten Rinder- und Ziegenleder) oder europäische Wolldecken, verdrängen in den letzten Jahrzehnten zunehmend die traditionelle Lederbekleidung. Es sind vor allem die Männer, die als erste die alte Bekleidung

Turkana-Frau in Ledertracht auf ihrer Wanderung durch den Busch.

aufgaben. Im südafrikanischen Raum ist unter dem Einfluß der Europäer die Wolldecke sogar ein Zeichen höherer Stellung geworden.
Die Männerbekleidung der Borana sowie der übrigen Oromo besteht schon seit Beginn des 20. Jh. aus weißen Stoffhosen und Umhängen, während die Oromo vor dieser Zeit höchstwahrscheinlich lederne Umhänge und vielleicht auch Lederschurze trugen. Seit viel längerer Zeit schon tragen die Somali Baumwolltücher. Daß aber auch bei ihnen, wie im gesamten nordostafrikanischen Bereich, einst Leder- bzw. Felltracht vorhanden war, beweisen die unter den Somali lebenden Issa und die Hawiya-Somali, deren Frauen noch im ausgehenden 19. Jh. Ziegen- bzw. Gazellenfellkleider trugen, wohingegen sich bereits ihre Männer – mit Ausnahme der Afar – in Baumwolltücher wikkelten.
Der Lendenschurz aus Leder für die Frau war ein typisches Bekleidungsstück sowohl in Nordostafrika als auch in Südwestafrika. Bei Völkern in den Steppen und Hochländern Südafrikas wurde der Lederschurz von einem Gürtel herabhängend hinten und vorn getragen. Oft war das Leder, welches vor den Geschlechtsteilen hing, nur klein, dasjenige, welches das Gesäß bedeckte, wesentlich größer und länger. Es diente als Sitzleder und schützte beim Hinsetzen (131, 165, 204, 206, 258, 259).
Die Männerkleidung bei den Herero bestand aus einem hellbraunen Leder über dem Gesäß und einem zweiten vor den Geschlechtsteilen, das dann über die Hüftriemen aus Ochsenleder

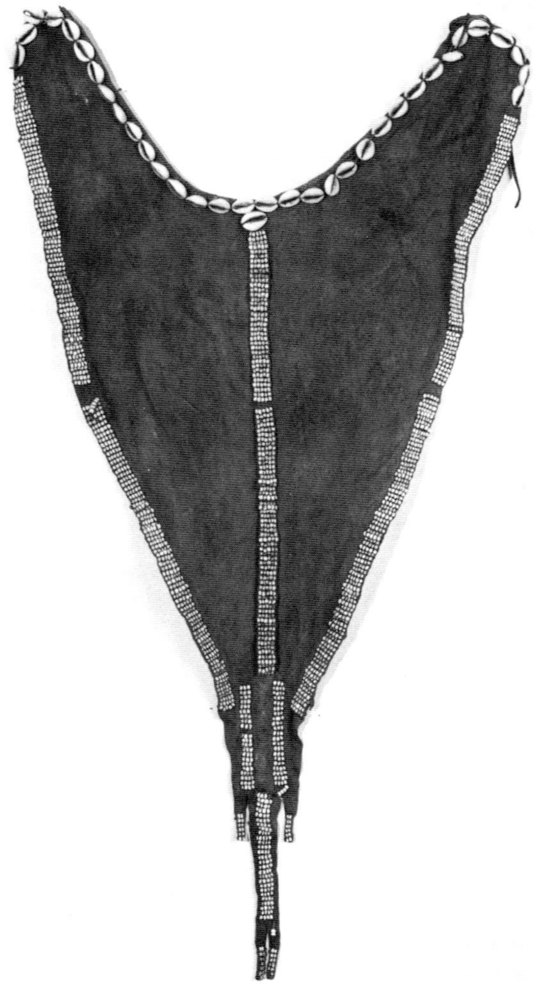

Hüftriemen aus Ochsenleder für Männer. Herero.
3.50.260

Frauenschurz aus Leder, Schilluk. Republik Sudan.
3.50.131

geschlagen wurde (260). Die Maasai-Männer trugen außer ihrem Schulterumhang dreieckige Sitzleder aus Rind- oder Kalbsfell, die am Schwertgurt angebunden waren. Bei den Borana waren es die Frauen, die beim Tragen schwerer Lasten einen ledernen Hinterschurz anlegten.
Buschmänner, Hottentotten und Tswana benutzten dreizipfelige Lederteile, die sie um die Hüften schlangen und mit einem Zipfel durch die Beine zogen.
Hüftschurze aus Leder trugen übrigens auch die Frauen der Viehzüchter im Nilgebiet, wie die Dinka, Schilluk, Nuer, Bari und Suk. Ihre Männer allerdings trugen keinerlei Kleidung.
Ein auffälliges Bekleidungsstück aus Leder ist ein Fransenschurz, der von den Sudan-Arabern als *rahat* bezeichnet wurde (18–20). Er kam früher in Nubien und den südlich angrenzenden Gebieten, in Kordofan, im Sennar, bei den Ababde in der oberägyptischen Wüste, bei den Beja, in Nord-Erytrea bei den Mensa und ferner bei den Kababish und selbst den Teda vor. Der *rahat* wurde von den Mädchen getragen und von den verheirateten Frauen während ihrer Menstruation. Der Schurz galt als Bekleidungsstück der Kindheit und wurde bei der Hochzeit durch ein Stoffkleid ersetzt. Der *rahat* wurde zerstört. Dieser Frauenschurz war in Südarabien schon vor der islamischen Zeit bekannt und gelangte mit der arabischen Einwanderung auf den afrikanischen Kontinent, und zwar in den östlichen Sudan. Ende des 19. Jh. verschwand die Sitte, den *rahat* zu tragen. Die Frauenschurze wurden auch mit Halbedelsteinen, vor allem

Schurz für Mädchen, aus Lederfransen und Glasperlen. Nubien, Kordofan, Oberägypten.
3.50.19

aber auch mit Kauri und Schneckenhäusern oder Muscheln aus dem Roten Meer, verziert. Der Tourismus förderte später eine reichhaltigere Verzierung des ursprünglich völlig schlichten *rahat,* und so wurden die Schurze auch mit Steinen, bunten Glasperlen oder Münzen verziert.
Zur Bekleidung der Viehzüchter gehören auch Sandalen, die der Hirte oft nur auf langen Märschen anlegt (31, 116). Die Sandalen können aus derbem Rinder- oder auch Wildleder gemacht werden. Oft ist das Material auch getrocknete Haut. Die Maasai fertigen ihre Sandalen aus der dicken Rückenhaut der Stiere an. Charakteristisch für die Sandalen der Viehzüchter in Savannen und Steppen ist die Fersenbindung (→ 6.72.78–80).
Pelzmützen waren typisch für den südafrikanischen Raum. Sie waren mehr Schmuck als Schutz vor der Kälte. Es gab sie bei den Tswana, Herero und Hottentotten. Die Herero fertigten sie aus dem Pelz des Erdwolfes an.
Die Geräte der Völker Nordost-, Ost- und Südafrikas waren, mit Ausnahme einiger Ritualgefäße, bescheiden verziert. Dies galt auch für die Bekleidung, mit Ausnahme derjenigen, die bei Festen wie Hochzeit oder Reifefei-

Topf mit dazugehörigem Behälter aus Gras und Leder. Somali.
3.50.08

ern angelegt wurde, oder Häuptlinge und Krieger schmückten. Viele Verzierungstechniken, die bereits für den Maghreb, die Sahara und die westafrikanische Savanne beschrieben worden sind, finden sich hier nicht. Betrachtet man die Ledergegenstände aus Ost- und Südafrika, so fällt vor allem die rote Farbe auf den Ledern auf. Diese wurde entweder aus eisenhaltiger Erde gewonnen, oder, wie bei den Herero, aus der zermahlenen Rinde des Baumes *Pterocarpus tinctorius.* Zum Auftragen auf das Leder wurde die rote Farbe stets mit Butter oder pflanzlichem Öl vermischt.

Besonders häufig wurde die Kaurischnecke zur Verzierung des Leders verwendet (Somali, Oromo) (30, 51, 75, 97), ebenso häufig farbige Glasperlen, die schon viele Jahrhunderte durch Handel vom Mittelmeer, dem Roten Meer und dem Indischen Ozean in das Innere von Afrika gelangten (08, 159–165, 168–172, 188).
Berühmt geworden für ihre Arbeiten mit Glasperlen, die sie von den Weißen erhielten, sind die Ndebele und die Zulu in Südafrika. Glasperlen nähte man vor allen Dingen auf Leder auf. Mit Glasperlen stellte man nicht nur Schmuckstücke und Bekleidungsteile für die Frauen her, z. B. Schürzchen (204), sondern umgab mit ihnen auch Kalebassengefäße (200), die in Lederstreifengeflechte eingehängt wurden, die wiederum mit bunten Glasperlen verziert waren. Auch der Schmuck der Maasai für Männer wie Frauen wurde im Laufe der letzten 100 Jahre zunehmend aus bunten Glasperlen, die auf Leder genäht wurden, gestaltet. Wie schon erwähnt, waren es besonders die Krieger, die sich derartig auffällig kleideten und sich von ihren Freundinnen diesen Schmuck anfertigen ließen (159–165, 168–170).
Durch die eisenhaltigen Lateritböden konnte auch die Eisenherstellung und Verarbeitung entstehen, so daß Eisenschmuck in Verbindung mit Leder eine wichtige Rolle spielte, ebenso auch Kupfer, das aus dem Kongo-Becken kam. Die Herero verwendeten ungeheure Mengen von Eisenperlen, die sie von ihren nördlichen Nachbarn, den schmiedegewandten Ambo in Angola, bezogen. Wohlhabende Herero-Frauen trugen einen Beinschmuck, der aus

übereinandergelegten Ringen bestand, die aus aufgefädelten Eisenperlen gebildet wurden (229, 230). Außer diesen auf Leder aufgenähten Schmuckelementen kannten die Viehzüchter wenig andere Techniken. Bekannt war das Bemalen mit Erd- und Pflanzenfarben. Die Schilde der Maasai sind hierfür ein Beispiel (173). Ritz- und Punzmuster finden sich an den Gegenständen der Somali (33, 37). Diese Technik entstand unter dem Einfluß ihrer arabischen Nachbarn.
Nur für die Maasai und Borana wird berichtet, daß die Frauen gerben. Bei den Somali und auch im südafrikanischen Raum, so bei den Zulu und Herero, finden wir die Männer als Gerber. Bei einer Reihe von Völkern des nordostafrikanischen Gebietes gibt es verachtete Handwerkerkasten, zu denen auch die Gerber-Kasten gehören. Solche Handwerker heißen bei den Oromo, *Wata,* bei den Somali *Midgan.* Außer diesen kastengebundenen Handwerkern gibt es bei fast allen Viehzüchtern auch noch die Frauen der „normalen" Stände, die ebenfalls gerben. Endogame Handwerkerkasten kennen auch noch die Bauernvölker im westlichen Äthiopien, im Bergland zwischen der südäthiopischen Seenkette im Osten und dem Omo-Fluß im Westen sowie auf dem

Borana-Frau der *gada*-Klasse in vollem Ritualschmuck: Rückenleder (→ 3.50.115), Armband und Messingplatte (→ 3.50.104). Die Frau trägt außerdem den traditionellen Lederrock (→ 3.50.89, 90). Äthiopien.

Zeremonialrückenleder für die Frauen der *gada*-Klasse. Borana, Äthiopien.
3.50.115

3.50

Hochland von Kaffa. Bei diesen „omotisch" sprechenden Völkern (früher auch „westkuschitisch" genannt) bilden die Gerber und Töpfer, ebenso wie die Jäger und Schmiede, Kasten. Die Handwerker werden von den mit ihnen lebenden Bauern im gesellschaftlichen Umgang gemieden. Sie haben spezielle rituelle Aufgaben, die als gefährlich gelten: Tote zu begraben, Kranke zu heilen, den Fluch zu lösen usw. Trotz ihrer gesellschaftlichen Isolation stehen die Handwerker in enger Beziehung zum König und konnten Henker, Leibwächter, Bote, Diener oder Musikant sein.

Folgt man den Beschreibungen über Gerbprozesse in Nordost-, Ost- und Südafrika, so läßt sich feststellen, daß das Aufpflocken der frischen Haut unmittelbar über dem Boden, um die Haut reinigen zu können, allgemein üblich ist. Mit der Fleischseite nach oben werden mittels Obsidianklingen (Borana), dem Schulterblatt von Ochsen, scharfen Eisenäxten oder Messern (Maasai) oder z. B. Aloe-Blättern (Zulu) Fleischreste und Fett abgekratzt. Die Borona legen die Häute danach in Aschenlauge, um durch Ausfallen der Haare die Blöße der Haut zu erreichen, die Zulu bestreichen sie mit Maismehlpaste.

Eine sehr alte Methode, die Haare zu lockern, ist das Vergraben der angefeuchteten Haut in Erdgruben, wie dies die Buschmänner tun. Es erfolgt in der Grube ein „Schwitzprozeß", bei dem durch Vermehrung von prolytisch wirksamen Fermenten, welche von Bakterien gebildet werden, die Haarwurzeln hydrolisiert, angegriffen und abgebaut werden.

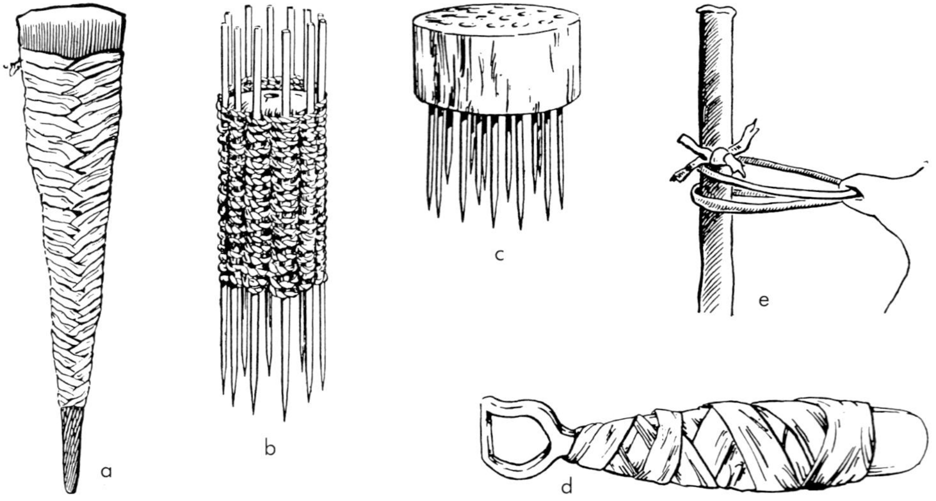

Gerberwerkzeuge zum Entfleischen und Schaben der Häute (a–d); Methode des Anpflockens von Häuten (e). Zulu.

Zulu beim Gerben einer Haut. Südafrika, 1895.

Das Gerben erfolgt sowohl mit Pflanzen als auch mit Fetten (Butter: Sämischgerbung). Bei den Borana wird unter Zusatz von Myrrhe und Bockshornsamen Butter in die Haut geknetet. Dadurch entsteht ein hellgelbes Leder, welches anschließend mit pflanzlichen Mitteln rot gefärbt wird. Soll ein Pelz entstehen, so wenden die Maasai eine Fettgerbung an. Die Fasern der Haut werden auf diese Weise unlösbar mit dem Fett umgeben, so daß sie isoliert sind und das Material geschmeidig bleibt. Das überschüssige Fett wird nicht entfernt. Um Leder herzustellen, wenden die Maasai eine vegetabilische Gerbung an, und zwar nehmen sie die zermahlene und mit Wasser versetzte Rinde von *Terminalia Braunii,* eine Gerbmethode, die „aus dem Norden" übernommen worden sein soll. Die Rotfärbung der Maasai-Leder entsteht durch Zusatz von rotem Ocker. Auch die Zulu gerben mit Pflanzen, und zwar den Kernen der sehr ölhaltigen Frucht des Busches *Ximenia caffra*; auch eine *castor*-Ölpflanze dient zum Gerben. Schließlich nehmen die Zulu die Gehirnmasse von Rindern, Ziegen oder auch Wildtieren.

Borana-Frau beim Entfleischen einer Haut.

01
Schild aus Leder, kreisrunde Form. Zur Mitte hin herausgewölbter Buckel. Rand nach hinten umgeschlagen. Griff an der Rückseite angebunden, auf der Vorderseite Schnittdekoration. Danakil, 1919. ∅ = 51 cm. Abb.

05
Tasche (wahrscheinlich Satteltasche). Am Boden gerundete Form. Klappe am Rand mit Lederfransen besetzt. Auf der Schauseite Kaurischnecken und rote sowie blaue Glasperlen und Münzen. Nordostafrika oder nördliches Afrika? 1958. H = 54 cm, B = 38 cm.

08
Korb mit Deckel. Aus Gras in Spiralwulsttechnik geflochten. (Naturfarben, Rot, Grün und Schwarz.) Kreisrunde, bauchige Form mit Standfuß. Der Korb ist, um ihn tragen zu können, zusätzlich in 4 breite Lederstreifen eingehängt. Das Äußere des Korbes mit einem Geflecht aus bunten Glasperlen bezogen. Der untere Rand zusätzlich mit dichtem Fransenbehang aus Lederstreifen mit angehängten Kaurischnecken besetzt. Deckel ebenfalls geflochten, an der Außenseite mit Stoff bezogen, dieser ist wiederum mit bunten Glasperlen bestickt. Danakil, 1928. H = ca. 37 cm, ∅ = 20 cm. Abb.

12
Pulverflasche aus Leder. Rechteckige Form, oben in einen schmalen Hals mündend. Flasche an der Schauseite mit bunten Glasperlen, Kaurischnecken sowie einem dichten Geflecht aus Glasperlen behängt, an dem Haselnüsse hängen. Bisharin, Nordostafrika, 1936. H = 24 cm, B = 19 cm.

18
Schurz *(rahat)* für Mädchen; aus zahlreichen, braunen Lederfransen bestehend, die oben in einem festen Rand verknüpft sind. Assuan, Oberägypten, Nubien, Republik Sudan. Lederfransen: L = 29 cm.

19
Schurz für Mädchen und/oder Frauen?, aus Lederstreifchen, oben zu einem festen Rand verknüpft. Zusätzlich an der Außenseite mit langen blauen, weißen und roten Perlensträngen besetzt, an den Enden Kaurischnecken. Höchstwahrscheinlich ein *rahat.* Die Verzierung mit Glasperlen und Kaurischnecken könnte unter dem Einfluß des Tourismus entstanden sein. Oberägypten oder Nubien, Republik Sudan, 1953. Lederfransen: L = 35 cm. Abb.

20
Schurz *(rahat)* aus zahlreichen, hellbraunen Lederstreifchen. Über den Lederstreifen, die in einem festen Rand verknüpft sind, hängt eine gitterartige Verzierung aus bunten Glasperlen und Kaurischnecken. Am unteren Rand dieser Glasperlenverzierung sind Meeresschnecken angehängt. Bisharin (Beja), 1938. Fransen: L = 35 cm.

25
Sack aus einem kleinen Tierbalg, als Milchgefäß benutzt. Danakil, 1918. H = 39 cm.

Schurz aus Leder und Glasperlen. Caga, Kilimandscharo, Tansania.
3.50.165

30
Topf aus Holz, mit dazugehörigem **Behälter.** Topf rund, oben offen, mit flachem Boden. Behälter zum Tragen des Topfes aus Gras, in Spiralwulsttechnik geflochten. Der Behälter besteht aus zwei Teilen, einem unteren und einem Deckelteil. An den Außenseiten sind beide Teile mit braunem Leder bezogen und zusätzlich reich mit Kaurischnecken besetzt. Deckel außerdem mit Lederfransen verziert. Somali, 1959. Behälter: H = 59 cm. Holztopf: H = 22,5 cm, ∅ = 16,5 cm.

31
Sandale aus Leder. Sohle aus vier Schichten Pergament mit großen Pergamentstreifen zusammengenäht. Hinten und vorn gerade abgeschnitten, Sohle vorn breiter als hinten. Als Bindung breiter Lederstreifen über dem Rist, außerdem Fersenbindung: zwei breite Laschen sind kreuzweise über Zehenpartie geführt und reichen über die Spitze der Sandale hinaus. Somali, 1925. L = 23 cm. → 6.72.60,66.

32
Sandale aus Holz, aus einem Stück geschnitzt, mit Stelzen (Höhe 2,5 cm). Form hinten gerade, vorne leicht spitz zulaufend. Gesamte Sandale unten wie oben durch Einritzungen verziert. Bindung durch breiten Lederstreifen über dem Rist, schmale Lederstreifen zur Zehenpartie hinführend. Südl. Somali, 1950–52. L = 28,5 cm.

33
Schild aus Flußpferdleder, kreisrunde Form. In der Mitte zu einem Buckel ausgearbeitet, Rand tellerrandartig erhöht. Auf der Rückseite geflochtener Ledergriff. Vorderseite mit Punzierung und Lederschnitt verziert. Somali, 1920. ∅ = 31 cm.

34
Tasche aus Gras geflochten. Bestehend aus zwei Teilen, einem kleineren Einsatz und einem großen Teil, der über den kleineren gestülpt wird und diesen völlig bedeckt. Der große Teil mit Leder überzogen und an seiner Schauseite vollständig mit kleinen weißen Meeresschnecken, die auf das Leder genäht sind, besetzt. Somali von Zeila, 1931. H = 30 cm, B = 57 cm.

35
Dolch. Eisenklinge in der Mitte leicht geschwungen, unten spitz zulaufend, Griff aus Horn, Knauf aus Eisen, Scheide aus Pergament, an einem breiten Ledergürtel befestigt. Somali, 1928. L = 45 cm.

36
Dolch. In der Form wie 35. Griff aus Elfenbein, Knauf aus Silber, Scheide aus Pergament, an breitem Ledergürtel befestigt. Somali, 1919. L = 48 cm.

37
Gebetswasserflasche aus Holz. Bauchige Form, unten gerader Boden, oben sich flaschenförmig verengend, mit Holzstöpsel. Bauch durch Ritzmuster verziert. In Tragriemen aus Leder eingehängt. Somali, 1950. H = 31 cm.

50
Gefäß aus sehr leichtem Holz zum Aufbewahren von Wasser. Bauchige Form, unten gerundet. Mit halbrundem Deckel, der einen Knauf hat. Borana, 1950–56. H = 67 cm.

51
Gefäß zum Milchtrinken, aus Pflanzenfasern geflochten, bauchige Form, mit kreisrunder Öffnung. Eingehängt in Lederstreifen, die teilweise mit Kaurischnecken besetzt sind. Langes Lederschmuckgehänge, ebenfalls mit Kaurischnecken besetzt. Guji, Äthiopien, 1950–56. H = 30 cm. Abb.

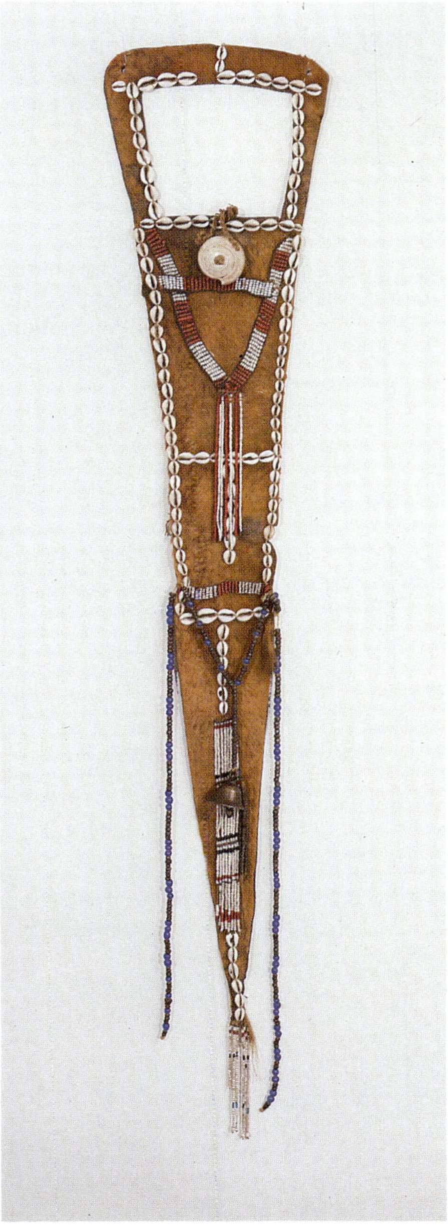

Rückenleder der Gogo in Tansania.
3.50.190

52
3 Obsidiansplitter als Schaber und Kratzer zum Reinigen der Häute von den Gerbern benutzt. Sidamo und gesamtäthiopisch.

53
Gerberwerkzeug, bestehend aus einem Holzgriff, der sich unten zu einem runden Teil verdickt, in den ein Obsidiansplitter eingelassen ist. Wird zum Reinigen der Häute verwendet. Arussi, Guji, Äthiopien, 1950–56.

54
Hocker aus einem Stück Holz geschnitzt, mit zwei schmalen, rechteckigen Füßen und kreisförmiger Sitzfläche. Borana, 1950–56. H = 24 cm, ∅ = 35 cm.

55
Feldhacke, Kniestiel mit eiserner Tülle. Borana und gesamtäthiopisch, 1950–56. Stiel: L = 46 cm.

56
Grabstock. Langer, dünner Holzstiel, lange Eisentülle, die sich vorne verbreitert. Borana, 1950–56. L = 62 cm.

57
Gefäß für Milch, aus Gras geflochten. Bauchige Form, kreisrunde Öffnung, mit Deckel, unten mit angeflochtenem Fuß. Eingehängt in Geflecht breiter Lederstreifen. Arussi, Äthiopien, 1950–56. H = 40 cm.

58
Kochtopf aus schwarzem Ton, leicht bauchig, mit großer, kreisrunder Öffnung. Am Boden flach, mit angearbeitetem Griff. Borana, 1950–56. H = 48 cm, ∅ = 14 cm.

59
Saugrohr aus Holz, zum Absaugen der Molke von der Milch. Langer, schmaler Holzstab. Borana, 1950–56. L = 67 cm.

60
Wassertrage aus dem Abschnitt eines Bambusrohres. Am oberen Ende kleine, kreisrunde Öffnung. Arussi, Guji, Äthiopien, 1950–56. H = 80 cm, ∅ = 7 cm.

61
Quirl aus Holz geschnitzt, mit keulenförmiger Verdickung an einem Ende. Borana, 1950–56. L = 55 cm.

62
Löffel aus Holz. Langer, schmaler Stiel, an beiden Enden kleine Kelle zum Schöpfen. Borana, 1950–56. L = 43 cm.

63
Löffel aus Holz. Flacher Stiel, sich zum Ende hin verbreiternd, Schöpfteil 13 cm lang. Borana, 1950–56. L = 42 cm.

64
Löffel aus Holz. Rechteckiger Stiel, kleiner Schöpfteil. Borana, 1950–56. L = 46 cm.

a) Behälter aus Pergament für Dickmilch. Tswana, Botswana.
3.50.210

b) Kürbisgefäß in einem Geflecht von Lederstreifen. Herero.
3.50.253

c) Lederflasche für flüssige Butter. Turkana, Nordwestkenia.
3.50.167

d) Salbengefäß aus einem Rinderhornabschnitt und Leder. Herero.
3.50.234

e) Melkgefäß aus Giraffenleder. Borana.
3.50.70

f) Gefäß aus Kalebassenkürbis zum Transport von Milch. Turkana, Nordwestkenia.
3.50.166

g) Gefäß zum Milchtrinken aus geflochtenen Pflanzenfasern, eingehängt in breite Lederbänder. Guji, Äthiopien.
3.50.51

a

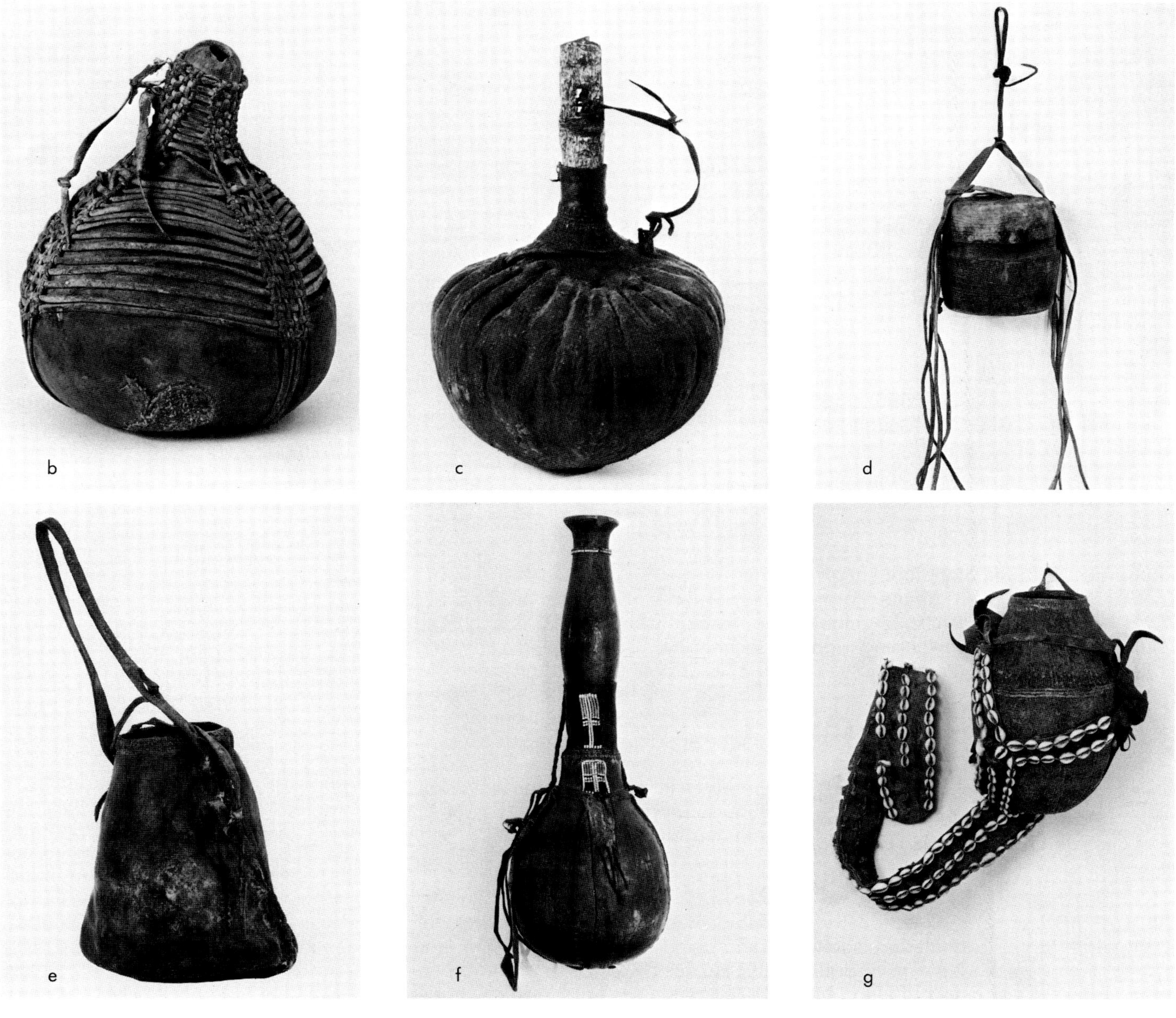
b
c
d
e
f
g

65
Korb aus Palmblättern geflochten. Kreisrunde Form, zum oberen Rand etwas breiter werdend. Guji, Äthiopien, 1950–56. H = 10 cm, ∅ = 57 cm.

66
Kalebasse, im unteren Bereich mit Lederüberzug, mit weiteren Lederstreifchen zum Tragen des Gefäßes. Bauchige Form, unten gerundet. Kleiner, geflochtener Stöpsel. Dient als Buttergefäß der *Muda*-Pilger. Borana, 1950–56. H = 15 cm.

67
Becher aus Holz, mit Standfuß, oben kreisrund und offen. Zum Trinken von Schmorkaffee und zur Aufbewahrung von Butter. Borana, 1950–56. H = 13,5 cm, ∅ = 11,5 cm.

68
Gefäß aus Holz, mit Standfuß. Längliche, kreisrunde, oben offene Form, Deckel aus Leder, oben spitz zulaufend. Dient zur Aufbewahrung von Butter. Borana, 1950–56. H = 29 cm, ∅ = 12 cm.

69
Melkgefäß aus Giraffenleder, sackförmig. An einer Seite sowie am Boden eine Naht. Kleine Schlaufe zum Tragen des Gefäßes. Borana, 1950–56. H = 20 cm, ∅ = 9,5 cm.

70
Melkgefäß aus Giraffenleder, sackförmig, sich zum Boden hin verbreiternd. Oben kreisrunde Öffnung. An einer Seite sowie am Boden eine Naht. Schmaler Lederriemen zum Tragen des Gefäßes. Borana, 1950–56. H = 20 cm, ∅ = 9 cm. Abb.

71
Melkgefäß aus Giraffenleder mit nach oben hin spitz zulaufendem Deckel aus Leder. Gefäß sackförmig, an der Seite und am flachen Boden eine Naht, am Rand mit Pflanzenfasern geflochtener Abschluß, kleine Lederschlaufe zum Tragen des Gefäßes. Borana, 1950–56. H = ca. 29 cm, ∅ = 10 cm.

72
Rückentrage für Wassergefäße, aus einem Geflecht gebogener, schmaler Hölzer und Rohhautstreifen. Unten gerundet, oben offen. Borana, 1950–56. H = ca. 45 cm, ∅ = 40 cm.

73
Gürtel für Männer, aus zwei parallel laufenden Schnüren, die aus in Rundflechttechnik gearbeiteten Lederstreifen hergestellt sind. Durch einen Steg aus Rohhaut, der mit Löchern versehen ist, werden die 4 Enden der Schnüre hindurchgeführt und hängen als Fransen vorne herunter, die Enden sind mit Aluminiumblechstreifen umwickelt. Südliche Borana, 1950–56. L = 68 cm (mit herabhängenden Enden).

74
Tabaksbesteck. Bestehend aus einem Lederbeutelchen für Tabak und einer Büchse aus Horn, mit Lederdeckel und Lederboden, für Salz. Zusätzlich eine Lederscheide mit einer Pinzette zum Entfernen von Sandflöhen. Borana, 1950–56. Beutel: L = 10 cm. Büchse: L = 8 cm.

75
Zeremonialleder. Ungefähr rechteckiges, braunes Leder, das in der Mitte sowie an den Rändern mit Kaurischnecken benäht ist. Borana, 1950–56. L = 73 cm, B = 37 cm.

76
Gefäß für Milch, aus Gras geflochten, mit Deckel. Unten gerundeter Boden, oben kleine kreisrunde Öffnung, in ein Geflecht breiter Lederstreifen eingehängt. Leder mit Kaurischnecken besetzt. Borana, 1950–56. H = 26 cm.

77
Gefäß aus Gras geflochten, zur Aufnahme saurer Milch, bei der *oda*-Feier, eine der wichtigsten Feiern des *gada*-Systems verwendet. Das Gefäß hat eine bauchige Form, ist am Boden gerundet und hat eine kreisrunde Öffnung. Borana, 1950–56. H = 50 cm, ∅ = 10 cm (obere Öffnung).

78
Gefäß aus Ton zum Melken und zum Aufbewahren von Milch. Tontopf mit großer, kreisrunder Öffnung und kurzem Hals, gerundetem Bauch und Boden. Eingeschlossen in Pergamentstreifen, mit einem Henkel aus Pergamentstreifen zum Tragen des Gefäßes. Standfuß, aus Gras geflochten. Arussi, Äthiopien, 1950–56. H = 21 cm, ∅ = 14 cm (obere Öffnung).

79
Trinkflasche für kleine Kinder, aus Gras, in Spiralwulsttechnik geflochten. Form des Gefäßes schmaler, langer Hals mit kreisrunder Öffnung, in der Mitte ausladend, mit kleinem Standfuß. Das Gefäß hat einen Deckel mit langer Hornspitze. Es ist in ein Geflecht schmaler Lederstreifen eingehängt, um es tragen zu können. Zur Verzierung sind Pferdehaare auf das Strohgeflecht gestickt. Arussi, Äthiopien, 1950–56. H = 40 cm.

80
Fliegenwedel aus einem Bündel Straußenfedern, an einem Holzstab befestigt, der mit Leder umwickelt ist. Borana, 1950–56. L = 45 cm.

81
Sack aus Rindenfasern geknüpft, überwiegend hellbraun, zur Verzierung auch dunkelbraune Partien. Sack ungefähr rechteckige Form, oben etwas schmaler werdend, mit angeknüpftem Henkel, am unteren Rand mit Fransen. Die Säcke dienen zur Aufbewahrung von Wertgegenständen, die als Prunkstücke im Haus ausgelegt werden. Borana, 1950–56. L = 44 cm (ohne Fransen), B = ca. 24 cm.

82
Sack aus Rindenfasern geknüpft, Farben hellbraun und dunkelbraun, um ein Muster im Sack zu erreichen. Form des Sackes rechteckig, oben offen. Borana, 1950–56. L = 71 cm, B = 55 cm.

83
Messer zum Schneiden von Ensete (eine der Banane ähnliche Staude; älteste und wichtigste Kulturpflanze Südäthiopiens). Bestehend aus einem Holzgriff und einer breiten, an den Seiten und an der Spitze gerundeten, flachen Eisenklinge. Guji, Äthiopien, 1950–56. L = 39 cm. Griff: L = 17 cm; Klinge: L = 22 cm, B = ca. 10 cm.

84
Haumesser mit geschwungener Eisenklinge und Holzgriff mit verbreitertem Knauf. Arussi, Guji, Äthiopien, 1950–56. L = 43 cm.

85
Dolch mit asymmetrisch geformter Eisenklinge, in Holzgriff eingedornt. Der Holzgriff hat an seinem oberen Ende eine Öse aus Eisen. Der Dolch wird als allgemeines Arbeitsgerät zum Schneiden benutzt. Borana; Konso, 1950–56. L = 30 cm.

86
Tabakstäschchen aus Leder, rechteckige Form, mit besonderem Schmucksaum aus Giraffenleder. An einem Rand eine halsähnliche Verlängerung mit einem langen Lederband, so daß man das Täschchen zusammenrollen kann. Borana, 1950–56. H = 8 cm, B = 9 cm.

87
Amulett, bestehend aus zwei kleinen quadratischen Lederpäckchen, mit Blindlinien verziert, aufgezogen an einer schmalen Pergamentschnur. Wahrscheinlich als Armband getragen. Borana, 1950–56. H = 2,5 cm, B = 2,5 cm.

88
Tanz- und Ritualschurz der Frauen. Bestehend aus einem breiten, rechteckig geformten Lederteil, an dem verschiedene, zu Zöpfen geflochtene lange Lederschnüre herunterhängen, die an ihrem unteren Ende mit Kupfer- und Aluminiumblechstreifen umwickelt sind. Der Schurz wird mittels eines breiten Lederriemens um die Hüften gelegt. Borana, 1950–56. L = 66 cm.

89
Bekleidung aus Leder für Frauen, aus großen, rechteckigen, hellbraunen sowie langen, schmalen, rötlichbraun gefärbten Ziegenlederstreifen zusammengenäht. Die Frauen binden sich diese Leder als „Röcke" über die Brust, so daß das Leder den gesamten Körper bedeckt. Borana, 1950–56. L = 124 cm. Abb.

90
Bekleidung aus Pergament, für Frauen. Aus großen, rechteckigen bzw. länglichen, schmalen Streifen. Eingesetzte braun gefärbte, schmale Ziegenlederstreifen. Borana, 1950–56. L = 100 cm, B = 75 cm. Abb.

91
Nackenstütze aus Holz. Kleiner, runder Standfuß, der in einen Sockel übergeht, an den ein konkaves Kopfteil angeschnitzt ist. Borana, südl. Somali, 1950–56. H = 13/16 cm, B = 20 cm (Kopfteil).

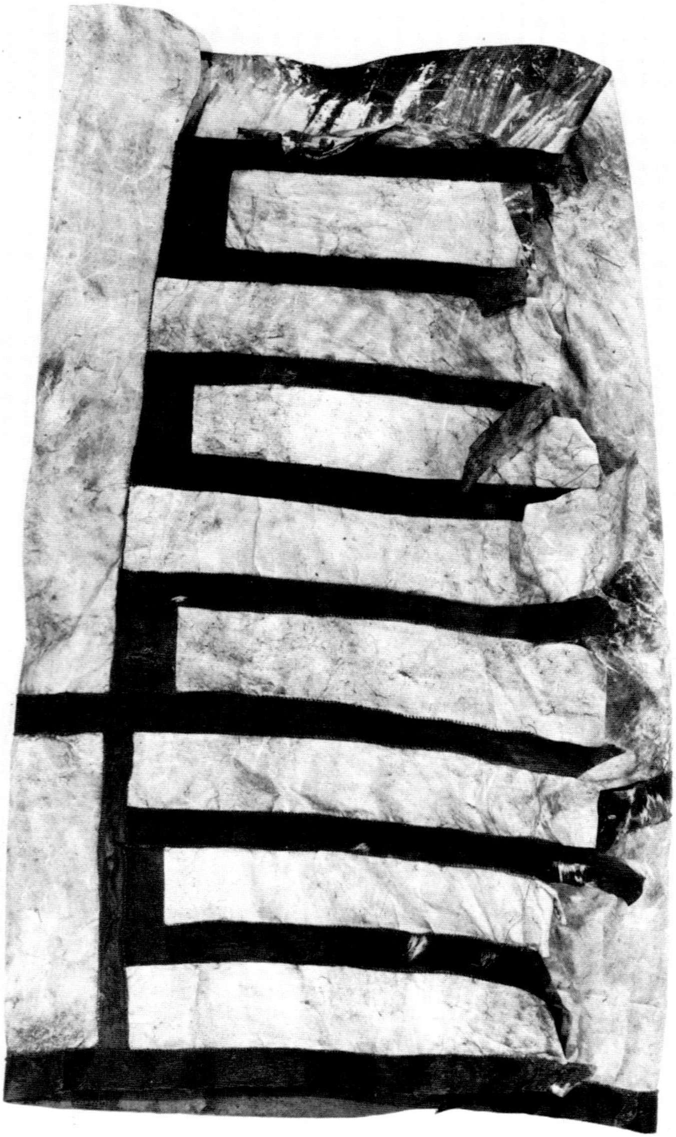

92
Nackenstütze aus Holz, ovaler Fuß. Die aus ihm hervorgehenden 4 Strebepfeiler wie das konkav geformte Kopfteil aus einem Stück geschnitzt. Die Strebepfeiler sind durch Doppelkreise, die in das Holz hineingeschnitzt sind, verziert, der Fuß durch eingeritzte Linien. Arussi, Sidamo, Äthiopien, 1950–56. H = ca. 16 cm, B = 21 cm.

93
Ohrschmuck für Frauen der höheren *gada*-Klassen. Bestehend aus einem einfachen Aluminiumring, an dem zwei kleine Anhänger aus Kupfer angebracht sind. Borana, 1950–56. L = 7 cm, ∅ = 3,8 cm.

94
Ring aus Aluminiumblech, außen mit punktartigen Reliefmustern versehen, an einer Seite offen. Borana, 1950–56. B = 0,6 cm, ∅ = 1,9 cm.

95
Ring aus Aluminium, geschlossen, an einer Seite nagelähnlicher Fortsatz. Borana, 1950–56. B = 0,7 cm, ∅ = 1,8 cm.

96
Ring aus Kupfer- und Eisendraht, zu einem dickeren Draht zusammengedreht, dieser wiederum spiralig zusammengefügt. Borana, 1950–56. B = 1,8 cm, ∅ = 2 cm.

Lederrock der Borana-Frauen. Er wird aus verschiedenen rechteckigen Teilen zusammengenäht.
3.50.89, 90

97
Zeremonialbandelier, aus einem breiten Lederband, an das wiederum vier Lederbänder senkrecht angenäht sind, die an ihrem Ende in schmale Lederstreifen geschnitten sind. Am Ende dieser Lederbänder jeweils ein Kalebassenendstück als Verzierung. Die Lederbänder sind an ihren Rändern mit Kaurischnecken besetzt. Solche Lederbandeliere wurden von den Männern bei Tauffeiern quer über der Brust getragen. Borana, 1950–56. L = 70 cm, ∅ = 100 cm. Abb.

98
Sandale aus einem Stück Holz mit zwei angeschnitzten Stelzen. Form der Sohle hinten gerade abgeschnitten, vorn gerundet, Bindung durch einen breiten Hautstreifen über dem Rist. Borana, unter Somali-Einfluß entstanden, 1950–56. Stelzen: L = 26 cm, H = 3 cm.

99
Armreifen in Gelbgußtechnik hergestellt. Viereckiger Durchmesser, Ring geschlossen, an den Außenseiten Verzierung durch Einritzungen. Borana, 1950–56. B = 1,5 cm, ∅ = 7,3 cm. Abb.

100
Armreif in Gelbgußtechnik hergestellt, an einer Seite offen, an der Außenseite Verzierung durch Einritzungen. Borana, 1950–56. B = 2,5 cm, ∅ = 8,2 cm.

Borana mit einem Zeremonialbandelier, das er bei einer Tauffeier trägt.
→ 3.50.97

101
Anhänger aus einem breiten Messingband, das spiralig aufgewickelt ist, gestaltet. Kleiner Glasring zum Befestigen. Borana? 1950–56. L = 8,5 cm.

102
Armreifen aus Nilpferdhaut, an den Rändern gezackt. Ein Ring mit blauen und roten Fäden umwickelt. Borana, 1950–56. B = 2 cm, ∅ = 6 cm. Abb.

103
Kette aus Aluminiumwürfeln, die an ihren Ecken abgeflacht sind. Für Frauen. Borana, 1950–56. L = 38 cm.

104
Schmuckscheibe aus Messing hergestellt, am Kleid angenäht. Von verheirateten Frauen auf dem Rücken getragen. Verzierung auf der Oberseite am Rand durch Heraustreiben nagelähnlicher Erhöhungen und Ritzverzierungen. Die Messingplatte ist auf einem kreisrunden Lederteil befestigt. Borana, 1950–56. ∅ = 16 cm. Abb.

105
Armmanschette aus Elfenbein, an einer Seite offen und mit Messingdraht an verschiedenen Stellen zusammengebunden. An der Außenseite durch eingeritzte Doppelkreise sowie eingekerbte Rillen verziert. Sog. Töterschmuck, d. h. darf nur von Männern getragen werden, die einen Feind getötet haben. Arussi, Äthiopien, 1950–56. B = 0,5 cm, H = 8,5cm, ∅ = 6,5 cm. Abb.

a) Armreifen aus Nilpferdhaut, Borana.
b) Armreifen, in Gelbguß hergestellt, Borana.
c) Armmanschette aus Elfenbein. Darf nur von Männern getragen werden, die einen Feind getötet haben. Arussi.
3.50.102, 99, 105

106
Armmanschette aus einem 3 mm dikken und 2,7 cm breiten Metallband (Gelbguß), das spiralig zu einer Manschette gebogen ist. An der Außenseite Verzierung durch Einritzungen. Früher von Frauen getragen. Seit ca. 1956 nicht mehr gebräuchlich. Borana, 1950–56. B = 0,3 cm, H = 10,5 cm, ∅ = 7,8 cm.

107
Kette, aus vier kleinen, aus Leder genähten Amulettpäckchen und blauen sowie roten länglichen Glasperlen, die alternierend aufgezogen sind. In den Lederpäckchen befinden sich Tabakskrümel. Die Kette wird von Männern getragen. Borana, 1950–56. B = 2,7 cm, H = 2,7 cm.

108
Armreif aus Elfenbein mit einem ovalen Durchmesser, an den Seiten schmäler, in der Mitte breiter. Arussi, Äthiopien, 1950–56. B = 4,5 cm.

109
Armreif aus Elfenbein, aus zwei halbkreisförmigen Scheiben zusammengenäht. Von Männern als sogenannter Töterschmuck (→ 106) getragen. Borana, 1950–56. ∅ = 7,8 cm.

110
Behälter für Gewürze und Salz. Bestehend aus einem an der Spitze abgeschnittenen Kuhhorn, dessen breites Ende, als Boden des Behälters, mit Leder umkleidet ist. Außerdem Lederschnüre zum Tragen. Borana, 1950–56. H = 16 cm.

111
Pulverhorn, dessen breites unteres Ende sowie dessen Spitze mit Leder umkleidet ist. Spitze des Horns durchbohrt und mit einem kleinen Holzstöpsel verschließbar. Zusätzlich langes Tragband an den Lederpartien befestigt. Zur Aufbewahrung von Schießpulver. Borana, 1950–56. L = 20 cm.

112
Kuhhorn. Unterer breiterer Teil sowie gesamte Spitze mit Leder umkleidet, obere Spitze abgesägt. Das Leder ist durch Blindlinien und doppelte Kreise verziert. Das Horn kann an einem breiten Lederriemen getragen werden. Entweder Pulver- oder Trinkhorn. Oromo, 1950–56. L = 36 cm.

113
Schurz für Mädchen, bestehend aus einem kleinen rechteckigen Lederteil, das an seinem unteren Ende in Fransen geschnitten ist. Auf diese Fransen sind längliche Holzstückchen, braunrote Samenkerne und Glasperlen aufgezogen. Am unteren Ende einiger Stränge flache Gelbgußscheiben angefügt. Seit Ende der 50er Jahre nicht mehr getragen. Borana, 1950–56. L = 52 cm.

114
Sandale, aus kaum gegerbtem und daher steifem Material. Häufig sind Sandalen aus Giraffen- oder Büffelleder. Die Sohle ist so geschnitten, daß sie spiegelbildlich noch einmal geschnitten ist und dann deckungsgleich aufeinandergelegt wird. Fersenbindung. Befestigung vorne zwischen dem großen und den übrigen Zehen sowie in der Fersenpartie durch das Leder hindurchgezogen. Solche Sandalen sind gesamtäthiopisch, 1950–56. L = 26 cm. Abb.

Sandale aus Rinderleder. Gesamtäthiopisch.
3.50.114

115
Zeremonialrückenleder für Frauen der *gada*-Klasse. Bestehend aus einem quadratischen Lederteil, dessen unterer Rand in schmale, lange Streifen geschnitten ist, an denen Kalebassenendstücke zur Verzierung hängen. An der Schauseite des Zeremonialleders sind rote, grüne, weiße und blaue Perlenstränge alternierend mit Kaurischnecken angenäht. Am oberen Rand breites kurzes Lederband, welches in Ringe eingehängt ist, die spiralig aus Kupfer und Eisen gedreht sind. Borana, 1950–56. B = 22 cm, H = 22 cm. Abb.

116
Schwert mit Holzgriff und schmaler, nach unten hin leicht geschwungener Eisenklinge; an der nichtgeschliffenen Seite mit Blutrinne. Klinge in Holzgriff eingedornt, am Heft ein Eisenteil. Scheide aus Holz, welches mit Leder umkleidet ist. Breiter Lederriemen, um sich das Schwert um die Hüften zu gürten. Borana, 1950–56. L = 174 cm.

117
Peitsche aus Nashornleder als Abzeichen von verheirateten Männern getragen. Die Peitsche besteht aus einem durchgehenden Stück. Der obere Teil ist im Querschnitt rund und dick, das Ende dünn, der Griff oben zu einer ovalen Scheibe verbreitert. Borana, 1950–56. L = 115 cm.

118
Dolch, bestehend aus einem Holzgriff mit Aluminiumknauf und eingedornter, leicht geschwungener, vorne spitz zulaufender Eisenklinge. Scheide aus Holz mit Leder umkleidet, an der Spitze mit Gelbguß verziert. Zusätzlicher Gürtel mit Metallschnalle, um den Dolch um die Hüften binden zu können. Borana, 1950–56. Scheide: L = 32 cm; Dolch: L = 32 cm.

119
Schild aus Leder. Kreisrunde Form, stark gewölbt, mit kleiner Spitze in der Mitte. Angeknüpfter Griff ebenfalls aus Leder. Die Ränder des Schildes sind als Wulst nach oben gebogen und wiederum nach hinten umgebogen. Verzierung des Schildes durch Punzierung. Oromo, 1950–56. ∅ = 50 cm.

120
Kurzschwert, bestehend aus einem Horngriff und einem Heft und Knauf aus Holz sowie einer eingedornten Eisenklinge, die spitz zuläuft, in der Mitte einen erhabenen Streifen hat, und rechts und links von diesem Streifen Blutrinnen aufweist. Arussi, Guji, Äthiopien, 1950–56. L = 45,5 cm.

121
Speerspitze aus Eisen. Bestehend aus einer 16 cm langen Tülle und einem 21 cm langen und 6,5 cm breiten Blatt. Das Blatt ist lanzettförmig. Borana, 1950–56. L = 37 cm.

Köcher und Pfeile der Jägerkaste *(Wata)* in Äthiopien.
3.50.122

122
Köcher mit Pfeilen. Köcher aus Holz, in Form einer Sanduhr, der Boden sowie die Mitte mit Leder umkleidet, nach oben hin gerundeter Deckel aus Leder. Der Köcher wird an einem breiten Lederband am Körper getragen. Am Köcher zusätzlich befestigt kleine, rechteckige, einfach genähte Ledertäschchen sowie eine Lederscheide, in die nach Bedarf ein Dolch gesteckt werden kann. Pfeile aus Holz mit eingedornter Eisenspitze. Am oberen Teil mit Pflanzenfasern umwickelt, radial befiedert. Ende des Schaftes eingekerbt. *Wata,* Äthiopien, 1950–56. Köcher: L = ca. 67 cm; Pfeil: L = 60,5 cm. Abb.

123
Zaumzeug für Pferde. Bestehend aus ca. 2 cm breiten Lederriemen, die mit verschieden großen nach oben hin gewölbten Gelbgußscheiben geschmückt sind und in der Mitte einen kegelförmigen oder knopfartigen Fortsatz haben. Arussi, Äthiopien, 1950–56.

130
Schild aus Leder, lange ovale Form, Rand nach außen hin gebogen. Stockgriff mittels Querhölzern und dicken, breiten Lederstreifen am Schild angebunden. Sparsame Verzierung durch Heraustreiben einzelner Partien. Shilluk, südliche Republik Sudan, 1927. H = 101 cm, B = 34 cm.

131
Schurz aus Leder für Frauen. Oben breiter, unten in ein schwanzartiges Ende auslaufend. Obere Ränder mit Kaurischnecken, übrige Ränder mit weißen Glasperlen benäht. Shilluk, südliche Republik Sudan, 1927. H = 85 cm. Abb.

132
Wurfspeer. Schaft und spindelförmige Spitze aus Holz, Schäftung mit Leder umkleidet. Dinka, südliche Republik Sudan, 1919. L = 225 cm.

133
Schurz für Mädchen, aus zahlreichen hellbraunen Lederfransen, die in einem festen Rand verknüpft sind. Shilluk, südliche Republik Sudan, 1927. L = 26 cm.

145
Gesichtsschmuck, bestehend aus einem ovalen Rahmen aus Leder, in den schwarze und weiße Straußenfedern gesteckt sind. Kriegsschmuck, Maasai, 1928. Rahmen: L = 28 cm.

146
Schwert mit Lederscheide. Schmaler, runder mit Leder umkleideter Griff. Klinge aus Eisen, nach unten hin geschwungen gearbeitet. Schwertscheide an schmalem Gürtel befestigt, der um die Hüften gebunden wird. Wahrscheinlich Maasai, 1935. Schwert: L = 53 cm.

Schwert und dazugehöriger Ledergürtel der Maasai.
3.50.156

156
Schwert mit schmalem, mit Leder umkleideten Griff und schmaler, unten leicht geschwungener und spitz zulaufender Eisenklinge. Lederscheide, an breitem Ledergürtel (B = 12 cm) befestigt. Der Ledergürtel ist durch parallellaufende, in das Leder getriebene Wülste verziert. Maasai, 1927. Schwert: H = 77 cm, B = 22 cm. Abb.

157
Helm aus einer Löwenmähne, den verdiente Jäger der Kriegerklasse tragen dürfen. Maasai, Kenia, 1927. H = 45 cm. Abb.

158
Halsring, bestehend aus vielen, zu einem Wulst gedrehten Elefantenhaaren, die mit breiteren Lederstreifen zusammengehalten werden. Zusätzlich ein Anhänger aus in Leder gefaßten Zehen und einer kleinen Elfenbeinscheibe. Maasai, 1938. ∅ = 28 cm.

159
Lendenschmuck (Gürtel). Auf einem 2,5 cm breiten Ledergürtel lückenloser Besatz aus Glasperlen. Mit Schlaufe und Lederriemen zu schließen. Dreieck in der Mitte des Gürtels, das auf dem Gesäß sitzt. Maasai, Kenia, 1950. H = 74 cm, B = 2,5 cm. Abb.

Helm aus einer Löwenmähne für die Maasai-Krieger.
3.50.157

160
Halsschmuck, ein Wulst, auf der Innenseite mit Leder abgefüttert, außen vollständig mit dunkelroten kleinen Glasperlen besetzt. Kleine Muster durch Einsetzen hellblauer Glasperlen. Maasai. ∅ = 18 cm.

161
Halsschmuck aus vier Reihen von Lederstreifen, die durch Stege miteinander verbunden und mit bunten Glasperlen benäht sind. Maasai, Kenia, 1950. ∅ = 16 cm.

162
Halsschmuck, bestehend aus einem flachen Lederring, auf den eine Reihe großer, blauer und eine Reihe kleiner, dunkelroter Glasperlen sowie ein Eisenreifen – um den spiralig Eisendraht gewickelt ist – aufgezogen sind. Der Halsschmuck hat eine Muschelscheibe als Anhänger, an dem Glasperlen und Eisenkettchen angebracht sind. Maasai oder Caga (Kilimandscharo), Tansania, 1920. ∅ = 20,5 cm.

163
Gürtel, bestehend aus einem schmalen Lederband, das auf der Außenseite mit kleinen farbigen Glasperlen besetzt ist. Am Ende eine Öse zum Verschließen des Gürtels. Maasai, 1920. L = 80 cm.

164
Gürtel aus Leder. An der Außenseite vorwiegend mit weißen, schwarzen und dunkelroten Glasperlen besetzt. Versehen mit einer Öse und einem Lederband zum Verschließen des Gürtels. Maasai, 1950. L = 69 cm. Abb.

165
Schurz aus Leder in Dreiecksform, rostrot gefärbt, mit kreisförmigem, aus Glasperlen gesticktem Motiv in der Mitte des Schurzes. Farbe der Perlen schwarz, weiß, rotbraun und grün. Caga, Kilimandscharo, Tansania, 1927. L = 35 cm; untere Kante: L = 34 cm. Abb.

166
Gefäß zum Transport von Milch, aus einem Kalebassenkürbis. Bestehend aus zwei Teilen. Bauchige Flasche mit runder, schmaler Öffnung, die durch einen Lederschlauch, der angenäht ist, verlängert ist. Langer, schmaler Stöpsel, der in die Öffnung gesteckt wird. Kalebasse mit Glasperlen verziert, außerdem zum Tragen in ein Ledergeflecht eingehängt. Äußeres der Kalebasse rot und schwarz gefärbt. Turkana, Kenia, Ende 50er Jahre. H = 60 cm. Abb.

167
Flasche aus Leder für flüssige Butter oder Öl. Gerundeter Boden, nach oben hin sich zu einem schlanken Hals verschmälernd. Holzstöpsel mit Loch am oberen Ende, durch das der Lederriemen führt, der den Stöpsel mit dem Gefäß verbindet. Turkana, Nordwestkenia, 70er Jahre. H = 30 cm. Abb.

168
Mütze aus Rindermagen, zum Bedekken der Frisur der jungen Krieger. Maasai, Usambara, 1901. ∅ = ca. 35 cm.

169
Knieschmuck, bestehend aus einem oberen Ring aus Pergament, mit herabfallendem schwarzweißen Fell (Affenhaar?). Maasai, 1950. Oberer Ring: ∅ = 15 cm.

170
Halsring. Flacher Lederring, an Außenseite mit Glasperlen (dunkelrot, rosa, schwarz, grün und weiß) bestickt. Maasai, 1950. ∅ = 26 cm. Abb.

171
Halsring, ähnlich wie 168. Maasai, 1929. ∅ = 18,5 cm.

172
Halsschmuck aus Leder, auf welches rote, weiße und schwarze Glasperlen sowie, spiralig angeordnet, Kupferdraht genäht ist. Maasai, 1934. L = ca. 30 cm.

173
Halsschmuck, ähnlich wie 170, zusätzlich durch Eisenkettchen verziert. Maasai, 1934. L = ca. 32 cm.

174
Gefäß für Milch. Lange, schlanke Kalebasse mit eingeritzten Mustern (Rinder, Menschen, geometrische Muster, Blatt). Verschlußkappe zum Überstülpen, am Rande durch Leder verlängert. Breites, mit Glasperlen verziertes Ledertragband um Kalebassenboden herumgeführt. Samburu, Kenia. Modernes Stück, 1975. H = 74 cm.

175
Schild aus Leder, ovale Form mit Griffstock. Rote, weiße und schwarze Ornamente. Die verschiedenen Muster sind Abzeichen der einzelnen Altersklassen, unter denen die Kriegerklasse politische Bedeutung hat. Maasai, Kenia, 1937. H = 94 cm, B = 63 cm.

176
Schild aus braunem Rinderfell, dessen Haare an der Oberseite teilweise entfernt worden sind, um Muster zu erzeugen. Oval, mit Griffstock. Zusätzlich rot und weiß bemalt. Maasai, 1921. H = 122 cm, B = 69 cm. Abb.

178
Kopfschmuck, bestehend aus Kaurischnecken, die auf Haarfilz aufgenäht sind. Weiße Straußenfedern als Bekrönung. Acoli, nordöstlich vom Albertsee, Uganda, 1934. B = ca. 18 cm.

180
Oberarmband. Leder, das an seiner Schauseite mit hellblauen, dunkelblauen und roten, sehr kleinen Glasperlchen bestickt ist. Am unteren Rand zahlreiche Eisenkettchen. Maasai, 1931. ∅ = 9 cm.

183
Armspange aus Leder. Die Enden mit Kupferspiralen umwickelt. Abzeichen für Häuptlinge. Caga, Kilimandscharo, Tansania, 1928. L = 13 cm.

Schild der Maasai-Krieger.
3.50.176

185
Tasche aus hartem, dicken Leder, für den Transport von Honigbier benutzt. Früher auf Esel geladen, später von den Frauen auch auf dem Rücken getragen. Rechteckige Form, am oberen Rand rund ausgeschnitten. Lederband zum Tragen der Tasche. Vorder- und Rückseite mit roter Farbe bemalt, zusätzlich mit punktartigen Reliefmustern verziert. Maasai, H = 32 cm, B = 40 cm.

186
Tabaksgefäß aus einem Tierhorn, dessen breiteres, unteres Ende mit Leder verschlossen ist. Kleines Kupferkettchen zum Aufhängen der Tabaksbüchse. Maasai, 1928. H = 12 cm.

187
Tabaksgefäß aus einem Tierhorn, dessen breiteres Ende mit Leder verschlossen ist. Kleiner Holzstöpsel. Sowohl das Horn als auch der Stöpsel durch dunkel- und hellblaue Glasperlen verziert. Das Horn ist an einem langen Lederband befestigt, das ebenfalls mit Glasperlen bestickt ist. Ostafrika? 1940. L = 13 cm.

188
Rock aus Leder für Frauen. Mit rotem Ocker gefärbt und mit Glasperlen an den Rändern sowie in der Mitte verziert. Zu solchen Umhängen trugen Frauen und Mädchen auch Ledercapes. Maasai, Kenia, 1950. H = 110 cm, B = 140 cm. Abb.

190
Rückenleder. Längliche, schmale Form, unten spitz zulaufend, am oberen Teil große, viereckige Öffnung, um das Leder über den Kopf zu ziehen. Mit Glasperlen und einer Messingglocke verziert. Gogo, Tansania, 1954. L = 128 cm, B = 28 cm (oberer Rand).

Vergleichbare Stücke, jedoch ohne jede Verzierung werden als „Rückenleder für Zwillingsfest" bzw. „für Kriegs- und Jagdtanz" beschrieben. Solche Rückenleder werden über den Rücken herabhängend um den Hals getragen. Sie kommen z. B. bei den Issansu in Tansania vor. Abb.

Schild der Danakil. Nordostäthiopien.
3.50.01

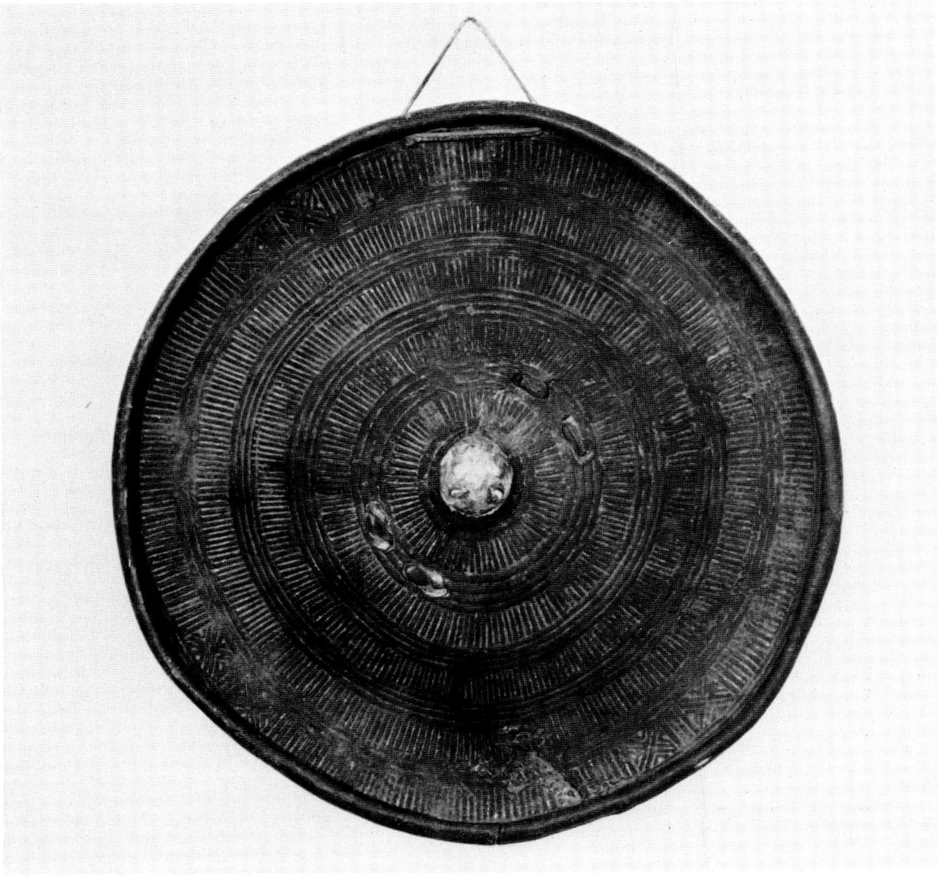

200
Gefäß aus einem Kalebassenkürbis. Nach oben hin schlanker werdend. Gerundeter Boden. Schmale, kreisrunde Öffnung, die mit einem Stöpsel aus demselben Material verschlossen wird. Kalebasse in schmale Rohhautstreifen eingesetzt zwischen die Schnüre aus bunten Glasperlen eingefügt sind, die die Kalebasse lückenlos bedecken. Henkel aus Pergamentstreifen, mit Perlen besetzt. Zulu, Südafrika. H = 25 cm.

201
Gehstock aus gedrehter, getrockneter Rohhaut. Zulu, Südafrika, 1928. L = 83 cm.

202
Schurz für Mädchen; aus schmalen, hellbraunen Lederfransen, die mit weißen Muscheln und Kaurischnecken besetzt sind. An den Enden der Lederstreifen große, weiße Schneckenhäuser. Zulu, Südafrika, 1920. H = 37 cm.

203
Schurz für Mädchen (Tanzschurz?); aus vielen hellbraunen, dünnen Lederstreifen, vor die ein Gitterwerk aus aufgezogenen farbigen Glasperlen gelegt ist, an deren unterem Rand an Glasperlensträngen große weiße Schneckenhäuser hängen. Zulu, Südafrika, 1920. L = 24 cm.

Xhosa-Häuptling mit einem Umhang aus Leopardenpelz. Südafrika, 1939.

Viehzüchter Südafrikas

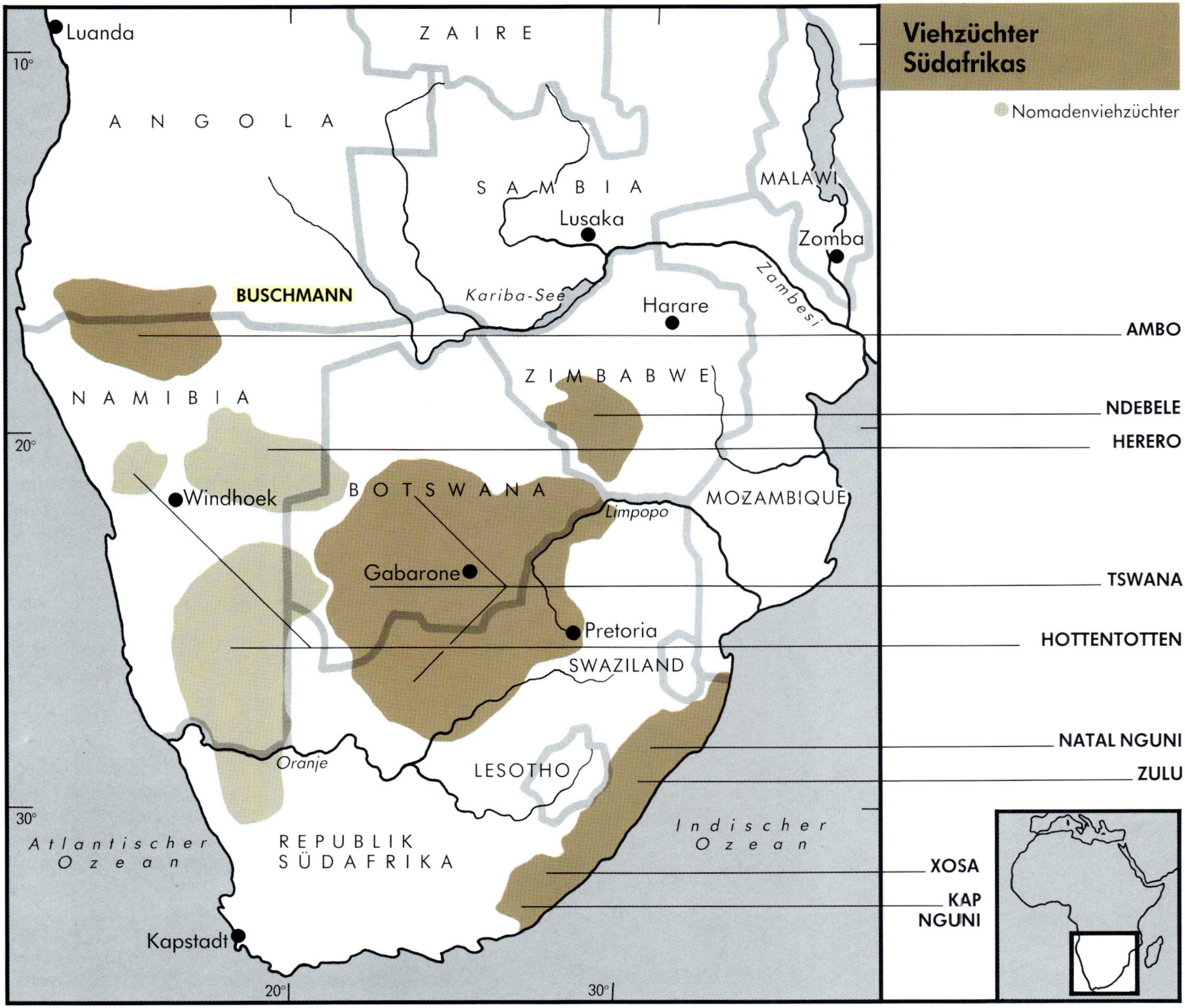

Zulu-Krieger mit ihren Schilden. Südafrika.
→ 3.50.205

204
Schurz aus Leder für Frauen. Rechteckige Form; am unteren Ende angenäht fingerähnlich fünf Lederteile. Die gesamte Vorderseite des Schurzes mit weißen Glasperlensträngen und eingefügten farbigen Mustern in Rosa, Grün und Blau bestickt. Ndebele, Südafrika. H = 57 cm, B = 47 cm. Abb.

205
Schild aus Rinderleder, auf der Schauseite Haare erhalten. Ovale Form, hölzerner Griffstock. An den Rändern und der Mitte Lederstreifengeflecht. Zulu, Südafrika, 1936. H = 156 cm, B = 54 cm. Abb.

206
Schurz für Frauen, aus kurzen, zahlreichen Pflanzenfaserschnüren, rotbraun gefärbt, die an einem dicken Lederband befestigt sind. Südliche Xosa („Kaffern"), möglicherweise Nguni, Südafrika, 1865. H = 12 cm, B = 60 cm.

207
Umhang (*Karoß*) aus Rinderleder. Ungefähr rechteckige Form mit Lochdekoration und Anhängern aus aufgereihten farbigen Glasperlen. Sotho, Südafrika, ca. 1915. H = 100 cm, B = 230 cm.

208
Schurz aus Leder, über dem Gesäß getragen. Vollständig auf der Schauseite mit weißen Perlen benäht. Unteres Ende des schmalen Leders in zwei lange Zipfel auslaufend. Ältere Mädchen tragen vor dem Geschlechtsteil zusätzlich einen längeren, bis zum Knie reichenden Lederschurz. Tswana, in Botswana und West- und Zentraltranswal, Südafrika; auch Sotho, 1954. H = 42,5 cm, B = 16 cm.

209
Umhang (*Karoß*) für Frauen, aus einem kleinen Fell. Babytrage? Oben halbrund ausgeschnitten und mit Glasperlenstreifen geschmückt (Farben: Blau und Weiß). Leder zusätzlich, vor allem an den unteren Rändern, mit großen, runden Messingknöpfen besetzt. Sotho, Südafrika, 1958. H = 77 cm, B = 60 cm.

210
Behälter aus Pergament für Dickmilch. Mit Holzstöpsel zum Verschließen. Tswana, Botswana und West- und Zentraltranswal, Südafrika, 1934. H = 30 cm, B = 24 cm. Abb.

220
Halsschmuck aus mehreren spiralig gedrehten Messingringen, die, mit Ocker und Erde vermischt, zu einem dicken Wulst geformt sind. Herero (Himba), Südangola, 1950?

221
Halsschmuck aus mehreren Messingspiralen. Zusätzlich mit rotem Ocker verschmiert. Herero (Himba), Südangola, 1950?

222
Umhang und kleiner **Brustschmuck** aus Pelz für Frauen. Das Leder ist mit Butter getränkt, die mit rotem Farbstoff (aus dem Baum *Pterocarpus tinctorius*) vermischt ist. Herero (Himba), Südangola, 1950?

223
Halsschmuck aus spiralig gedrehten Pflanzenfasern, die an verschiedenen Stellen mit Aluminiumringen umgeben sind. Mit rotem Ocker gefärbt. Herero (Himba), Südangola, 1950?

224
Schnupftabaksbehälter aus einem flaschenförmigen kleinen Kürbis, mit Ledertülle und Lederband zum Anhängen. Ostafrika, 1928. H = 15 cm.

225
Kopfbedeckung aus Leder für verheiratete Frauen. Mit drei ohrenähnlichen, aus Pergament bestehenden Aufsätzen. Von der Haube über den Rücken herabhängend auf Lederstreifen aufgezogene Eisenperlen. Herero, 1917. H = 50 cm. Abb.

226
Kopfschmuck aus zwei aus Eisenperlen und Leder hergestellten Anhängern, die an einem dicken Lederriemen befestigt sind und um den Kopf über der Haube getragen werden. Herero (Himba), Südangola, 1950? Anhänger: L = 19 cm. Abb.

Schild der Zulu.
3.50.205

227
Eimer aus Holz, zum Transport von Milch. Runder Boden und drei angeschnitzte Beine, kleine angeschnitzte Henkel, eingebrannte Strichmuster. Herero, 1917. H = 21 cm, ∅ = 11,5 cm.

228
Schale aus Holz, kreisrunder Durchmesser, bauchige Form, vier angeschnitzte Füße. Herero, 1917. H = 12 cm, ∅ = 21 cm.

229
Beinmanschette, bis zum Knie reichend. Bestehend aus vielen auf Lederstreifen aufgereihten Eisenperlen, die durch Lederstege zusammengehalten werden. Herero, 1927. L = 41 cm.

230
Beinmanschette, bestehend aus auf Lederriemen aufgezogenen kleinen Eisenringen, die parallel übereinandergelegt und mit einem Ledersteg verbunden sind. Lange Lederriemen als Schmuck zusätzlich herabhängend. Herero, 1917. H = 20 cm, ∅ = 10–17 cm.

231
Beinmanschette, ähnlich wie 230. Herero, 1917. H = 14 cm, ∅ = 9–12 cm.

232
Salbengefäß aus einem röhrenförmigen Holzteil, dessen unteres Ende mit Leder umkleidet ist. Deckel ebenfalls aus Leder. An breitem Lederriemen aufgehängt, der an seinem Ende in lange einzelne Lederfransen ausläuft. Herero, 1917. ∅ = 15 cm, H = 15 cm.

233
Salbengefäß aus einem Rinderhornabschnitt, dessen unteres Ende mit Leder umkleidet ist. Deckel ebenfalls aus Leder. Zum Tragen breites Lederband am Deckel befestigt, das an den unteren Enden in schmale Lederstreifen ausläuft, die mit blauen Lederperlen verziert sind. Herero, 1924. H = 8 cm, ∅ = 9 cm.

234
Salbengefäß, ähnlich wie 233. Schmale Lederfransen des Tragbandes mit kleinen Kupferperlen bezogen. Herero, 1957, H = 8 cm, ∅ = 9 cm. Abb.

235
Gefäß aus Holz, kreisrunde Öffnung, bauchig und gerundeter Boden. An den Rändern und in der Mitte eingeritzte Zickzackmuster. An einer Seite Lederband zum Tragen des Gefäßes. Herero, 1917. H = 27 cm, ∅ = 16,5 cm.

236
Löffel aus Holz, zum Herausschöpfen der Milch. Mit langem, zum Ende hin gebogenen Stiel, eingebrannte Ritzzeichnungen. Herero, 1917. L = 42 cm.

237
Löffel aus Holz, zum Herausschöpfen der Milch. Mit kurzem, gebogenen Stiel. Schöpfteil schüsselähnlich gestaltet. Herero, 1917. L = 26 cm.

238
Trichter aus Holz für Milch. Herero, 1917. H = 12,5 cm, ∅ = 12,5 cm.

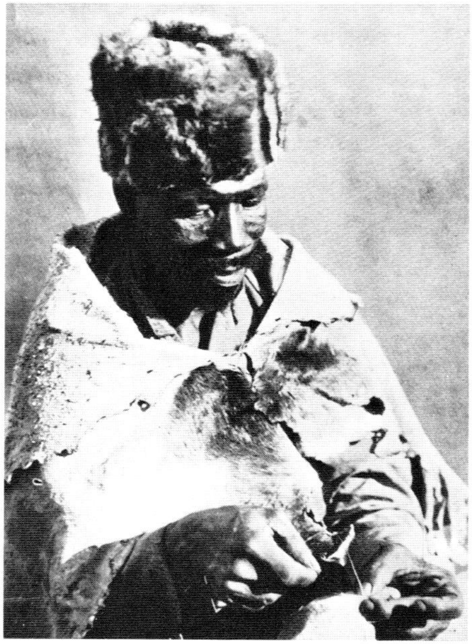

Kwena-Mann aus Botswana mit Pelzumhang und Pelzmütze. 1926

239
Armband aus auf einem dicken Lederstreifen aufgezogenen Eisenperlen. Herero, 1917. ∅ = 13 cm.

240
Schmuckleder mit aufgenähten Eisenperlen und einem Gehänge, das aus aufgezogenen Eisenperlen besteht. Herero, 1937. B = 24 cm, L = 63 cm.

241
Zwei **Armbänder** aus vier Reihen aufgezogener Eisenperlen zusätzlich mit blauen und roten Glasperlen. Herero, 1917. H = 4 cm, ∅ = 6 cm.

Junge Himba-Frau mit traditioneller Kopfbedeckung aus Leder und Eisenperlen. Südwestangola.
→ 3.50.225, 226

242
Halskette, langer Strang aufgezogener kleiner Eisenperlen. Herero, 1926.

243
Gürtel aus mehreren Reihen auf Pflanzenfaserschnur aufgezogener Eisenperlen. Herero, 1917. L = 64 cm, H = 4,5 cm.

244
Schmuckstück aus Leder. Spitz-ovale Form, mit aufgenähten Eisenperlen sowie mittelblauen Glasperlen, in der Mitte eine Kaurischnecke. Herero, 1917. B = 18 cm, H = 12 cm.

245
Halskette aus braunen Fruchtkapseln. Herero, 1917. L = 76 cm.

246
Stirnschmuck aus parallellaufenden Strängen aufgefädelter Eisenperlchen, an denen ein weiterer Teil aufgefädelter Eisenperlstränge angearbeitet ist, der über die Stirn herunterhängt. Herero, 1937. L = 23 cm.

247
Stirnschmuck aus einem vorne auf der Stirn sitzenden Lederteil, auf dessen Schauseite viele kleine Eisenperlen aufgenäht sind. Um den Kopf herumlaufend fünf parallel geführte, aus Eisenperlen aufgefädelte Stränge. Zusätzlich an der Seite herabhängend ein weiteres rechteckiges Lederteil, auf das Eisenperlen und rote Glasperlen aufgefädelt sind, zusätzlich eine Muschel als Schmuck. Herero, 1917. Vorderes Lederteil: H = 7 cm, B = 11 cm.

248
Trinkbecher aus Holz mit Henkel und Fuß. Eingebrannte Strichmuster. Herero, 1917. H = 15 cm, ∅ = 7,5 cm.

Schurz der Ndebele-Frauen. Südafrika.
3.50.204

249
Umhang (*Karoß*) aus einem Kalbsfell für Frauen. Am unteren Rand durch ein langes, rechteckiges Leder verlängert, auf welches große, kreisförmige Lederteile aufgenäht sind, die ihrerseits, kreisförmig angeordnet, mit Eisenperlensträngen besetzt sind. Herero, 1917. L = ca. 1,60 m. Abb.

250
Stirnschmuck (Kopfschmuck). Bestehend aus vier Reihen aufgefädelter Eisenperlen und einem rechteckigen Lederteil, welches auf der Stirn sitzt und ebenfalls mit kleinen Eisenperlen benäht ist. Herero, 1917. ∅ = 15 cm, Mittelteil: H = 5,5 cm.

251
Stirnschmuck (Kopfschmuck). Ähnlich wie 250. Stirnteil oval geformtes Lederstück. Herero, 1917. ∅ = 16 cm, Mittelteil: H = 7,5 cm.

252
Gefäß aus einer Kalebasse. Gerundeter Boden mit kreisrunder Öffnung. An den Seiten angenäht schmale Lederbändchen zum Tragen des Gefäßes. Herero, 1917. H = 17 cm, ∅ = 10 cm.

253
Gefäß aus einer flaschenförmigen Kalebasse, das in ein Geflecht aus schmalen Lederstreifen eingehängt ist. Herero, 1917. H = 32 cm. Abb.

254
Rassel aus auf Pflanzenfaserschnüren aufgereihten Fruchtkapseln. An den Enden schmales Lederband zum Schließen. Herero, 1917. L = 74 cm.

Umhang der Herero-Frauen. Kalbsfell mit Eisenperlen verziert. Namibia.
3.50.249

255
Halskette aus einem langen Strang, der aus einer Lederschnur gedreht ist, auf die kleine Eisenperlen aufgezogen sind. Herero, 1937.

256
Kniebänder aus einem schmalen Lederband mit lang herabhängenden Lederfransen. Herero, 1926. Band: B = 3 cm, ∅ = 9 cm. Fransen: L = 34 cm.

257
Schamschürzchen für Mädchen. Schmaler Lederriemen, dessen Enden in Streifen geschnitten und durch einen Lederriegel gezogen worden sind. Die von der Scham herabhängenden Lederstreifen sind mit Eisenperlen verziert. Herero. Gürtel: B = 3cm, ∅ = 27cm; Fransen: L = 48cm.

258
Schamschürze aus Leder für Mädchen. Bestehend aus einem festen Rand, der in lange, schmale Lederstreifen ausläuft. Die Lederstreifen bedecken das Gesäß. Vorne breite Lederriemen, die ebenfalls in schmale Lederstreifen geschnitten und zusätzlich mit flachen Eisenringen verziert sind. Am Gürtel aufgereihte Bernsteinperlen. Herero, 1917. L = 70 cm.

259
Schurz für Kinder (Mädchen?), aus einem kleinen, unregelmäßig geformten Lederstückchen. Die Breitseite läuft in Fransen aus, auf die Fruchtkapseln, Straußeneiperlchen und Glasperlen aufgezogen sind. Herero, 1927. H = ca. 27 cm, B = am unteren Rand 37 cm.

260
Hüftriemen für Männer. Bestehend aus einem viele Meter langen, schmalen, stückweise zusammengesetzten Riemen, der aus Ochsenleder geschnitten und an den Seiten sorgfältig mit gedrehten Tiersehnen übernäht ist. Herero, 1917. Abb.

261
Hüftgürtel für Frauen aus aufgereihten, flachen, braunen Blütenköpfen und Eisenperlen. Herero, 1917. B = 14 cm.

Umhang aus Rinderleder. Hottentotten (Nama), Namibia.
3.50.267

262
Köcher. Schmaler, weicher Ledersack, an einer Längsseite mit Naht versehen. Am unteren Drittel und am oberen Rand Lederriemen zum Tragen des Köchers angenäht. Pfeile aus Hirsestengeln, teils mit Eisenspitzen, teils mit Knochenspitzen. Herero, 1917. H = 74 cm, B = 10 cm.

263
Köcher. Dreieckig geformter, weicher Ledersack. Grundform ein Tierbalg. Unteres Ende mit Lederband zusammengebunden. Die Füße des Tieres sind zu einem Traggurt zusammengebunden. Pfeile aus Hirsestengeln, teils mit Eisenspitzen, teils mit Knochenspitzen. Herero, 1917. Sack: L = 53 cm.

264
***buchu*-Behälter** aus einem Schildkrötenpanzer. Die hintere Panzeröffnung ist mit Sarcocaulon-Holz zugeklebt. Mit herunterhängenden Lederfransen geschmückt, die mit grünen, blauen und weißen Perlen verziert sind. Lederschlaufe zum Aufhängen am Panzer angebracht; *buchu* ist ein aromatisches Pulver, das aus zerriebenen *buchu*-Blättern hergestellt wird. Die *buchu*-Büchse gehört zur Kleidung der Frauen und Mädchen. Sie wird gewöhnlich um die Hüfte getragen. Hottentotten (Nama), Namibia, 1952. H = 24 cm. Abb.

buchu-Behälter der Hottentotten-Frauen und -Mädchen.
3.50.264

265
***buchu*-Behälter** aus einem Schildkrötenpanzer. Ähnlich wie 264, ohne zusätzlichen Perlenschmuck. Hottentotten (Nama), Namibia, 1927. H = 30 cm.

266
Köcher aus einem Tierhorn, dessen Spitze abgeschnitten ist. Boden mit Lederdeckel verschlossen, oberes Lederdeckelchen an einem langen Lederriemen mit dem Boden verbunden, um den Köcher tragen zu können. Pfeile aus Knochen. Herero, 1917. L = 27 cm, ∅ = ca. 2,5 cm.

267
Umhang (*Karoß*) aus Rinderleder für Männer. Form dreiviertel-kreisförmig. Der obere Rand wird wie ein Kragen umgelegt. Am Rande dieses Kragenteiles Rinderschwanz als Verzierung. Der Umhang ist verziert, indem an verschiedenen Teilen andersfarbige Fellstücke eingesetzt sind. Auf der linken und rechten Seite am oberen Rand ist das Leder eingeschnitten und zu flachen Zöpfen geflochten. Der *Karoß* der Hottentotten wird über die rechte Schulter gehängt und unter dem linken Arm durchgezogen und verknotet. Hottentotten (Nama), Namibia, 1927. B = 158 cm, H = 132 cm. Abb.

268
Umhang (*Karoß*) aus Leder. Ähnlich wie 267. Verzierung des Umhanges ebenfalls durch Einsetzen andersfarbiger Leder- bzw. Fellteile. Hottentotten (Nama), Namibia, 1927. B = 150 cm, H = 107 cm.

270
Schürzchen für Frauen. Bestehend aus einem schmalen Ledergürtel, an den lange, schmale Lederfransen angehängt sind. Zusätzlich über den Lederfransen liegen auf Lederstreifen aufgezogene Straußeneiperlen sowie farbige Glasperlen. Buschmann, Namibia, 1952. H = 70 cm.

271
Köcher, aus einer rechteckig geformten Überschlagtasche aus Fell, Naht auf der Vorderseite in der Mitte der Tasche, Boden umgelegt und an den Seiten festgenäht. Auf der Hinterseite in der Mitte zum Tragen des Köchers breiter Lederriemen durchgezogen. Buschmann, Namibia, 1960. H = 27 cm, B = 19 cm.

275
Beutelchen aus Leder. Am oberen Rand in Fransen auslaufend, teilweise mit bunten Glasperlen verziert. Am Boden ebenfalls Fransen mit Glasperlen. Beutel innen rot gefärbt. Möglicherweise wurde der Beutel zum Aufbewahren von rotem Ocker benutzt. Herero, 1917. H = 13 cm (ohne Fransen).

Khung-Frau mit ihrem Baby in Festtracht. Tsumkwe, Buschmann-Reservat östlich von Grootfontein, Namibia.

Geheimbundwesen im südnigerianischen Urwald

In den Urwäldern von Südnigeria im Gebiet des Cross-River sowie in Südwestkamerun leben Völker wie die Ejagham, Banyang oder Anyang, bei denen Geheimbünde das gesellschaftliche Leben bestimmen. Diese Geheimbünde werden als *Egbo* bezeichnet, was wahrscheinlich von dem Efik-Ibibio-Wort für Leopard (*ekpe*) abgeleitet ist. Die nur Männern vorbehaltenen Geheimbünde hatten eine religiöse Komponente, übten richterliche Gewalt aus und kontrollierten den Handel zwischen dem Hinterland und der Küste.
Bis in die frühen Jahre des 20. Jahrhunderts, in anderen Gegenden bis zum heutigen Tage, verwendeten die Geheimbünde Tanzmasken und -figuren aus Holz, die mit Pergament bezogen waren. Mit diesen Masken stellte der Tänzer die verstorbenen Mitglieder des *Egbo*-Bundes dar. Die Masken wurden entweder auf dem Kopf, vor dem Gesicht oder als Stülpmaske mit einem entsprechenden Gewand, das den Tänzer verhüllte, getragen. Typisch für die Masken ist der zwei- (Janus-Kopf) oder manchmal drei- bzw. vielgesichtige Typ. Das Pergament wird gewöhnlich aus den Häuten des Buschwildes der Region, gelegentlich auch denen der Ziegen oder Affen hergestellt. Der Verdacht, daß auch Menschenhaut verwendet worden ist, kann nicht bewiesen werden.
Die Tatsache, daß im Cross-River-Gebiet bis zur Unterbindung durch die Kolonialmächte Kopfjagd geübt wurde, legt jedoch die Vermutung nahe, daß sich die hautüberzogenen Masken aus diesen Vorstellungen entwikkelt haben, denn auch die Schädel wurden gelegentlich mit getrockneter Haut umklebt.
Der Gebrauch von pergamentüberzogenen Masken und Figuren in weiteren Gebieten verbreitete sich höchstwahrscheinlich durch die Vermittlung der Ejagham, und zwar nach Süden bis zu den Efik, nach Südwesten zu den Ibibio von Umon, nach Norden zu den Mbembe und Ukele, nach Osten ins Grasland von Kamerun zu den Bangwa, Bafut und Ndop.
Die meisten der mit Pergament überzogenen Masken und Figuren gelangten zwischen 1895 und 1915 in die europäischen Museen.

Maske mit Tanzkostüm aus geknüpften Pflanzenfasern.

01
Maske, dreigesichtig und überlebensgroß, aus Holz, mit Antilopenpergament überzogen; innen hohl, zum Überstülpen über den Kopf. Am Kopf sind aus Holz geschnitzte Antilopenhörner befestigt. Kopfhaare durch Holzstifte angedeutet. Zähne aus Holz, Augen mit Blech eingelegt. An einem Gesicht offene Augenhöhlen. Kreisrunde Markierungen an den Schläfen als Rangabzeichen. Ejagham („Ekoi"), Cross-Fluß, Südnigeria, 1958. H = 72 cm. Abb.

02
Maske aus Holz, mit Antilopenpergament überzogen. Innen hohl, als Stülpmaske über dem Kopf zu tragen. Parallelstreifen und Muster auf Hals und Kopf gemalt. Ziernarben an Stirn und Schläfen als Rangabzeichen. Zähne aus Holz, Augen ehemals mit Metall überzogen. Cross-Fluß, Südnigeria, 1957. H = 37 cm. Abb.

03
Maske aus Holz geschnitzt, mit Antilopenpergament überzogen. In Form eines menschlichen Kopfes mit einem Hals. Der Hals ebenfalls aus Holz, innen ausgehöhlt. Hals und Hinterkopf dunkelbraun gefärbt. Ziernarben an den Schläfen angedeutet. Geöffneter Mund mit Zähnen aus Knochen. Augen aus Blech. Cross-Fluß, Südnigeria, 1928. H = 25 cm.

Dreigesichtige Stülpmaske der Ejagham („Ekoi") vom Cross-Fluß, Südnigeria. 3.60.01

04
Maske aus Holz mit dunkelbraun gefärbtem Pergament überzogen, in Form eines menschlichen Kopfes, der über den Ohren links und rechts Tierhörner besitzt. Hals ein aus Pflanzenmaterial geflochtener Standring, damit die Maske auf dem Kopf getragen werden kann. An den Schläfen beidseitig je drei Ziernarben angedeutet. Geöffneter Mund (früher vorhandene Zähne sind ausgefallen). Ejagham („Ekoi"), Cross-Fluß, Südnigeria, 1936. H = 25 cm.

05
Maske aus Holz, mit Antilopenpergament überzogen. Form der Maske menschlicher Kopf. Über den Ohren je ein nach oben gebogenes Tierhorn, welches dunkel und hell gestreift ist und den Hörnern des Wasserbockes oder einer Antilopenart nachgebildet ist. Dunkelbraune, kreisrunde Bemalung an den Schläfen, weitere Bemalungen am Hinterkopf. Geflochtene Unterlage, um die Maske auf dem Kopf tragen zu können. Zähne aus Knochen, Augen unter tief herabhängenden Lidern aus Metall. Ejagham („Ekoi"), Cross-Fluß, Südnigeria, 1950. H = 50 cm, B = 50 cm. Abb.

Zwei Widekum-Maskentänzer vor dem Palast des *Fon* in Batibo, Südkamerun.

06
Maske aus Holz, mit Antilopenpergament überzogen. Stellt einen menschlichen Kopf mit Hals dar. Geflochtene Unterlage zum Tragen der Maske auf dem Kopf. Ganz ähnlich wie 07. Verzierungen durch Bemalung an den Wangen und den Schläfen. Augen aus Blech, Zähne aus Knochen. Haare durch schwarzgefärbte Holzstifte angedeutet. Wurde vom *Egbo*-Geheimbund für Tänze benutzt. Calabar, Südnigeria, 1938. H = 34 cm.

07
Maske aus Holz, mit Antilopenpergament überzogen. In Form eines menschlichen Kopfes mit Hals. Geflochtene Unterlage, die dazu dient, die Maske auf dem Kopf zu tragen. Stirn mit sternförmigen Zeichen und zwei Parallelstreifen bemalt. Gemalte Streifen auch an Wangen, Kinn und Hals, Lippen bemalt. Je eine Ziernarbe an der Stirn und an den Schläfen als Rangabzeichen. Zähne aus Knochen, Augen aus Blech. Auf dem Kopf kreuzförmig angebrachte Bekrönung aus Holz. Ejagham („Ekoi") Cross-Fluß, Südnigeria, 1927. H = 35 cm.

08
Maske aus Holz, innen hohl, in Form eines menschlichen Kopfes. Mit dunkelbraun gefärbtem Antilopenpergament überzogen. Hals aus Rotang geflochten. Zahlreiche Ziernarben an Stirn und Schläfen. Geöffneter Mund, einst vorhandene Zähne ausgefallen. Cross-Fluß, Südnigeria, 1939. H = 22 cm.

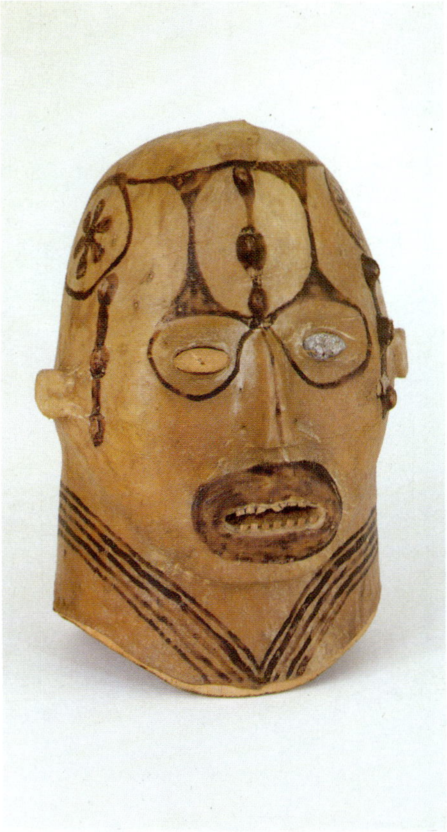

Stülpmaske vom Cross-Fluß, Südnigeria. 3.60.02

09
Maske aus Holz; massiv, mit angeschnitztem Sockel, um die Maske auf dem Kopf tragen zu können. In Form eines menschlichen Kopfes, vollständig mit Antilopenpergament überzogen. Haar und hintere Halspartie dunkelbraun eingefärbt. Dunkle Punkte an der Vorderpartie des Halses, eine Linie über Stirn und Nasenrücken. Zähne aus Knochen, nur teilweise erhalten. Ziernarbe an den Schläfen, Augen aus Metall. Ejagham („Ekoi"), Cross-Fluß, Südnigeria, 1919. H = 27 cm.

10
Hockerfigur, als Maske auf dem Kopf getragen. Aus Holz, mit Antilopenpergament überzogen. Angewinkelte Arme und Beine mit Nägeln befestigt und beweglich. Unten an der Figur kleiner angeschnitzter Sockel, um die Maske auf dem Kopf tragen zu können. Je drei Ziernarben als Rangabzeichen an den Schläfen. Geöffneter Mund (Zähne weitgehend ausgefallen). Cross-Fluß, Südnigeria, 1928. H = 30 cm.

11
Maske in Form eines Menschenkopfes mit zwei Gesichtern, aus Holz, mit Pergament überzogen. An den Hals des Kopfes ein Sockel aus Holz angeschnitzt. Haare des Kopfes als dunkel bemaltes Pergament. Beide Gesichter gleich ausgeführt. Augen aus Metall, Mund weit geöffnet. An den Schläfen je drei Ziernarben als Rangabzeichen. Auf dem einen Hals ein brauner aufgemalter Kreis, auf dem anderen Hals ein helles Dreieck unter dem Kinn. Ejagham, Cross-Fluß, Südnigeria, 1928. H = 35 cm.

12
Maske, zweigesichtig, aus Holz, mit dunkelbraun gefärbtem Pergament überzogen. Die Maske stellt zwei mit dem Hinterkopf aneinanderstoßende Menschenköpfe dar, die in einem Hals enden. Am Rand des Halses aus Pflanzen geflochtener Rand. Beide Köpfe auf den Wangenpartien angedeutete Ziernarben. Großer, geöffneter Mund mit Zähnen aus Knochen (bei einem Kopf fehlen die Zähne). Die Maske wird auf dem Kopf des Tänzers getragen. Cross-Fluß, Südnigeria, 1928. H = 21 cm.

13
Maske aus Holz, mit Pergament überzogen, in Form eines menschlichen Kopfes. Der Kopf ist innen ausgehöhlt und hat eine aus Pflanzenmaterial geflochtene Unterlage, so daß die Maske auf dem Kopf getragen werden kann. Haarwuchs durch Bemalung angedeutet, Augen aus Metall, weit geöffnet. Im weit geöffneten Mund Zähne aus Holz. An den Schläfen drei konzentrische Kreise, dunkel aufgemalt. Ziernarbe senkrecht in der Mitte der Stirn verlaufend. Durch Wulst und Bemalung dargestellt. Ejagham („Ekoi"), Cross-Fluß, Südnigeria, 1928. H = 23,5 cm.

Maske mit Hörnern des Wasserbocks oder der Antilope. Ejagham („Ekoi"), Cross-Fluß, Südnigeria.
3.60.05

Ausbreitung der Masken

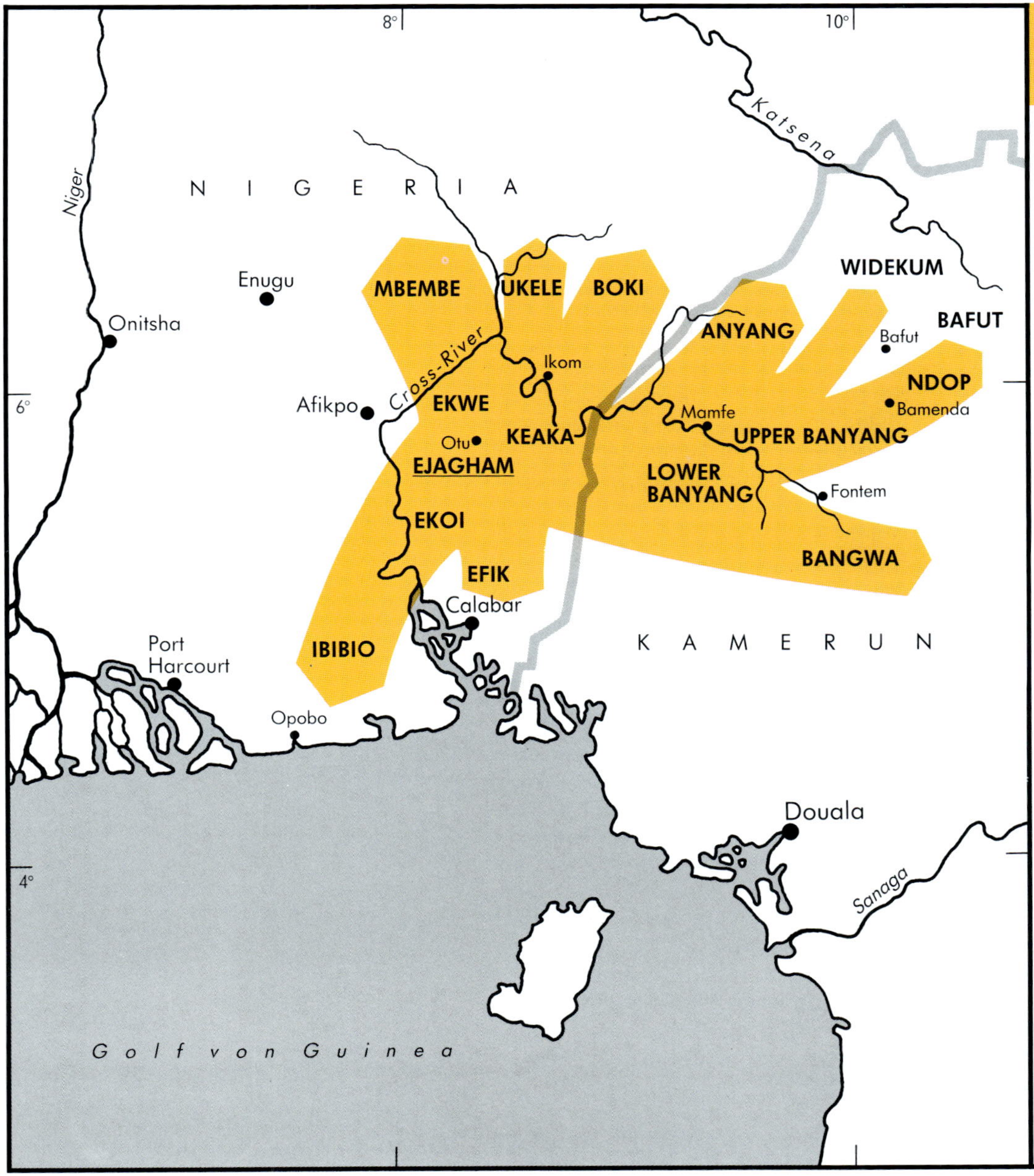

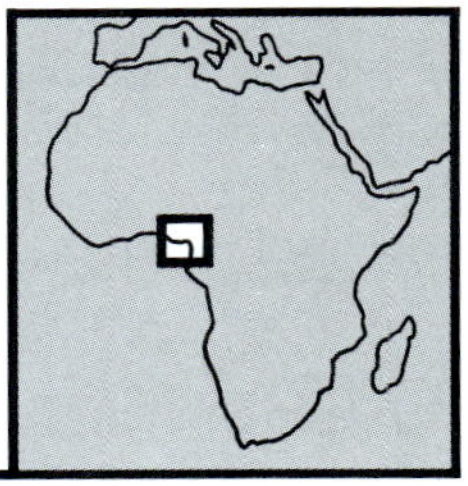

Musikinstrumente

Ohne Musik ist die afrikanische Kultur nicht denkbar. Sowohl der Gesang als auch die Instrumentalmusik sind reich an Tonsystemen; in einigen Gebieten kommen einfache Formen von Mehrstimmigkeit vor. Dichtung, Erzählungen und Geschichte können ohne Musik nicht weitergegeben werden. Arbeiten wie Feldbau oder Schmieden werden mit Musik begleitet. Tanz und Musik begleiten die Menschen auch bei allen wichtigen Ereignissen ihres Lebens. So bei Geburt, Reifefeiern, Beschneidung, Heirat und Tod. Musik und Tanz sind fester Bestandteil aller religiösen Feste, die zu Ehren bestimmter Erd- und Himmelsgötter gefeiert werden und ebenso ein Teil der Zeremonien bei Geheimbundfeiern und der Inthronisation von sakralen Königen. Schließlich dient Musik und Tanz vor allem auch zur Unterhaltung. Im Einflußbereich des Islam steht die Musik in engstem Zusammenhang mit der gesellschaftlichen Stellung; so gibt es Lobgesänge auf hohe Persönlichkeiten. Im gesamten Sahel entstand in den hierarchisch geschichteten Gesellschaften (Manding, Songhai, Hausa → S. 13f.) zwischen dem 13. und 19. Jahrhundert eine Gruppe von Berufsmusikern, sog. Barden (französisch: *griots*), die als Historiker und Genealogen am Hof der *Emire* und als Unterhaltungsmusiker eine genau festgelegte Funktion hatten. Auch Frauen wurden oft berühmte Sängerinnen.

„Afrikanische Musik ist nicht denkbar ohne Tanz, afrikanischer Rhythmus nicht ohne Trommeln ...". Trommeln stehen in Verbindung mit Kulthandlungen, Zauber und Mythos. Auch im Krieg wurden Trommeln verwendet, um den Feind zu erschrecken. Die Trommeln sind meist aus Holz (01, 02, 04, 05, 20, 31–33, 43, 48–51), doch gibt es auch solche aus Metall, Ton und Kalebassen. Es gibt Röhren- und Kesseltrommeln sowie Sanduhrtrommeln (49, 50), die häufig beidseitig mit Pergament oder Leder bezogen und mit Lederriemen gegeneinander verspannt sind und durch Erwärmen gestimmt werden. In den meisten Gebieten haben die Trommeln allerdings nur ein „Fell". Sie sind geschichtlich die ältesten und rein afrikanischen Ursprungs.

Die Saiteninstrumente zeigen die größte Vielfalt. So gibt es u. a. Harfen (60–62), Lauten (86, 87), Leiern (68, 69) und Floßzithern (73). Die Resonanzkörper dieser Instrumententypen sind entweder aus Holz oder aus Kalebassen und häufig mit Rasseln aus Metall ausgestattet. Die Saiten sind aus gedrillten Lederstreifen, Sehnen, Roßhaar oder Baumwolle, in jüngster Zeit auch aus Draht.

Die Harfe ist uralt. Möglicherweise ist sie aus dem nur einen Ton erzeugenden Musikbogen hervorgegangen. Die ältesten Harfen (ca. 12. Jahrhundert v. Chr.) sind aus Ägypten bekannt.

Die Leier ist wahrscheinlich erst in den letzten 300 bis 400 Jahren aus dem

Trommel vom Mai-Ndombe-See, Zaire.
3.70.31

Mittelmeerraum (Griechenland) nach Afrika vorgedrungen und ist heute noch im gesamten nordöstlichen Bereich Afrikas in Gebrauch.
Die gezupften oder mit dem Bogen gestrichenen Lauten kommen im arabisch-islamischen Bereich vor und haben die unterschiedlichsten Formen. Auf ihnen spielen vor allem die Barden Westafrikas.
Rasseln (78, 80–83) sind in Afrika ebenfalls allgemein verbreitet. Als solche dienen mit Steinchen gefüllte Kalebassen oder geflochtene Behälter, aus Eisen geschmiedete Ringrasseln oder kleine Schellen.
An Blasinstrumenten kennt Afrika Flöten (10, 16, 23, 25), Pfeifen (12, 13, 23, 24), Hörner und Trompeten. Charakteristisch sind vor allem die kunstvoll geschnitzten Quertrompeten (38, 39) und Hörner aus Elfenbein oder Holz. Längsflöten aus Holz, Hirsestengeln oder Kalebassen, gelegentlich mit kleinen Kalebassen als Resonanzboden (11), sind die Instrumente der Knaben, Hirten oder Jäger. Die einfachste Art der Flöte ist ein Bambus- oder Schilfrohr mit angeschärfter Kante. Einfache Hirseflöten, auch paarweise verwendet, werden bei Erntefesten auch von Frauen und Kindern geblasen. Einfach gebaute Klarinetten aus einem Hirsestengel kommen z. B. in Nordkamerun vor. Vor allem die Glocke, aber auch Horn und Trommel, sind in Afrika oft die Instrumente für den König. Die Glocke wird fast immer nach oben gehalten und bei rituellen Anlässen mit einem Stab geschlagen. Auch die klöppellose Doppelglocke (14) wird nur bei religiösen Feiern geschlagen.

Trommel aus dem Aruwimi-Gebiet, Zaire.
3.70.05

3.70

01
Trommel, zylindrischer Körper aus Holz, nach unten hin geschweift und schmaler werdend mit Standfuß. Einseitige Bespannung mit Pergament, das mittels Pergamentriemen und langen Holzpflöcken gespannt wird. Manding, Westafrika, 1937. H = 61 cm, ∅ = 18,5 cm. Abb.

02
Trommel, zylindrischer Körper aus Holz. Einseitige Bespannung aus getrockneter Echsenhaut, mittels Pflökken gespannt. Der Holzkörper ist beschnitzt. Hehe, Tansania, 1954. H = 40 cm, ∅ = 17 cm.

03
Trommel (Topftrommel), Resonanzkörper aus der Frucht des Affenbrotbaumes. Membran aus Pergament, mittels Pflöcken gespannt. Wahrscheinlich Saramo, ostafrikanische Küste, Tansania, 1928. H = 14,5 cm, ∅ = 11,5 cm.

04
Trommel, zylindrischer Körper aus Holz mit vier angeschnitzten Füßen. Einseitige Bespannung mit getrockneter Echsenhaut mittels Pflöcken. Kuba, Zaire, 1959. H = 25 cm, ∅ = 12 cm.

05
Trommel aus beschnitztem Holz (Flechtbandmuster). Unterhalb der mit Pflöcken angenagelten Membran aus Pergament ist der Trommelkörper nach außen gewölbt, verjüngt sich zur Mitte hin und hat eine ausladende Standfläche. Aruwimi-Gebiet, Zaire, 1917. H = 38 cm, ∅ = 31 cm. Abb.

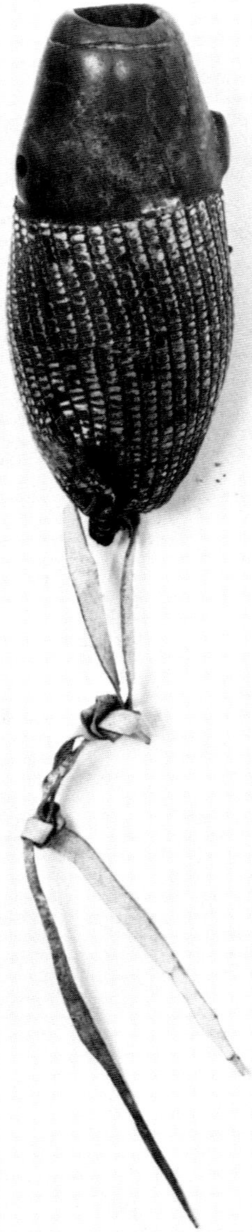

10
Zwei Flöten aus Holz. Mundstück konkav geformt, ein Loch. Mosi, Ouagadougou, Bourkina Faso, 1978. H = 22 cm.

11
Querklarinette aus einem Hirsestengel mit einer kugelförmigen Kalebasse als Resonanzboden mit vier Löchern. Lamang, Nordnigeria, 1969. L = 58 cm.

12
Gefäßpfeife aus Holz, dessen unterer Teil mit getrockneter Leguanhaut bezogen ist. Jeweils ein Loch vorn und hinten. Aruwimi-Gebiet, Zaire, 1917. H = 14 cm. Abb.

13
Pfeife aus Holz mit eingekerbtem Mundstück. Pfeifenkörper mit Plastikschnüren und Metallstreifen umwikkelt. Lamang, Nordostnigeria, 1969. L = 26 cm, ∅ = 1,7 cm.

14
Doppelglocke aus Eisen. Flach, glokkenförmig und mit einem Bügel verbunden; ohne Klöppel. Die Glocken werden mit einem Stab angeschlagen. Bana, Nordkamerun, 1969. H = 21 cm.

Gefäßpfeife aus Holz, mit Leguanhaut überzogen. Aruwimi-Gebiet, Zaire.
3.70.12

15
Horn aus Holz, mit Streifen aus getrockneter Leguanhaut und Schlangenlederstreifen umwickelt bzw. umflochten und mit Kaurischnecken besetzt. Adamaua, Kamerun/Nigeria, 1920. L = 93 cm. Abb.

16
Flöte aus Holz mit eingekerbtem Mundstück und vier Löchern. Mit Pergament überzogen. Am unteren Ende mit Pferdehaaren verziert, zusätzlich am oberen und unteren Rand ein Geflecht aus blauen und weißen Glasperlen. Lunda, Angola, 1928. L = 50,5 cm, ∅ = 2 cm.

20
Trommel aus Holz, stumpfkegelige Form, zweifellig. Beide Membrane aus getrockneter Rohhaut, die durch ein Gitterwerk von Riemen gespannt werden. Langer Riemen zum Umhängen der Trommel. Südwestafrika, 1937. H = 39 cm, ∅ = 43 cm.

23
Flöte aus einem Tierhorn mit drei Löchern. Anblasöffnung aus Wachs geformt. Zulgo, Nordkamerun, 1969. L = 11 cm.

24
Pfeife aus Ton, eingekerbtes Mundstück. Guduf, Nordostnigeria, 1969. L = 11 cm.

Horn aus Adamaua, Kamerun oder Nigeria. 3.70.15

Trommel der Manding, Westafrika. 3.70.01

25
Doppelflöte aus Hirsestengeln. Mit Plastikschnüren umwickelt. Lamang, Nordostnigeria, 1969. L = ca. 36 cm.

26
Klarinette aus einem Hirsestengelabschnitt. Bana, Nordkamerun, 1969. L = 25 cm, ∅ = 1,4 cm.

30
Rahmentrommel, viereckig, zweifellig, mit Pergament bezogen. Mit Pflöcken gespannt. An den schmalen Rändern mit Kaurischnecken verziert. Eine Seite mit blauer Bemalung und stilisierten arabischen Schriftzeichen, andere Seite in gleicher Weise rot bemalt. Die Rahmentrommel ist ein Fraueninstrument. Arabisches Nordafrika, 1928. L = 20,5 cm, B = 20,5 cm, H = 2 cm. Abb.

31
Trommel, zylindrischer Körper, sich nach unten hin verjüngend. Einseitig mit Pergament bezogen und mit einem Geflecht aus Pergamentschnüren gespannt. Der Holzkörper ist rot, weiß und schwarz bemalt. Mai-Ndombe-See (früher Leopold II – See), Zaire, 1917. H = 58 cm, ∅ = 22 cm. Abb.

32
Trommel, zylindrischer Holzkörper mit vier angeschnitzten stabähnlichen Füßen, die in einen kreisrunden Standring übergehen. Kerbschnittverzierungen. Einseitige Bespannung mit Pergament mittels Holzpflöcken gespannt. Kongo, am Unterlauf des Flusses Kongo bis hin zur Küste, Kongo, 1927. H = 65 cm, ∅ = 40 cm.

33
Trommel, zylindrischer Holzkörper, nach unten hin schmaler werdend und mit angeschnitzten Füßen. In den Holzkörper eingeschnitzte Fische. Einseitige Bespannung mit Pergament, mittels Pflöcken und zusätzlich mit Holzkeilen gespannt. Gabun?, 1927. H = 97 cm, ∅ = 30 cm.

38
Quertrompete, Elfenbeinhorn mit kreisförmigen Ritzmustern. Das Horn ist an seiner Breitseite mit Leder verlängert. Aus Lederstreifen geflochtenes Band zum Umhängen der Quertrompete. Adamaua, Kamerun, 1932. L = ca. 87 cm. Abb.

39
Quertrompete, Elfenbeinhorn mit angesetztem Mundstück zum Anblasen. Am oberen, schmalen Ende Verzierung mit getrockneter Leguanhaut. Fang, Gabun, 1928. L = 48 cm, ∅ = 8 cm.

43
Trommel, stumpfkegeliger Holzkörper. Unteres Drittel mit Pergament bezogen. Einseitige Bespannung ebenfalls mit Pergament, welches mittels gedrillter Pergamentschnüre mit dem Pergamentbezug des Bodens verbunden ist; auf diese Weise wird die Membran gespannt. Traggurt aus Leder. Ganda, Uganda, 1929. H = 59 cm, ∅ = 53 cm.

Rahmentrommel aus dem arabischen Nordafrika.
3.70.30

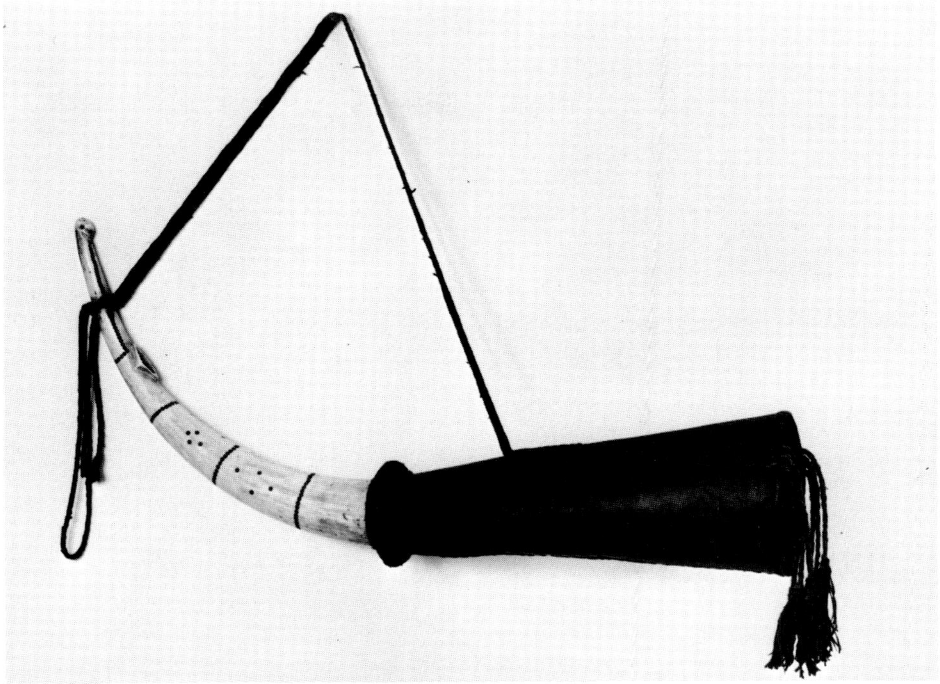

Quertrompete aus Adamaua, Kamerun.
3.70.38

44
Rahmentrommel (Tambourin), einseitige Bespannung mit Pergament. Holzrahmen mit Perlmuttintarsien. Metallscheiben am Rahmen, die zusätzlich als Rassel dienen. Marokko, 1930. H = 6 cm. ∅ = 22,5 cm.

48
Trommel, halbkugeliger Holzkörper. Einseitige Bespannung mit Leder, mittels Lederschnüren, die um den Trommelkörper geführt werden, gespannt. Tuareg, 1956. H = 13 cm, ∅ = 31 cm.

49
Trommel, sanduhrförmiger Holzkörper. Einseitig mit Echsenpergament bezogen und mittels gedrillter Lederschnüre bespannt. Mit Schlegel geschlagen. Wird in zwei verschiedenen Größen nur von den kastengebundenen Schmieden geschlagen (→ 3.02). Bana, Nordkamerun, 1969. H = 28 cm, ∅ = 12 cm.

50
Trommel, sanduhrförmiger Holzkörper. Zweiseitig mit Pergament bezogen und mittels gedrillter Lederschnüre gespannt. Traggurt aus Stoff und Lederriemen. Togo, 1937. H = 49 cm, ∅ = 18 cm.

51
Trommel, zylindrischer Holzkörper, beidseitig mit Leder bezogen; Spannung durch einen aus pflanzlichem Material hergestellten Ring und Holzkeilen. Mabea (gehören zu der Maka-Nzimu-Gruppe), Südostkamerun, 1937. H = 27 cm, ∅ = 38 cm.

55
Schwirrholz, aus einem Hirsestengelabschnitt. Das Mark ist herausgenommen. An langem Baumwollband, um es in der Luft schwirren lassen zu können. Wird als Spielzeug verwendet. Lamang. Nordostnigeria, 1969. L = 21,6 cm, ∅ = 2,5 cm.

56
Perkussionsinstrument, länglicher, flaschenförmiger Kalebassenkürbis, an einer Seite breiter als an der anderen, an beiden Seiten offen. Außen durch Brandmuster verziert. Das Instrument wird von Frauen zur Nachrichtenübermittlung an der Wade angeschlagen. Es können zwei Töne erzeugt werden, je nachdem ob die eine Öffnung mit der Hand zugehalten wird oder nicht. Lamang, Nordnigeria, 1969. L = 73 cm. Ist vor allem auch bei den Hausa und Kanuri verbreitet (→ S. 13f.).

60
Bogenharfe, trogförmiger Holzkörper, dessen oberes Ende in einen geschnitzten und bemalten Menschenkopf übergeht. Übergang zum Kopf mit eingeschnittenen Dreiecksmustern und Linien verziert. Oberer Teil des Resonanzkastens mit Pergament überspannt, welches mit Pergamentschnüren, die um den Boden führen, festgehalten wird. 10 Saiten (nur noch 4 erhalten) aus gedrehten Sehnen. Fang, Südkamerun, 1937. L = 64 cm.

61
Bogenharfe, Resonanzboden aus Holz, ganz mit Pergament überzogen, auf dem Rücken des Instrumentes zusammengenäht. Bogenförmiger Saitenträger aus Holz, der in einen geschnitzten Menschenkopf übergeht. Der Resonanzkörper ist an beiden Seiten in der Mitte eingezogen. 5 Saiten aus gedrehten Sehnen. Mangbetu, zwischen den Flüssen Uele und Bomokandi, Zaire, 1927. L = 67 cm. Abb.

62
Bogenharfe, Resonanzboden aus Holz in Form einer menschlichen Figur. Eigentlicher Körper vollständig mit Pergament umkleidet. Bogenförmiger Saitenträger geht in einen menschlichen Kopf über. 5 Saiten aus Sehnen. Azande, Zaire, 1952. H = 48 cm.

Bogenharfe der Mangbetu, Zaire.
3.70.61

Geige der Bana, Nordkamerun.
3.70.65

65
Geige, Resonanzboden aus einer halbkugelförmigen Kalebasse, Oberseite mit Pergament überzogen, am unteren Teil auf der Oberseite ein Loch. Saitenträger gerader, langer Stock (L = 52 cm). Eine Saite aus gebündelten, schwarzen Pferdehaaren. Bogen aus Holz, ebenfalls mit einer Bespannung aus gebündelten Pferdehaaren. Bana, Nordkamerun, 1969. ∅ = 26 cm. Abb.

68
Leier, Resonanzboden aus einer halbkugelförmigen Kalebasse. Auf der Oberseite mit getrockneter Leguanhaut überzogen. Die Leguanhaut, die mit einem Loch auf der einen Oberseite versehen ist, ist mit gedrillten Pergamentstreifen, die um Teile des Bodens herumführen, gespannt. Der Saitenträger besteht aus drei Holzstegen, zwei senkrecht vom Resonanzboden wegführenden und einem Querstab. Die 5 Saiten aus gedrehten Sehnen sind am Querstab an drehbaren, aus Pflanzenmaterial und Pergamentstreifen geflochtenen Ringen befestigt. Die Saiten werden über die Oberseite des Instrumentes geführt, am unteren Rand gebündelt und im Inneren befestigt. Soga, nördlich des Victoria-Sees, Uganda, 1931. H = 62 cm. Abb.

69
Leier, Resonanzboden aus einer kleinen, halbkugelförmigen Kalebasse mit durch Feuer eingravierten Mustern. Bespannung mit Pergament. Der Saitenträger besteht aus drei Stegen, zwei

senkrechten und einem Quersteg, die mit Lederstreifen umwickelt sind. Am Quersteg sind die 3 Saiten aus Sehnen befestigt. Kordofan, Republik Sudan, 1931. H = 42,5 cm, ∅ = 12 cm.

73
Floßzither aus Hirsestengeln hergestellt. Rechteckige Form. Wahrscheinlich Irigwe, Jos Plateau, Nigeria, 1958. B = 34 cm, L = 42 cm.

78
Rassel, großer Eisenring mit angehängten kleineren Ringen. Zulgo, Nordkamerun, 1969. ∅ = 11 cm.

79
Glocken aus Eisen, mit einem Klöppel. Solche Glocken werden z. B. beim Tanzen am Körper festgebunden. Bana, Nordkamerun, 1969. H = 8 cm.

80
Schellenkette. Auf einer Lederschnur aufgereihte Schellen, die im Gelbgußverfahren hergestellt werden. Kapsiki und Bana, Mandara-Gebirge, Nordkamerun, 1969. L = 100 cm.

81
Rassel, kegelförmig, aus Bohnenstroh geflochten. Der kreisrunde Boden wird aus einem Kalebassenstück gebildet. Innen mit Steinchen (?) gefüllt. Mandara-Gebirge, Nordkamerun, 1969. H = 13 cm, ∅ = 10 cm.

Leier der Soga, Victoria-See, Uganda. 3.70.68

82
Rassel, aus Palmblättern geflochtene Kette, deren einzelne Teile auf Pflanzenfaserschnur aufgezogen sind. Lamang, Nordostnigeria, 1969. L = 100 cm.

83
Rassel aus einem hellgelben Kalebassenkürbis mit Stiel. Zulgo, Nordkamerun, 1969. L = 30 cm.

86
Laute, Resonanzboden aus halber Kalebasse, oval geformt. Oberseite mit Pergament überzogen, mit Pergamentschnüren, die um den Boden geführt sind, befestigt. Saitenstab lang und gerade, unter der Bespannung hindurchgeführt, in der Mitte auch durch die Bespannung gesteckt. Am unteren Ende der Bespannung große Öffnung. Zwei Saiten aus Baumwollfaden. Lamang, Nordostnigeria, 1969. L = 75 cm. Abb.

87
Schalenspießlaute, Resonanzboden aus kugelförmiger Kalebasse, deren oberes Drittel abgetrennt ist. Mit Pergament überzogen. Saitenstab lang und gerade, unter der Bespannung hindurchgesteckt. Ende des Stabes führt durch den Kalebassenresonanzboden wieder heraus. Bana, Nordkamerun, 1969. L = 83 cm.

Laute der Lamang, Nordostnigeria. 3.70.86

Ausgewählte Literatur

Afrika allgemein

Baumann, H. (Hrsg.), 1975. Die Völker Afrikas, I und II. Franz Steiner Verlag, Wiesbaden.

Davidson, B., 1965 (1969). The Growth of African Civilization. A History of West Africa 1000–1800. Longmans.

Fage, J. D., 1978. An atlas of African history. London.

Fischer, R., 1982. Gold, Salz und Sklaven. Die Geschichte der westafrikanischen Sudanreiche. Edition Erdmann, Bern.

Fisher, A., 1984. Afrika im Schmuck. DuMont, Köln.

George, M. F. A., 1958. Hides and skins from Africa. African World, July, S. 15–16.

Hecht, D., 1968. Katalog der afrikanischen Sammlung im Städtischen Museum Braunschweig. Braunschweiger Werkstücke, Veröffentlichungen aus Archiv, Bibliothek und Museum Bd. 37.

Henninger, J., 1941. Fell- und Lederkleidung in Arabien. Internationales Archiv für Ethnographie XI.

Hirschberg, W., 1965. Völkerkunde Afrikas. Hochschultaschenbücher. Bibliographisches Institut 333, 333a, 333b, Mannheim.

– – –, 1974. Die Kulturen Afrikas. Handbuch der Kulturgeschichte. Akademische Verlagsanstalt, Athenaion, Frankfurt.

Hirschberg, W., A. Janata, 1966. Technologie und Ergologie in der Völkerkunde. Hochschultaschenbücher. Bibliographisches Institut 338, 338a, 338b, Mannheim.

Jünger, A., 1926. Kleidung und Umwelt in Afrika. Publikation des Instituts für Völkerkunde, Reihe 1, Bd. VIII, Leipzig.

Meyers Handbuch über Afrika, 1962. Bibliographisches Institut AG, Mannheim.

Murdock, G. P., 1959. Africa, Its People and Their Culture History. New York, Toronto, London.

Nyabongo, A. K., 1944. Leather industries. Negro history bulletin 8, November, S. 34–35.

Ottenberg, S. and Ph. (Hrsg.), 1960. Cultures and Societies of Africa. New York.

Ozenda, P., 1977. Flore du Sahara. Editions du Centre National de la Recherche Scientifique. Paris.

Schurtz, H., 1891. Die geographische Verbreitung der Negertrachten. Internationales Archiv für Ethnographie IV.

Seligman, C. G., 1957. Races of Africa. London.

Sieber, R., 1980. African Furniture and Household Objects. Indiana University Press, Bloomington, London.

Westermann, D., 1952. Geschichte Afrikas. Staatsbildungen südlich der Sahara. Köln.

Haustiere, Viehzucht

Börner, H., 1961. Ziegen-Rassen. Handbuch der Tierzüchtung (Hrsg. J. Hammond), 3 Bde., Hamburg, Berlin.

Demougeot, E., 1960. Le chameau et l'Afrique du Nord romaine. Annales, Economies, Sociétés, Civilisations, no, 2/60, S. 209–247. Paris.

Deshler, W., 1963. Cattle in Africa: distribution, types and problems. Geographical review 53, S. 52–58.

Dittmer, K., 1965. Zur Entstehung des Rinderhirtennomadismus. Paideuma, Mitteilungen zur Kulturkunde Bd. XI, S. 8–23.

Doutresoulle, G., 1947. L'Elevage en Afrique Occidentale Française. Paris.

Fisher, H. J., 1972. „He swalloweth the ground with fierceness and rage": the horse in the Central Sudan. Journal of African History XIII.

Herskovits, M. J., 1926. The Cattle Complex in East Africa. American Anthropologist 28, S. 1–137.

Huard, P., 1960. Contribution à l' étude du cheval, du fer, et du chameau au Sahara oriental. Bulletin de l'IFAN 22 (8), 1–2.

Koloß, H.-J., 1968. Die Haustierhaltung in Westafrika. Eine völkerkundliche Untersuchung. Göttingen.

Law, R., 1980. The Horse in West Africa. Oxford University Press.

Mason, I. L. and J. P. Maule. The Indigenous Livestock of Eastern and Southern Africa. Commonwealth Agricultural Bureaux, Farnham Royal, Bucks., England.

Messerschmidt, H., 1961. Einheimische Rinderrassen in Afrika. Handbuch der Tierzüchtung (Hrsg. J. Hammond), 3 Bde., Hamburg, Berlin.

Schinkel, H.-G., 1970. Haltung, Zucht und Pflege des Viehs bei den Nomaden Ost- und Nordostafrikas. Berlin.

Zeuner, F. E., 1967. Geschichte der Haustiere.

3.01 Die Savannenregion Westafrikas

Atkins, G., 1972. Manding Art and Civilisation. Exhibition „Manding: Focus on an African Civilization", Department of Ethnography, British Museum, London.

Balfour, H., 1934. The „tandu" industry in Northern Nigeria and its affinities elsewhere. Essays presented to C. G. Seligman (ed. E. E. Evans-Pritchard), Kegan Paul, Trench Trubner, London.
Ben Sai, S., 1944. Plantes à tannins. Tannage et teinture des cuirs au Soudan. Notes africaines IFAN 24, S. 20–22.
– – –, 1944 a. Plantes tinctoriales et teinture indigène au Soudan. Notes africaines IFAN 23, S. 17–19.
Beuchelt, E., 1966. Mali. Die Länder Afrikas, Bd. 34. Deutsche Gesellschaft Afrika e.V. Bonn. Kurt Schroeder, Bonn.
– – –, 1968. Niger. Die Länder Afrikas, Bd. 38. Deutsche Afrika Gesellschaft e.V. Bonn.
Birkett, J. D., 1952. Northern Nigeria's Hides and Skins Industry. West African Review, Vol. 23, No. 296, May, S. 434–37.
Boser-Sarivaxévanis, R., 1972. Textilhandwerk in West-Afrika: Weberei und Färberei. Führer durch das Museum für Völkerkunde und Schweizerische Museum für Volkskunde, Basel.
Cheron, G., 1913. Les Minianka: leur civilisation matérielle. Revue d'Ethnologie et de Sociologie 4, Paris.
Coffin, W., 1909. Sudan Tanned Skins. Monthly Consular and Trade Reports 349, Oct., S. 122–23.
Cohen, R., 1967. The Kanuri of Bornu. New York.
Diop, M., 1971. Histoire des classes sociales dans l'Afrique de l'ouest. Bd. 1, Le Mali. Paris.
Duisburg, Adolf von, 1932/33. Beiträge zur Volkskunde der Kanuri. Koloniale Rundschau 24, 7/8, S. 238–45; 25, 1/2, S. 15–22.
Dupire, M., 1962. Peuls nomades. Travaux et Mémoires de l'Institut d'Ethnologie, Bd. LXIV. Paris.
Fagg, W. and J. Picton. The potter's art in Africa. London.
Fisher, H. and V. Rowland, 1971. Firearms in the Central Sudan. Journal of African History 12, S. 215–39.
George, M. Northern Nigeria's tanning industry. African World, April, 59, S. 11–12.
Goody, J. R., 1964. The Mande in the Akan hinterland. In: The historian in tropical Africa (ed. J. Vansina et al.). London.
Heathcote, D., 1974. A leatherworker of Zaria City. The Nigerian Field Vol. 39, 1, S. 12–26; Vol. 39, 3, S. 99–117.
Harris, P. G., 1950. Notes on tanning in Argungu Emirate (Jima), Nigeria. Notes on dyeing in Argungu Emirate. Farm & Forest 10, S. 32–35.
Hodge, C. T. (Hrsg.), 1972. Papers on the Manding. Indiana University.
Izard, M., 1970. Introduction à l'histoire des royaumes mossi. Recherches voltaiques 12/13. Paris – Ouagadougou.
Jeffries, W. F., 1938. Leatherwork in Northern Nigeria. Nigeria 14, S. 160–64.
Kangiwa, Mallam B. and Mettenden, Alhaji A. A. K., 1962. Leatherwork in Northern Nigeria. Nigeria Magazine 74, S. 2–9.
Leben am Rande der Sahara, 1981. Vier Vorträge, gehalten im Rautenstrauch-Joest-Museum für Völkerkunde der Stadt Köln im Sommer 1980 im Rahmenprogramm zur Sonderausstellung „Markt am Rande der Sahara". Hrsg. Bundesministerium für wirtschaftliche Zusammenarbeit mit dem Rautenstrauch-Joest-Museum. Konzeption G. Völger.
Montserrat, P.-M., 1957. Les Dogons. Paris.
Nadel, S. F., 1942. A Black Byzantium: The Kingdom of the Nupe in Nigeria. London.
Paques, V., 1954. Les bambara. Presses Universitaires de France. Paris.
Pollet, E., 1971. La Société Soninke.
Rouch, J., 1956. Les Songhay. Monographies Ethnologiques Africaines. Institut Internationale Africaine. Paris.
Schaffer, M. and Ch. Cooper, 1980. Mandinko. The Ethnography of a West African Holy Land. Case Studies in Cultural Anthropolgy 66, Rinehart and Winston.
Skinner, E. P., 1964. The Mossi of the Upper Volta. Stanford California.
Slye, J., 1965. West African Arts and Crafts: Traditional Craftsmanship's Successful Resistance to Western Influences. African World, Jan., S. 8–9.
Trowell, M., 1960. African Design. Faber & Faber, London.
Urvoy, Y., 1949. Histoire de l'Empire du Bornou. Mémoires de l'Institut Français d'Afrique Noire no. 7, Paris.
Vandyke-Lee, D.-J., 1976. The Conservation of „Tandu". Study of Conservation 21,2, S. 74–78.
Völger, G., 1979. Markt in der Sahel. Katalog zur Sonderausstellung. Deutsches Ledermuseum Offenbach/M.
Wills, C., 1958. Nigerian hides and skins. Progress 46, 260 (autumn), S. 258–65. London.
Zeltner, Fr. de, 1932. Les boîtes en cuir moulé du Soudan. Journal de la Société des Africanistes 2, S. 23–34.
Zwernemann, J., 1968. Die Erde in Vorstellungswelt und Kultpraktiken der sudanischen Völker. Berlin.

3.02 Eisen und Schmied

Gardi, R., 1969. Unter afrikanischen Handwerkern. Graz.
Cline, W., 1937. Mining and Metallurgy in Negro Africa. American Anthropologist. General Series no. 5. Menasha, Wisconsin.
Dieterlen, G., 1965/66. Contribution à l'étude des forgerons en Afrique Occidentale.
Diop, M.-L., 1968. Métallurgie et âge de fer en Afrique. Bulletin IFAN, sér. B, 30,1, S. 10–38.
Mauny, R., 1977. An essay on the history of metals in West Africa. In: Konczacki, Z. A. und J. M. Konczacki, An economic history of tropical Africa, Bd. 1.
Shinnie, P. L., 1971. The African Iron Age. Oxford.
Wente-Lukas, R., 1972. Eisen und Schmied im südlichen Tschad-Raum. Paideuma 17, S. 112–143.

3.03 Der Markt

Cohen, A., 1965. The Social Organization of Credit in a West African Cattle Market. Africa 35,1, S. 8–20.
Fröhlich, W., 1940. Das afrikanische Marktwesen. Zeitschrift für Ethnologie Bd. LVII.
Meillassoux, C. and D. Forde (Hrsg.), 1971. The development of indigenous trade and markets in West Africa. Oxford.

3.20 Bergbauern in Nordkamerun

Gardi, R., 1953. Mandara. Unbekanntes Bergland. Zürich.

Lembezat, B., 1950. Kirdi, les populations paiennes du Nord-Cameroun. Mémoires IFAN, Centre du Cameroun.
Lukas, R., 1972. Die nicht-islamischen Ethnien im südlichen Tschadraum. Franz Steiner-Verlag, Wiesbaden.
Wente-Lukas, R., 1977. Die materielle Kultur der nicht-islamischen Ethnien von Nordkamerun und Nordostnigeria. Studien zur Kulturkunde 43. Franz Steiner Verlag, Wiesbaden.

3.10 Die Tuareg in der zentralen Sahara

Bernezat, O., 1975. Hommes des montagnes du Hoggar. Grenobles.
Blanguernon, C., 1955. Le Hoggar. B. Arthaud, Paris.
Briggs, L. C., 1960. Tribes of the Sahara. Cambridge.
Dudot, B., 1969. Une production originale de l'artisanat d'Agadez: les boites en peau non tannée dites „Batta". Notes africaines 122, 69, S. 55–58.
Gabus, J., 1955. Au Sahara. Les hommes et leurs outils. Neuchâtel.
– – –, 1957. Völker der Wüste. Freiburg.
– – –, o. J. Kunst der Wüste. Freiburg.
– – –, 1982. Sahara. Bijoux et techniques. Neuchâtel.
Göttler, G., 1984. Sahara. DuMont, Kultur-Reiseführer. Köln.
Kalter, J., 1976. Schmuck aus Nordafrika. Stuttgart.
Lhote, H., 1950. Contribution à l'étude des Touareg. La technique de la poterie à Agadez. Les sandales. Mémoires IFAN no. 10, S. 507–533. Paris.
– – –, 1952. Les boites moulées en peau du Soudan dites „bata". Bulletin de l'IFAN, 14, 3, S. 919–955.
– – –, 1955 (1944). Les Touaregs du Hoggar.
Mounier, G. Lieutenant, 1942. Le travail des peaux chez les Touaregs du Hoggar. Travaux de l'Institut de Recherches Sahariennes Bd. I, S. 133–169. Algier.
Nicolaisen, J., 1963. Ecology and culture of the pastoral Tuareg. Kopenhagen.
Ritter, H., 1980. Salzkarawanen in der Sahara. Atlantis, Bern.
Schiffers, H., 1972. Die Sahara und ihre Randgebiete. München.
Zöhrer, Ludwig, 1956. Handel, Religion und soziale Gliederung als Grundlage der wirtschaftlichen und handwerklichen Entwicklung (unter besonderer Berücksichtigung der Lederarbeiten bei den Tuareg der Sahara). Archiv für Völkerkunde Bd. 11.

3.11. Die Mauren in der westlichen Sahara

Arnaud, J., 1972. La Mauritanie. Aperçus historique, géographique et socio-économique. Paris.
Atlas de la République Islamique de Mauritanie. 1977. Les Atlas Jeune Afrique. Editions Jeune Afrique, Paris.
Creyaufmüller, W., 1979. Völker der Sahara – Mauren und Tuareg. Stuttgart.
– – –, 1983. Nomadenkultur in der Westsahara. Burgfried Verlag, H. Nowak, Hallein, Austria.
Delarozière, M.-F., 1973. L'art du cuir en Mauretanie. Panorama no. 18 (special), 365. Nouakchott.
– – –, 1979. Notes sur l'artisanat mauritanien. In: Introduction à la Mauritanie, S. 127–153. Paris.
Gabus, J., 1976. Oualata et Gueimaré des Nemadi. Neuchâtel.
Gaudio, A., 1955. Notes sur les classes sociales et sur quelques tribus de Mauritanie. Bulletin de l'IFAN 17, 1–2, S. 173–203. Dakar.
– – –, 1978. Le Dossier du Sahara occidental. Paris.
Monod, Th., 1967. Notes sur le harnachement chamelier. Bulletin de l'IFAN 29, S. 234–306.
Schramm, J., 1974. Westsahara: Mai's Auslandstaschenbücher Nr. 24. München.

3.30 Lederkunst im Maghreb – Marokko, Algerien, Tunesien

Baghli, O., 1977. Chaussures traditionelles algériennes. Documents du Centre de Recherches Athropologiques, Préhistoriques et Ethnographiques. Organisme Nationale de la Recherche Scientifique, II. Alger.
Balout, L., 1966. Der Maghreb. In: Fischer Weltgeschichte Bd. I, S. 148–65.
Bousquet, G. H., 1961. Les Berbères. Paris.
Brunot, L., 1946. La cordonnerie indigène à Rabat. Hespéris 33, S. 227–321.
Gaudry, M., 1929. La femme Chaouia de l'Aurès. Paris.
– – –, 1961. La société feminine au Djebel Amour et au Ksel. Alger.
Gennep, A. van, 1913. L'ornementation du cuir. Revue d'études ethnographiques et sociologiques 4, S. 200–10. Paris.
Granges, 1953. Essai de modernisation des industries de la tannerie à Fès. Cahiers des arts et techniques d'Afrique du Nord II.
Groussin, P., 1959. Notes sur la teinture au Maroc. Cahiers d'Arts et Technologie d'Afrique Nord 5, S. 111–13.
Guyot, R., R. Le Tourneau et L. Paye, 1935. La corporation des tanneurs et l'industrie de la tannerie à Fès. Hespéris 21, S. 167–240.
– – –, 1936. Les cordonniers de Fès. Hespéris 23, S. 9–54.
– – –, 1936a. Le reliure à Fès. Bulletin Economique du Maroc vol. III, no. 12.
Hardy, A., 1938. Les tanneurs de Salé. Bulletin Economique du Maroc vol. V, no. 21.
Helfritz, H., 1980. Marokko. DuMont Kunst-Reiseführer. Köln.
Hoenerbach, W., 1956. Das Zunft- und Marktwesen und seine Verwaltung im heutigen Tetuan. Welt des Islam N. S. Bd. IV, Nr. 2–3.
Hugot, S., 1958. Cordonnier d'Aoulef. Bulletin de Liaison saharienne 9 (29), S. 31–36. Algier.
Jemma, D., 1972. Les Tanneurs de Marakech. Libyca, Centre de Recherches Anthropologiques, Préhistoriques et Ethnographiques. Mémoire 19. Alger: Crape.
Joly, A., 1906. L'industrie à Tétouan. Archives Marocain VIII, S. 196–329.
– – –, 1909. La Tannerie indigène à Constantine. Revue du Monde Musulman VII, S. 213–231.
Kalter, J., 1976. Schmuck aus Nordafrika. Linden-Museum Stuttgart.
Köhler, M., 1985. „Richtig Reisen" – Marokko. DuMont Buchverlag Köln.
Neumann, W., 1983. Die Berber. DuMont Buchverlag Köln.
Rackow, E., 1934. Sattel und Zaumzeug in Nordwestafrika. Baessler Archiv Bd. 17.
– – –, 1958. Beiträge zur Kenntnis der

materiellen Kultur Nordwest-Marokkos. Wiesbaden.
Vicaire, M. & R. le Tourneau, 1937. La fabrication du fil d'or à Fès. Hespéris 24.

3.40 Christliches Äthiopien

Hammerschmidt, E., 1967. Äthiopien. Christliches Reich zwischen Gestern und Morgen. Otto Harrassowitz, Wiesbaden.
Hecht, D., 1981. Äthiopien, ein afrikanischer Weg des Christentums. Haus, Völker und Kulturen, St. Augustin.
Powne, M., 1968. Ethiopian music. An introduction. A survey of ecclesiastical and secular Ethiopian music and instruments. London.
Rohrer, E. F., 1931. Beiträge zur Kenntnis der materiellen Kultur der Amhara. Schönburg-Bern.
Ullendorf, E., 1960. The Ethiopians. An introduction to Country and People. Oxford University Press.

3.50 Viehzüchter Nordost-, Ost- und Südafrikas

Barton, J., 1921. Notes on the Turkana Tribe. Journal of the Royal African Society 20, S. 107–15, 204–11.
Beckwith, C. and Saitoti, Tepilit Ole, 1981. Die Massai. DuMont, Köln.
Böhning, W., J. Kalter, H. Sheik-Dilthey, 1972. Ostafrika – Geräte, Waffen, Schmuck. Von Portheim-Stiftung, Heidelberg.
Estermann, C., 1981. The Ethnography of Southwestern Angola, III. New York, London.
———, 1960. Album des Penteados do Sudoeste de Angola. Lisboa.
Gallagher, J. P., 1974. The preparation of hides with stone tools in South Central Ethiopia. Journal of Ethiopian Studies 12,1, S. 177–82.
Gulliver, P. and P. H. Gulliver, 1953. The Central Nilo-Hamites. Ethnographic Survey VII. London.
Haberland, E., 1963. Galla Süd-Äthiopiens. Stuttgart.
Herzog, R., 1956. Der Rahat. Baessler Archiv N. F. Bd. 4. Berlin.
Huntingford, G. W. B., 1953. The Southern Nilo-Hamites. Ethnographic Survey VIII.
Irle, J., 1906. Die Herero. Gütersloh.
Jones, D. K., 1984. Shephards of the Desert. Elm Tree Books, London.
Kalter, J., 1978. Die materielle Kultur der Massai und ihr Wandel. Veröffentlichungen aus dem Übersee-Museum Bremen, Reihe F, Bremer Afrika Archiv Bd. 4.
Lambrecht, F. L. & D. J. Lambrecht, 1977. Leather and beads in N'Gami land. African Arts 10,2, S. 34–35.
Merker, M., 1910 (1968). Die Masai. Berlin.
Lewis, I. M., 1961. A Pastoral Democracy. A Study of Pastoralism and Politics Among the Northern Somali of the Horn of Africa. London.
Luttig, G. H., 1933. The Religious System and Social Organization of the Herero. Utrecht.
Marschall, L., 1965. The !Kung Bushmen of the Kalahari. In: L. Gibbs, Peoples of Africa. New York.
Owe, T. R. H., 1937. The Hadendowa. Sudan Notes and Records Bd. 20.
Paul, A., 1950. Notes on the Beni Amer. Sudan Notes and Records Bd. 31.
———, 1954. A History of the Beja Tribes of the Sudan. Cambridge.
Pauli, E., 1960. Darassa und Sidamo, Nordostafrika (Südäthiopien), Verarbeitung von Fellen und Häuten. In: G. Wolff (Hrsg.), Encyclopedia Cinematographica, Göttingen.
Paulitschke, P., 1893. Ethnographie Nordost-Afrikas. Bd. I: Die materielle Kultur der Danakil, Galla und Somali. Berlin.
Shapera, I., 1930. The Khoisan Peoples of South Africa – Bushmen and Hottentots. London.
Sleesen-Dolk, H. J. van der, 1957. Une collection ethnographique des Ababdes et Bisharins. Rotterdam.
Szalay, M., 1979. Die ethnographische Südwestafrika-Sammlung Hans Schinz 1884 bis 1886. Völkerkundemuseum der Universität Zürich.
Zöhrer, L., 1964/65. Study of the nomads of Somalia. Archiv für Völkerkunde 19, S. 129–65.
Vaughan-Kirby, F., 1918. Skin dressing. A description of the process of converting the raw hides of game or domestic cattle into articles of native wearing appeal. Man 23, S. 36–40.
Hofmayr, W., 1925. Die Schilluk. Mödling bei Wien.

3.60 Geheimbundwesen im südnigerianischen Urwald

Nickling, K., 1974. Nigerian Skin-Covered Masks. African Arts VII, 3, S. 8–15.
———, 1979. Skin-Covered Masks of Cameroon. African Arts XII, 2, S. 54–59.
Tunis, A., 1985. Der Crossriver in Kamerun 1904–1909. Ein Beitrag zur Juju-Frage. Baessler Archiv N. F. 33. S. 497–519.

3.70 Musikinstrumente

Ankermann, B., 1901/02. Die afrikanischen Musikinstrumente. Ethnologisches Notizblatt Bd. 3, 1; Bd. 2.
Boone, Olga., 1951. Les Tambours du Congo Belge et du Ruanda-Urundi. Annales du Musée du Congo Belge, Tervuren. Nouv. Sér., Science de l'homme. Ethnographie vol. 1 (2 Bde.).
Erlmann, W., 1980. Die Macht des Wortes, Preisgesang und Berufsmusiker bei den Fulbe des Diamaré (Nordkamerun), 2 Bde.
Fraser, E., 1966. African drums and drumming: social and ceremonial role in tribal life. African World.
Hen, F. J. de, 1960. Beitrag zur Kenntnis der Musikinstrumente aus Belgisch Kongo und Ruanda-Urundi. Tervuren.
Hornbostel, E. von und C. Sachs, 1941. Systematik der Musikinstrumente. Zeitschrift für Ethnologie Bd. 49, S. 553–590.
Kubik, G., 1982. Musikgeschichte in Bildern – Ostafrika (Hrsg. W. Bachmann). VEB Deutscher Verlag für Musik Leipzig.
Marcuse, S., 1964. Musical Instruments: A Comprehensive Dictionary. New York.
Wachsmann, K. P., 1981. The Grove Dictionary of Music and Musicians (Hrsg. St. Sadie). London.
Wegner, U., 1984. Afrikanische Saiteninstrumente. Veröffentlichungen des Museums für Völkerkunde Berlin N. F. 41, Abtlg. Musikethnologie V.

Abbildungsnachweis

P. B. Buit, Poona, Indien: **3.40.** S. 158 oben und unten.
K. F. Campbell, Eau Claire, Wisconsin, USA: **3.60.** S. 210.
Frobenius-Institut (Foto-Archiv), Frankfurt: **3.02.** S. 59. **3.40.** S. 156.
G. Gall, Offenbach: **3.30.** S. 128.
G. Göttler, Freiburg: **3.10.** S. 74, 79, 80, 81.
F. J. Grimmeisen, Essen: **3.20.** S. 101, 103.
D. Gruner, Kronberg/Ts.: **3.30.** S. 130.
E. Haberland, Frankfurt, Frobenius-Institut: **3.50.** S. 177 links, 179, 187.
R. und O. Köhler, Köln: **3.50.** S. 205.
Kock, Frankfurt, Senckenberg-Museum: **3.10.** S. 76.
J. und A. Lukas, Hamburg: **3.01.** S. 17. **3.03.** S. 75. **3.20.** S. 113, 114, 117.
I. Pahlke, Frankfurt: **3.01.** S. 13, 14, 15, 16, 20, 23, 24. **3.10.** S. 77, 97 rechts oben.
W. Spiegel, Heidelberg: **3.50.** S. 167, 173.
Staatliche Museen Preußischer Kulturbesitz-Museum für Völkerkunde, Berlin (West): **3.01.** S. 22. **3.50.** S. 170. **3.60.** S. 206.
K.-H. Striedter, Hofheim: **3.30.** S. 131, 133.
M. Striedter, Hofheim: **3.10.** S. 77.
Tierbild-Archiv Okapia, Frankfurt: **3.01.** S. 18. **3.50.** S. 166.
R. Wente-Lukas, Offenbach: **3.01.** S. 12, 19. **3.20.** S. 127.

Ferner wurden aus folgenden Büchern Reproduktionen angefertigt:

L'Artisanat Créateur au Maroc, 1984, S. 57: **3.30.** S. 149.
The Bantu Tribes of South Africa, 1939, Plate II: **3.50.** S. 196.
Beckwith, C. and T. O. Saitoti, 1981, S. 108: **3.50.** S. 168.
Brown, J. T., 1926. Among the Bantu Nomads: **3.50.** S. 200.
Ferneyhough from Brown, G. T., 1895. The Story of Africa: **3.50.** S. 178 unten.
Foto-Vorlagen aus dem DLM (Autor unbekannt): **3.50.** S. 198.
Gaudio, A., 1982. Fès, joyau de la civilisation islamique. Les presses de l'UNESCO, Paris, S. 192: **3.30.** S. 135.
Gaudry, M., 1929. La Femme Chaouia de l'Aurès, S. 146: **3.30.** S. 142.
Jemma, D., 1972. Les Tanneurs du Marrakech, S. 40 und 46: **3.30.** S. 134 oben links und rechts.
Vaughan-Kirby, 1914, S. 37ff.: **3.50.** S. 178 oben.
Wegner, U., 1984, S. 130: **3.50.** S. 163 links.